ABOLICIONISMO. FEMINISMO. JÁ.

ANGELA Y. DAVIS
GINA DENT
ERICA R. MEINERS
BETH E. RICHIE

Abolicionismo. Feminismo. Já.

Tradução
Raquel de Souza

Copyright © 2022 by Angela Y. Davis, Gina Dent, Erica R. Meiners e Beth E. Richie

Grafia atualizada segundo o Acordo Ortográfico da Língua Portuguesa de 1990, que entrou em vigor no Brasil em 2009.

Título original
Abolition. Feminism. Now.

Capa
Estúdio Daó/ Giulia Fagundes

Tradução dos apêndices
Denise Bottmann

Preparação
Gabriele Fernandes

Índice remissivo
Probo Poletti

Revisão
Clara Diament
Valquíria Della Pozza

Dados Internacionais de Catalogação na Publicação (CIP)
(Câmara Brasileira do Livro, SP, Brasil)

Abolicionismo. Feminismo. Já. / Angela Y. Davis... [et al.] ; tradução Raquel de Souza. — 1ª ed. — São Paulo : Companhia das Letras, 2023.

Outros autores: Gina Dent, Erica R. Meiners e Beth E. Richie
Título original: Abolition. Feminism. Now.
Bibliografia.
ISBN 978-65-5921-563-8

1. Corrupção policial 2. Feminismo 3. Perfil racial 4. Prisões 5. Racismo I. Davis, Angela Y. II. Dent, Gina. III. Meiners, Erica R. IV. Richie, Beth E. V. Souza, Raquel de.

23-151045	CDD-305.42

Índice para catálogo sistemático:
1. Abolicionismo : Feminismo : Sociologia   305.42

Cibele Maria Dias – Bibliotecária – CRB-8/9427

Todos os direitos desta edição reservados à
EDITORA SCHWARCZ S.A.
Rua Bandeira Paulista, 702, cj. 32
04532-002 — São Paulo — SP
Telefone: (11) 3707-3500
www.companhiadasletras.com.br
www.blogdacompanhia.com.br
facebook.com/companhiadasletras
instagram.com/companhiadasletras
twitter.com/cialetras

Sumário

Prefácio à edição brasileira: Uma sismografia de nossos feminismos abolicionistas — Denise Carrascosa 7

Prefácio 25

Introdução: Abolicionismo. Feminismo. Já. 33

1. Abolicionismo. 63

2. Feminismo. 110

3. Já. 156

Epílogo 197

Apêndices

Violência entre parceiros íntimos e violência estatal ... 205

Manifesto da INCITE! e da Critical Resistance sobre a violência de gênero e o complexo industrial prisional .. 207

Reformas reformistas × passos abolicionistas para acabar com o encarceramento 219

Referências bibliográficas 229
Notas 241
Créditos das imagens 259
Índice remissivo 263

Prefácio à edição brasileira

Uma sismografia de nossos feminismos abolicionistas

Denise Carrascosa*

Cresci numa aldeia de, pelo menos, mil habitantes (antes de ela conhecer o êxodo rural). Não havia um único policial; a cadeia era desconhecida; não havia agente secreto, isto é, um cão de guarda do povo. Não havia um escritório de investigação, nenhuma sentinela para vigiar os bens das pessoas. De dia, essa aldeia ficava, em sua totalidade, praticamente vazia, sem uma única pessoa para cuidar das portas destrancadas.

* Denise Carrascosa é mulher negra, professora associada de literatura na Universidade Federal da Bahia. Doutora em crítica literária e cultural, tradutora, advogada e ativista antiprisional. Coordena, há doze anos, o projeto de extensão Corpos Indóceis e Mentes Livres: trabalho de produção de oficinas de escrita literária no Conjunto Penal Feminino do Complexo Penitenciário Lemos Brito, na Bahia, onde construiu, junto com mulheres presas sentenciadas, a Biblioteca Mentes Livres (2013), que possibilita a remissão de pena pela leitura. É também autora do livro *Técnicas e políticas de si nas margens, seus monstros e heróis, seus corpos e declarações de amor: Literatura e prisão no Brasil pós-Carandiru* (Appris, 2015), bem como de diversos artigos, ensaios e palestras sobre o tema do encarceramento a partir de uma perspectiva feminista negra e abolicionista.

Pessoas de fora eram sempre bem-vindas. Cada pessoa se sentia responsável pela outra na comunidade e nas cercanias. Quando um membro da comunidade sofria, era a comunidade como um todo que sofria.

Bunseki Fu-Kiau, 1980*

Se você já passou por alguma experiência de violência que alcançou sua memória de modo indelével; se seu corpo foi inventado pelo condicionamento histórico do que o Ocidente colonial chama de feminino, foi violado em sua humanidade pela racialização útil à empresa escravista ainda em vigor e, assim sendo, foi machucado em lugares que você nem sabia existirem e, ali, sua bússola existencial perdeu a capacidade magnética de lhe dizer para onde estava indo e por quê; se essas passagens dolorosas fizeram com que você e pessoas ao seu redor redistribuíssem os afetos de raiva e vontade de vingança mobilizados em direção ao castigo e à punição de quem a agrediu, você, assim como eu, tem trajetórias, desejos e subjetividades organizados pela ideologia e tecnologia carcerárias que colonizaram terras e comunidades para além do violento território europeu.

Sim, onde há dor, há desejo de retribuição de mais dor. Temos intimidade suficiente com essa dinâmica mais cotidiana do que o que podemos confessar. Essa engenharia é antiga e assepticamente organizada pelas instituições modernas dos sistemas de Justiça que estruturam os Estados-nação e seu capitalismo racista

---

* Tradução do intelectual negro Tiganá Santana em sua tese de doutorado. Ver Tiganá Santana Neves Santos. *A cosmologia africana dos bantu-kongo por Bunseki Fu-Kiau: Tradução negra, reflexões e diálogos a partir do Brasil*, São Paulo, FFLCH-USP, 2019. Tese (Doutorado em Estudos da Tradução).

e misógino. As mediações do sistema criminal ocidentalizado modulam as intensidades e os direcionamentos da vontade de vingança interpessoal, ao mesmo passo que criam os véus que os individualizam e nos alienam do necessário entendimento de que o Estado em si é também grande agente histórico da violência, seja a que se executa diretamente contra corpos estrategicamente selecionados, seja aquela que se redistribui micropoliticamente em uma rede de afetos e ações interpessoais violentas direcionadas contra a vida de pessoas oprimidas pelas ficções sociais de raça, gênero e classe e tantas outras formas de opressões correlatas, que se interseccionam no corpo de pessoas indígenas, negras, LGBTQIA+, com deficiência, trabalhadoras rurais e domésticas, profissionais do sexo, praticantes de religiões criminalizadas em seus territórios de existência e tantas mais na medida das especificidades geopolíticas e históricas de cada lugar humanamente habitado deste planeta.

Tais mediações violentas, herdeiras do projeto colonial escravista europeu, legitimadas e instituídas por legislações e mecanismos elitistas para sua exegese — tribunais, ministérios públicos e defensorias públicas —, bem como por dispositivos de controle de sua execução — delegacias, polícias e complexos prisionais —, produzem ilusões encarceradoras a respeito de sua suposta função republicana e democrática; fazem-nos apostar que são inescapáveis em sua capacidade de tratar todas as pessoas como iguais; escamoteiam seu protagonismo nos processos longevos e deletérios de institucionalização das violentas e abissais desigualdades sociais que vivemos, fazendo-nos apostar todas as fichas de nossa frágil vida em seu trágico maquinário necropolítico* progra-

---

* Ver Achille Mbembe, *Necropolítica: Biopoder, soberania, estado de exceção e política da morte*. São Paulo: n-1 Edições, 2018.

mado para o extermínio das populações negras e indígenas de cada território *amefricano* em que insistimos sobreviver.*

Este livro, cujas autoras — Angela Davis, Gina Dent, Erica Meiners e Beth Richie — me convidaram a prefaciar no Brasil, realiza uma cartografia e genealogia críticas às diversas articulações estrategicamente invisíveis entre violências interpessoais e violências do Estado, experimentando navegar o amplo e contraditório espectro de intersecções históricas entre a agenda das lutas feministas organizadas que vem enfrentando a violência contra as mulheres em suas mais variadas formas e lugares de exercício — em especial, aquela mais disseminada e profunda, que tem seu alvo preferencial nas mulheres negras — e a agenda do ativismo antiprisional, que se pauta pelo abolicionismo do sistema carcerário e das polícias, na medida da valorização dos saberes críticos negros, os quais, ao menos desde o século xix, apontam para a permanência modernizada da história da escravidão em nossas vidas negras, nos sistemas prisionais e de policiamento onipresentemente mortíferos para nosso corpo. O cruzamento entre as tarefas de cartografar e investigar genealogias no interior de práticas e teorias negras radicalmente críticas e desafiadoras dos complexos sistemas de opressão que exercem, sobre nossas *vidas que não importam*, seus domínios permite-nos visualizar, com menos dificuldade, a complexa e pesada maquinaria do engenho supremacista branco ocidentalizado, cujo projeto consiste em práticas cotidianas superpostas de Genocídio, Superencarceramento e Epistemicídio** do seu outro não humano. Isto é: Nós.

---

* Para compreender a categoria político-cultural de "Amefricanidade", concebida pela intelectual negra Lélia Gonzalez, ler: Flávia Rios; Márcia Lima (Orgs.). *Lélia Gonzalez: Por um feminismo afro-latino-americano — Ensaios, intervenções e diálogos*. Rio de Janeiro: Zahar, 2020.
** Sobre epistemicídio, recomendo Sueli Carneiro, *Dispositivo de racialidade:*

Nesse sentido, o livro *Abolicionismo. Feminismo. Já.* abrange um arquivo móvel em fluxo aberto, que indica caminhos já percorridos e a percorrer nos processos políticos de articulação, mobilização, intercruzamento de análises, proposição de campanhas, incidências e atuações coletivas e comunitárias na luta feminista pelo fim da violência contra mulheres em todo o globo, pautada na contracorrente de uma tendência majoritária e popularizada do movimento antiviolência que ainda confia na polícia e nas prisões como antídoto punitivista de agressores. Segundo as autoras:

> É fundamental que desenvolvamos respostas à violência de gênero que não dependam de um sistema jurídico-criminal sexista, racista, elitista e homofóbico. Também é importante que desenvolvamos estratégias que desafiem esse sistema e que, além disso, forneçam segurança para sobreviventes de violência sexual e doméstica.*

O Estado punitivo é interrogado em seu poder abusivo de definir "segurança" para mulheres negras, indígenas, de cor e imigrantes, pessoas LGBTQIA+ e com deficiência, crianças, jovens e idosos — todas aquelas que correm os maiores riscos de sofrer violências de gênero e policial, tendo em vista o fato de que a própria prisão e suas extensões sociais, como a presença do Estado em nossa vida, trabalham o modelo opressivo misógino das relações íntimas abusivas, forjadas por autoridade arbitrária, culpabilização que legitima a repetição de punibilidade e exclusão das pessoas ameaçadoras ao exercício desse poder. O sistema carcerário, nessa perspectiva, é desmascarado como dispositivo de uso arbi-

---

A construção do outro como não ser como fundamento do ser. Rio de Janeiro: Zahar, 2023.
* P. 26.

trário de autoridade, impune abuso de poder e controle absoluto de corpos, mentes e almas das pessoas que a ele sobrevivem.

Flagrando como *feminismo carcerário* a corrente majoritariamente branca cuja crítica teórica e atuação política deixa incólume o sistema jurídico-criminal, reforçando apoio às instituições policiais, o *feminismo abolicionista* aqui proposto é internacionalmente mapeado como um conjunto de práticas que se desdobram historicamente desde o período pós-escravista, e que se expandem geopoliticamente na contemporaneidade, contra as articulações de diversas formas de opressão, entre elas sexismo, racismo antinegritude, elitismo, capacitismo, etarismo, homofobia, transfobia, transmisoginia, xenofobia, gordofobia, fobia contra profissionais do sexo, islamofobia e antissemitismo. Adiciono ainda o racismo religioso contra as mulheres que praticam e se identificam com as religiões de matriz africana.

O instigante e necessário exercício cartográfico e genealógico dessa coalizão de forças entre movimentos abolicionistas e movimentos feministas no plano internacional, com citação de organizações de mulheres em todos os continentes e especial atenção para a juventude negra LGBTQIA+, encontra sua potência nos muitos flagrantes que revelam a proliferação mundial de cursos de formação popular, disseminação de campanhas contra o populismo penal e múltiplas incidências de performances políticas na arena pública.

Reconhece-se a presença contemporânea de um *ecossistema feminista* reatualizador de movimentos locais históricos e instaurador de uma rede internacional ampla com potência para aprofundar nossos conhecimentos teóricos e práticos de uma luta abolicionista constante pela liberdade. A fim de realizar a edição crítica desses flagrantes difusos e colocar o arquivo-livro em movimento, a tática analítica argumenta em favor de uma impossibilidade de reconhecer abolicionismo onde não há feminismo e vice--versa. Isto é: as práticas feministas negras teriam em seu fundamento histórico-político a luta contra as múltiplas formas de violência antinegra do Estado, o que inclui o sistema escravista e o sistema carcerário.

Essa articulação indissociável entre feminismo e abolicionismo se demonstra em um amplo espectro de experiências longevas invisíveis que aqui não são lidas como de caráter exaustivo ou prescritivo, mas, de outro modo, como intervenções de caráter político, jurídico, econômico e cultural que sinalizam ferramentas conceituais e formas criativas para abordar situações reais de violência no mundo contemporâneo a partir do delineamento de linhagens radicais de luta contra a escravidão negra desde o século XIX.

Sobre as relações entre tempo histórico e os estudos da permanência em diferença de relações escravistas nas sociedades atuais, as autoras nos advertem das armadilhas das analogias fáceis no uso do conceito de abolicionismo, convocando-os à produção de pensamento analítico de abordagem genealógica que demonstre as ligações reais entre as instituições escravistas e carcerárias, seus regimes de violência e as diversas formas de articulação feminista para debelá-los.

Os usos do termo "abolicionismo" no século XXI, enfatizam as autoras, têm-se tornado um ponto de vista definidor para muitas ativistas radicais envolvidas em diversos movimentos pela justiça global. Desse modo, a escolha do título na sua edição em língua inglesa *Abolition. Feminism. Now.*, que determina o limite gráfico do ponto-final entre as palavras, incorpora, ao mesmo tempo, uma política de conexão e uma forma de interrupção diferencial entre os termos, enunciando como o feminismo seria inimaginável sem o abolicionismo e o abolicionismo impensável sem o feminismo, na medida de suas conexões genealógicas no mundo contemporâneo e a despeito das clivagens que este mesmo mundo do *Já* insiste em imputar a esses longevos movimentos políticos, éticos e estéticos.

Outra questão recorrente ao longo dos capítulos consiste nas armadilhas da cooptação política dos movimentos de base e da abordagem reformista de prisões e polícias. As propostas e iniciativas de monitoramento eletrônico das ações policiais e de pessoas sentenciadas, de construção de novos presídios ou ampliação de vagas, bem como de investimentos estatais ou privados em assistencialismos transitórios para organizações comunitárias, são referidas como um conjunto de práticas que apresentariam riscos de apaziguamento da radicalidade necessária entre crítica e ação efetivamente abolicionistas.*

Essa radicalidade, inclusive, encontra seu assentamento na urgência, inscrita na última palavra do título, *Já.*, que carrega, na assertividade do ponto-final, o grito de socorro da juventude negra sujeita ao genocídio cotidiano pelas polícias, incluindo aquelas capitaneadas por governos eleitos em partidos alegadamente progressistas, da esquerda branca, com fortes alianças com o projeto econômico neoliberal. Essa urgência se materializa nos assassinatos políticos, nas detenções violentas, nos altos índices de morte por transfobia, nos massacres de crianças e torturas de pessoas presas, nos estupros coletivos e corretivos, nas constantes formas de violência obstétrica e esterilização forçada.

---

* Aqui cabe sinalizar a presença de diversas organizações negras brasileiras ativas na luta antiprisional contemporânea, lideradas por mulheres negras que nos convocam sempre a desconfiar dos dispositivos de cooptação e reformismo vindos do Estado ou da iniciativa privada. Na Bahia, cito a médica e ativista negra Andréia Beatriz, uma das fundadoras e coordenadoras da organização Reaja ou Será Morta! Reaja ou Será Morto!, bem como Elaine Paixão, que vem liderando bravamente nossa Frente Estadual pelo Desencarceramento, a partir da articulação política com familiares de pessoas presas.

As formações coletivas que organizam a dimensão de uma educação política comunitária podem se tornar legíveis na chave da ingenuidade utópica de uma luta inglória contra o sistema capitalista transnacional de exploração econômica de corpos negros encarcerados pelo complexo industrial prisional sem fronteiras, ou ainda pelo poderoso sistema jurídico-criminal que politiza a guerra às drogas, dando forma populista penal à secular guerra antinegra. Paradoxalmente, esses escritos nos convocam a pensar a "comunidade" como um horizonte de visão radical, possibilidade fugidia e forma de luta. Isto é: não há mistificação de uma comunidade que exista antes ou fora de nosso trabalho cotidiano. É ainda preciso lutar pela utopia comunitária, que só se performa na ação abolicionista que gesta autonomamente territórios seguros de existência para nós. Mas como visualizar esse futuro sem nomeá-lo no tempo do *Já*?

O problema da linguagem — uma dimensão central de movimentos políticos radicais, poderosamente inscrita na cultura e na arte — emerge em sua potencial capacidade de abalar as certezas carcerárias depositadas por nossa comunidade no Estado racista e heteropatriarcal, nos aparatos capitalistas de exploração de corpos e territórios subalternizados e nas alianças intestinas entre política e economia que tiram lucro do proibicionismo, da naturalização e midiatização da punibilidade e da violência.

Como construir saídas abolicionistas sem antes visualizá-las na dimensão da linguagem criativa? O movimento aqui não pode ser o da representação — relação simbólico-dinâmica com o que preexiste —, mas sim o da sismografia: escrita-antena do terremoto, da implosão por vir dos diques de contenção de nossos corpos. O feminismo abolicionista como uma revitalização filosófica e pragmático-ativista não prescinde dessa forma de escrita metálica cortante, fio de lâmina afiada e magnética.

NÃO SOU BICHO, SOU MULHER!*

Em 2017, no Conjunto Penal Feminino do Complexo Penitenciário Lemos Brito, em Salvador, um grupo de mulheres criminalmente sentenciadas, que ali se encontravam em situação de encarceramento, em sua maioria absoluta negras, ao lado de mulheres negras libertas, conduziu uma performance chamada *Não sou bicho, sou mulher!* Esse título foi uma reação imediata à denúncia que nos chegava em um dia ordinário de oficinas de criação que coordenávamos para remissão de pena por estudos, leitura e escrita criativa em diversas linguagens artísticas, inclusive a teatral. O pedido de socorro vinha em forma de bilhete que atravessou as grades do berçário improvisado em sala de aula:

> Eu, Ivonildes, estou aqui para contar um pouco do sofrimento e maus-tratos que estou passando aqui no presídio [...] Como ninguém queria saber o que eu estava sentindo, comecei a guerra pela minha saúde [...] Eu sei que aqui no presídio, quando a gente luta pelos nossos direitos, elas acham ruim. Então, me colocaram na tranca operada. Vocês têm que vir aqui dentro pra verem quantas internas sofridas tem aqui sem medicamento. Peço que venham um dia aqui ver todos os sofrimentos.**

A decisão coletiva primeira entre nós, mulheres negras en-

---

* A performance *Não sou bicho, sou mulher!,* articulada por mulheres negras encarceradas e libertas, em Salvador, e executada dentro do presídio feminino estadual, em 2017, encontra-se registrada em: Denise Carrascosa (Org.), *Não sou bicho! Sou Mulher!: Vozes abolicionistas de mulheres negras encarceradas.* Salvador: Editora Ogum's, 2023. No prelo.
** Ver bilhete de Ivonildes, na íntegra, em ensaio que publiquei em: Denise Carrascosa, "Direito humano". In: Felipe Freitas; Thula Pires (Orgs.), *Vozes do cárcere: Ecos da resistência política.* Rio de Janeiro: Kitabu, 2018.

carceradas e libertas, foi encontrar um meio de socorrer a companheira imediatamente sem comprometê-la (o que fizemos); mas não sem depois criar uma sofisticada estratégia para (d)enunciar o sistema de tortura onipresente naquela carceragem, que se imporia sobre outros corpos de forma exemplar assim que a "tranca" estivesse livre para outra substituta. Foi através de um plano coletivo de abolicionismo daquele castigo exemplar (herança maldita das senzalas e pelourinhos da escravidão) que nós, mulheres negras, nos organizamos para bradar as diversas instâncias do sistema jurídico-criminal e da administração carcerária, na presença das mais variadas testemunhas, a verdade óbvia e constrangedora que o feminicídio do Estado, cínica e simultaneamente, atesta e viola: "Não sou bicho, sou mulher!", bradavam mulheres encarceradas na performance de culminância dos processos criativos das oficinas para remissão de pena naquele ano dentro do presídio feminino.

A intervenção performática foi realizada diante das câmeras da TV Pública do Estado da Bahia, de artistas de teatro, cinema, literatura e outras linguagens, militantes dos movimentos negros e feministas, bem como da administração penitenciária, esta que, talvez, esperasse a prática reformista do atestado de ressocialização pela arte. A performance *Não sou bicho, sou mulher!* colocou a nu os mecanismos carcerários de tortura do Estado e gerou impasses imprevistos naquele tenso limite de espaço-tempo e, em certa amplitude e medida, a corrosão pública da confiabilidade no sistema carcerário e a insustentabilidade do discurso da política de criminalização de mulheres negras através de sua profunda desumanização.

No tempo-espaço da performance negra, a reivindicação das humanidades protagonizada por mulheres negras encarceradas reverteu sua condição social histórica herdada da escravização — animais de carga, assujeitados a níveis inumanos de dor e exploração pelo trabalho (do tráfico e suas "mulas") — para o tempo utópico da urgência do *Já*, em que passavam a ser artistas encarceradas, falando do mais profundo de suas memórias traumáticas. As vozes sufocadas nas cenas coloniais escritas do processo penal em que apenas juízes, promotores, defensores e testemunhas superpõem suas masculinidades brancas heteropatriarcais; as cenas trágicas de invasão de lares, flagrantes forjados, audiências de custódia, encarceramento, em que os companheiros negros as abandonam com toda a droga da vida em suas próprias mãos,* encontraram força de reversão na utopia daquele instante, que reverberou do passado no presente e para o futuro em que *Já* escrevo quase cinco anos depois. A fala de cada mulher e cada potência de vida se reorganizou no emblemático grito: "Não sou bicho, sou mulher!"

Que vazou da cadeia, escorreu pelas grades, feriu de vergonha nossas irmãs carcereiras, ventou nos ouvidos de Angela Davis, que cuspiu fogo na reitoria da Universidade Federal da Bahia — ao tomar conhecimento de que o nosso trabalho abolicionista tinha sido interditado pela administração penitenciária na qual trabalhávamos havia sete anos ininterruptamente, Angela Davis fez repercutir a denúncia por todo o Brasil, de forma televisionada e pelas redes sociais, demandando a escrita de uma petição pública pelo imediato retorno do projeto, o que aconteceu poucos meses depois, quando uma comitiva de sete mulheres negras — entre as quais Conceição Evaristo (escritora), Vilma Reis (ativista antiprisional), Lívia Vaz (promotora de Justiça do estado da Bahia), Luciany Aparecida (escritora e professora), Márcia Lima (atriz), Val

---

* Ver a tese de doutorado da intelectual negra Carla Akotirene: Carla A. da Silva Santos, *É fragrante forjado doutor vossa excelência: Um ebó epistêmico para despachar as condutas jurídicas ocidentais das audiências de custódia em Salvador*, 2022.

Souza (performer) e eu, Denise Carrascosa — se reuniu na Secretaria de Administração Penitenciária por mais de três horas.*

Davis, aliás, tem colaborado solidariamente com nosso trabalho coletivo desde 2017. Quando eclodiu a pandemia de covid-19 em 2020, foram publicadas normas nacionais e estaduais no Brasil de suspensão de atividades e visitas dentro do sistema prisional, fato que acontecia em vários outros países com ativas políticas de encarceramento em massa. Ativistas antiprisionais em várias partes do mundo se mobilizaram para criar sistemas de informação e suporte às populações carcerárias e nós, liderando em Salvador a organização de mulheres negras Corpos Indóceis e Mentes Livres, mobilizamos, junto a diversas outras organizações locais, o Observatório do Sistema Prisional Baiano para promover a defesa das pessoas encarceradas naquele momento. Nesse contexto, em julho de 2020, organizamos uma mesa de discussão intitulada *Mulheres Negras em Luta contra o Superencarceramento*, com Angela Davis, Conceição Evaristo, Lindoneta Ferreira (que já passou pela situação de encarceramento, foi nossa aluna no projeto e hoje é ativista antiprisional) e comigo.**

Nas universidades, uma forma arquitetônica de prisão colonial, seguimos trabalhando, coletiva e contracolonialmente, atentas às seduções da cooptação, dos diversionismos e dos projetos acadêmicos reformistas. Como professora negra universitária brasileira há 22 anos, integro o vergonhoso percentual abaixo dos 4% de nossa presença nos programas de pós-graduação e acompanho

---

* Para assistir à conferência de Angela Davis naquela ocasião, acessar o link da TV UFBA. Disponível em: <www.youtube.com/watch?v=6CdrOqPE7Rs>. Acesso em: 16 mar. 2023.
** Nessa mesa, discutimos algumas das questões que aparecem neste livro. Debate disponível em: <www.youtube.com/watch?v=HBTAq7h1SOs&t=6712s>. Acesso em: 16 mar. 2023.

ativamente a luta pela política de ações afirmativas para ingresso de pessoas negras, indígenas, trans e com deficiência na academia. Nesse sentido, sinalizo a criação da organização feminista negra Coletivo Luiza Bairros, da UFBA, que, em 2016, em homenagem à passagem da intelectual feminista negra e ativista, publicizou uma agenda permanente de luta pela garantia da permanência e ampliação das políticas de ações afirmativas no âmbito da universidade, com adesão dos movimentos negros brasileiros e do nosso MNU (Movimento Negro Unificado), além de repercussões locais e nacionais.*

Movendo-se para além do espaço contaminado entre a lei e a ordem, a arte feminista abolicionista não é disciplinar, representativa ou previsível. Performativamente possibilita visões e instalações de um futuro enunciável no presente, sem prisões ou polícias, em que as subjetividades não permitem ser encarceradas em suas trajetórias e potências por gestos criminalizáveis. Ali, onde não é necessário vigiar portas destrancadas. Onde cada pessoa se sente responsável pela outra e, "quando um membro da comunidade sofria, era a comunidade como um todo que sofria"; ali onde Bunseki Fu-Kiau lê um afrofuturo no seu passado bantu-kongo.

#PraTodosVerem, enquanto finalizo o gesto escrevivente** deste prefácio, eu, uma mulher negra de pele escura, com os cabelos crespos pretos presos em um coque alto, fios de contas vermelho-terra em volta do pescoço, sobre o corpo, vestido bem

---

* Luiza Bairros foi ministra-chefe da Secretaria de Políticas de Promoção de Igualdade Racial entre os anos de 2011 e 2014 e continua a ser um imenso farol em nossas lutas abolicionistas por igualdade. Para conhecer seu pensamento crítico, sugiro Luiza Bairros, "Nossos feminismos revisitados". *Estudos Feministas*. Florianópolis, Universidade de Santa Catarina, v. 3, n. 2., pp. 458-63, 1995.
** Para entender o conceito de "escrevivência" aqui referido, ler Conceição Evaristo, "A escrevivência e seus subtextos". In: Constância Lima Duarte; Isabella Rosado Nunes, *Escrevivência: A escrita de nós*. Rio de Janeiro: Mina Comunicação e Arte, 2020.

surrado de florzinhas vermelhas, encontro-me sentada em uma cadeira em frente ao computador, cenho franzido... carrancudo até. Na estante, ao meu lado, uma estátua iorubá da orixá Iansã. Acima de minha cabeça, na prateleira, a placa de rua com o nome de Marielle Franco. Eu a recebi no campus da universidade onde leciono. Naquele dia, gritávamos discursos raivosos, movidos por nosso sangue inflamado de lágrimas choradas para dentro do peito. Lembro-me do ódio dentro de mim ao ouvir o brado geral "Marielle vive!", contra o qual gritei: "Não, Marielle foi assassinada!".*

Entre um parágrafo e outro, reflito como seria para uma mulher branca receber uma mensagem de Angela Davis convidando-a à criação deste prefácio à edição brasileira. Sua escrita seria afetada pela alegria do convite? Insidioso, o mesmo pensamento investe em tentar entender o que significa, para uma editora branca, publicar um livro como este. Trata-se de celebração? Vejo-me fazendo aquela ginástica cansativa de uma vida inteira: tentar cruzar a linha racial brasileira, invisibilizada pelo projeto eugenista da mestiçagem, em direção a imaginar como o olhar branco nos mira. Ensinamento primordial que, na crítica literária, Toni Morrison nos legou.** Em minha casa, um exercício cotidiano no qual fui treinada por meu pai — Marialvo Carrascosa —, o primeiro homem preto abolicionista que conheci, irmão de orixá de Angela Davis, aquela que me contou ter descoberto quem guia seu ori

---

* Chamamos a atenção para a presença, neste livro, do caso trágico do assassinato político de Marielle Franco, socióloga e ativista negra lésbica, que se elege vereadora do estado do Rio de Janeiro em 2016 e é morta em 2018, no curso de um governo federal golpista de ultradireita, que aprofunda a série de violências do Estado racista e misógino brasileiro. Para entender como Marielle Franco pensava o Brasil a partir da periferia negra, indico Marielle Franco, UPP: *A redução da favela a três letras: Uma análise da política de segurança pública do estado do Rio de janeiro*. São Paulo: N-1 Edições, 2018.

** Toni Morrison, *Playing in the Dark: Whiteness and the Literary Imagination*. Nova York: Vintage Books, 1993.

aqui perto, em Cachoeira — nossa cidade negra encantada de tantas iniciações ancestrais. Embora trabalhosa, a demanda de entender como pensa quem nos vê como "outro" constitui um exercício ético de sobrevivência que nos permite compreender o processo carcerário de objetificação e de comodificação ao qual sempre fomos assujeitadas, mesmo quando escrevemos; instaura um necessário exercício estético de capoeiragem que convoca toques, cantos e danças, que precisam cultivar seu segredo para serem ancestralmente abolicionistas.

Sim, há violento hiato entre nós e os brancos no Brasil. Não há fôlego histórico de letramento racial entre nós e eles. Há disputas por poder entre quem lutou e permanece em luta por políticas de ações afirmativas e quem lutou e luta para que cotas raciais não existam nesta nação de tantos tumbeiros (camburões de polícia, carceragens e covas rasas). Atravessar essa fronteira estrategicamente invisibilizada não é tarefa rápida ou fácil, traduzível em culpas ou desculpas. Para nós, não há a facilidade da alegria ou a certeza da celebração. Para nós, o tempo do luto inexiste na urgente demanda de conversão imediata à luta. Portanto, cada palavra aqui escrita me dói em lugares e não lugares da memória diferentes. Lugares transgeracionais que eu nem sabia que existiam, pois, na labuta diária do ativismo, não nos é dado tempo para tocar onde lateja. Sempre deixamos para resolver o "eu" depois, a fim de buscar atender às emergências coletivas. Escrevendo este texto, só o labor da palavra fez sentir e doer. Entender a dor, poder saber onde, quando e por que dói a ferida sem traço de cicatriz, parece-me, a esta altura, tarefa política a que também precisamos, com mais afinco, nos dedicar, por fazer parte fundamental de nosso projeto secular de humanidade.

Portanto, neste primeiro giro de leitura, sempre voltamos ao iniciático princípio das perguntas, pois em nossa milenar literatura proverbial, traduzida por Mãe Stella de Oxóssi: "As perguntas nos livram dos erros. Quem não pergunta entrega-se aos problemas".* Então: se você já passou por alguma experiência de violência que alcançou sua subjetividade a ponto de ferir sua memória de modo indelével; se seu corpo foi inventado pelo condicionamento histórico do que o Ocidente colonial chama de feminino; foi violado em sua humanidade pela racialização útil à empresa escravista ainda em vigor e, assim sendo, foi machucado em lugares que você nem sabia existirem e, ali, sua bússola existencial perdeu a capacidade magnética de lhe dizer para onde estava indo e por quê; se essas passagens dolorosas fizeram com que você ou pessoas ao seu redor redistribuíssem os afetos de raiva e vontade de vingança mobilizados em direção ao castigo e à punição de quem a agrediu, você, assim como eu, tem trajetórias, desejos e subjetividades organizadas pela ideologia e tecnologia carcerárias que colonizaram terras e comunidades para além do violento território europeu.

Quando se enxergar aí dentro desta cela violentamente invisível, pergunte-se como chegar ao lugar por vir de memória, onde não é necessário vigiar portas destrancadas. Onde cada pessoa se sente responsável pela outra e, "quando um membro da comunidade sofria, era a comunidade como um todo que sofria". Naquele quando em que nossas rodas — de samba, de capoeira e de candomblé — não poderiam ser criminalizadas, pois seus tempos espiralares** traçam-trançaram-trançarão belas e sofisticadas rotas de fuga.

Salvador, 28 de novembro de 2021
Madrugada de primavera, iniciada com ventania,
chuva, trovão e raios

* Mãe Stella de Oxóssi, Òwe: *Provérbios*. Salvador: África, 2007.
** Para compreender o conceito de tempo espiralar, recomendo ler: Leda Maria Martins, *Performances do tempo espiralar: Poéticas do corpo-tela*. Rio de Janeiro: Editora Cobogó, 2021.

Prefácio

Em 2001, um grupo de pessoas ligadas a duas organizações emergentes se reuniu em uma sala abafada durante um fim de semana para discutir mais do que um manifesto. O ponto de partida para a pequena reunião — formada principalmente por mulheres de cor* — era uma questão urgente: como continuar a unir campanhas e análises focadas *tanto* na construção de um mundo sem prisões e polícia *quanto* na construção de um mundo livre da violência de gênero e sexual. A INCITE! Women of Color Against Violence [Mulheres de Cor Contra a Violência][1] era uma rede em crescimento que desafiava a dependência do movimento antiviolência convencional/branco em relação à polícia e à punição, e a Critical Resistance [Resistência Crítica] havia se unido recentemente a uma organização de abolicionistas em campanha pelo fim da polícia e das prisões. Embora fossem redes novas e em desen-

---

* Nos Estados Unidos, o termo *people of color* se refere a diferentes grupos étnico-raciais que não são brancos — *tais como black, brown e first nations* — e, diferentemente do Brasil, não carrega viés pejorativo.

volvimento, esses dois grupos, que tinham muitos membros em comum e análises partilhadas, reconheciam o valor de articular uma visão coletiva e a importância de escrever e propagar um comunicado oficial sobre a difícil intersecção de seus trabalhos. Compreendiam que a elaboração de um texto conjunto que equilibrasse a atenção tanto à violência interpessoal quanto à estatal representava não apenas envolvimento com os assuntos mais espinhosos para ambos, mas também oportunidade para o envolvimento público na produção de análises compartilhadas, nas campanhas e em pontos de vista radicais.

Membros dos dois grupos recém-formados passaram um fim de semana intenso no Mills College,[2] em Oakland, Califórnia, elaborando a INCITE!-Critical Resistance Statement on Gender Violence and the Prison Industrial Complex [Manifesto da INCITE! e da Critical Resistance sobre a violência de gênero e o complexo industrial prisional], com visão e desafio claramente definidos:

> É fundamental que desenvolvamos respostas à violência de gênero que não dependam de um sistema jurídico-criminal sexista, racista, classista e homofóbico. Também é importante que desenvolvamos estratégias que desafiem esse sistema e que, além disso, forneçam segurança para sobreviventes de violência sexual e doméstica.

Ao descrever como "liberdade radical, responsabilidade mútua e reciprocidade obstinada" podem construir "a sobrevivência e o cuidado de todos os povos", o texto de onze pontos identificou de forma precisa por que o abolicionismo deve ser feminista e por que o feminismo deve ser abolicionista. Como a maioria dos trabalhos políticos colaborativos, o comunicado foi lançado muito depois da data prevista e inicialmente de forma silenciosa. Publicado originalmente em cartazes e como manifesto, o texto circulou nos espaços do movimento feminista e abolicionista, impulsionado pela clareza e natureza convincente de suas demandas e pelo crescente quadro de articuladoras. Ponto-chave de referência na história do feminismo abolicionista, o documento é um apelo exemplar e muito claro em prol de uma abordagem mais complexa dos movimentos contra a polícia e antiprisional, assim como um esforço para que o antirracismo e o anticapitalismo sejam centrais no feminismo contemporâneo.

Em 2021, retomamos a declaração e suas intervenções em um momento crítico para o futuro da justiça social, uma vez que as articulações contemporâneas tornam o abolicionismo cada vez mais inevitável tanto como modo de análise quanto como prática política. Das margens ao mainstream, do início ao fim dos programas de curso, proliferam as demandas em prol do abolicionismo. As manchetes do *Guardian* anunciam apoio "sem precedentes" à retirada de recursos financeiros das forças policiais. A revista *Teen Vogue* publica vários artigos, todos identificáveis com o sobretítulo *abolicionismo*, a respeito de tópicos que vão desde como a polícia não nos deixa mais seguras até por que a legislação acerca de crimes de ódio não acaba com a violência antiasiática.[3] Multidões na rua entoam "Abolicionismo". A proliferação da advocacia abolicionista foi estimulada em parte pela resolução da National Lawyers Guild [Associação Nacional dos Advogados] endossando o abolicionismo em 2015; por pessoas anteriormente encarceradas que abriram escritórios de advocacia, como o Abolitionist Law Center [Centro de Direito Abolicionista] de Pittsburgh; e em webinars e organizações patrocinadas por grupos como o Law for Black Lives [Direitos para Vidas Negras]. Conselhos escolares de Oakland até Minneapolis estão votando a favor do cancelamento de contratos com departamentos de polícia. Faculdades e universidades estão questionando o papel da polícia no campus e reconsiderando relações contratuais com autoridades locais.

No entanto, à medida que o abolicionismo se torna mais influente como objetivo, suas genealogias feministas coletivas são cada vez menos visíveis, mesmo em momentos propiciados justamente *por causa* de articulações feministas, especialmente a de jovens queer* de cor, cujo trabalho e análise essenciais são tantas vezes apagados. Como algumas pessoas reconheceram há vinte anos, o abolicionismo avança eficazmente ao nomear e elevar uma análise e uma prática que sejam coletivas *e* feministas. Retornamos, assim, à profunda intervenção da declaração proposta pelas organizações INCITE! e Critical Resistance: o abolicionismo é inimaginável sem nosso feminismo radical, anticapitalista, antirracista, decolonial e queer. Este pequeno livro argumenta que as tradições abolicionistas confiaram na análise e nas articulações feministas desde o início e que a versão do feminismo que abraçamos também não é possível sem os conceitos abolicionistas. Ao conectar mundos sobrepostos, mas às vezes descontínuos, de acadêmicas e articuladoras, exploramos movimentos e formações organizacionais recentes — incluindo aqueles ancorados pelos grupos INCITE! e Critical Resistance — que revelam um ecossistema do feminismo abolicionista muitas vezes relegado a segundo plano. Visto que a liberdade é uma luta constante, o feminismo abolicionista sempre foi uma política — a recusa em entregar humanos e outros seres à descartabilidade — inseparável da prática.[4]

Observemos as intervenções oferecidas por articuladoras feministas anteriores. A Combahee River Collective Statement (1977) [Declaração Coletiva do Rio Combahee], por exemplo, foi um

---

* Queer é um termo em inglês usado para representar pessoas que não se identificam com nenhum gênero e transitam entre eles, sem concordar com tais rótulos, ou que não saibam definir seu gênero/orientação sexual. Também pode ser adotado como um termo guarda-chuva para se referir às identidades LGBTQIA+. (Esta e as demais notas no rodapé foram elaboradas pela editora.)

dos vários tratados políticos fundamentais que estabeleceram um caminho político para a articulação feminista radical e que funcionou, como todos os manifestos e declarações abertas, tanto como comunicado quanto como processo.[5] Apesar de ser, para muitas pessoas, um documento histórico que estabelece o feminismo contemporâneo negro, lésbico/queer e anticapitalista, a articulação que moldou sua criação foi tão central quanto o conteúdo da declaração. Ao priorizar a vida de mulheres negras e de outras mulheres de cor, a articulação coletiva trouxe um senso de urgência a essas questões, nas quais as campanhas feministas de base em prol da libertação se engajaram profundamente por meio de debates e princípios políticos mais abrangentes. Esse senso complexo, amplo, otimista, orientado para a ação do feminismo abolicionista e sua teoria da mudança reverbera no esforço de organizações que trabalham ativamente para libertar as pessoas — como a Sisters Inside, sediada em Brisbane, na Austrália, e a Sisters UnCut, no Reino Unido — e através de declarações, cartas abertas, cartazes e manifestos de organizações como o Crunk Feminist Collective [Coletivo Feminista Crunk], o Movement for Black Lives [Movimento em Prol das Vidas Negras], a Abolition and Disability Justice Coalition [Coalizão de Justiça em Prol do Abolicionismo e das Pessoas com Deficiência], com sua Statement of Solidarity with Palestine [Declaração em Solidariedade à Palestina], e, é claro, a INCITE! e a Critical Resistance, com seu documento.

Estruturamos este livro como uma genealogia crítica, em vez de um manifesto, enfatizando a importância de traçar linhagens políticas. Oferecemos um conjunto de ideias e descrições densas de práticas inacabadas, em vez de promover definições rígidas. Tentamos revelar os fios constitutivos comuns da obra e da promessa do feminismo abolicionista, em vez de restringi-lo a uma posição política sectária. Das vitrines em Chicago e das prisões em Manchester às ruas de São Paulo e às salas de aula de Joanesburgo, nosso trabalho aborda de forma genealógica histórias subjugadas de articulação a fim de informar e fortalecer nossas mobilizações atuais. Usamos o termo *ecossistema* para evitar uma estrutura prescritiva ou reificadora e para amplificar uma ecologia dinâmica do trabalho político, destacando legados, análises e questões frequentemente apagados ou obscurecidos. Também usamos esse termo para marcar a complexidade de uma paisagem povoada por redes, campanhas, mobilizações e organizações entrelaçadas. Ao narrar histórias do ecossistema atual — com atenção a conhecimentos subjugados e apagamentos — não apenas apontamos para os estratos subjacentes que demandam trabalho coletivo, mas também fornecemos ferramentas imaginativas e conceituais importantes para o engajamento na contemporaneidade.

Como nosso pensamento e prática continuam a ser ampliados e desafiados por aprendizado, ensino e análise da luta coletiva, não oferecemos este projeto colaborativo como um relato histórico linear completo de cada atividade organizacional ou conceitual do feminismo abolicionista. Em vez disso, *Abolicionismo. Feminismo. Já.* coloca o conceito de feminismo abolicionista em diálogo com a práxis ideológica, político-histórica e contemporânea, que exige ideias explícitas e expansivas sobre o que fazer para criar a liberdade. Com base na genealogia crítica, reconhecemos que as histórias sobrepostas dos movimentos abolicionistas e feministas estão profundamente entrelaçadas, mas não se desenrolam lado a lado em uma ordem cronológica nítida. A historiadora Elsa Barkley Brown descreve a história como "todo mundo falando ao mesmo tempo, com múltiplos ritmos sendo tocados simultaneamente" e lembra que "uma história linear nos levará a uma política linear e nenhuma nos servirá bem em um mundo assimétrico".[6] Saudamos outras interpretações do feminismo abolicionista e afirmamos que genealogias sempre devem ser questionadas, porque sempre há uma razão desconhecida para partir de determinado momento da história em oposição a outro e sempre importa quais narrativas do presente são marginalizadas ou eliminadas. Em vez de ler este pequeno livro e os trechos de campanhas, articulações políticas e análises que oferecemos como um roteiro, como prescrição para o presente e o futuro ou como voz de autoridade sobre organizações ou movimentos, sugerimos engajamento com o objetivo de nossa escrita coletiva: leia para expandir o diálogo, a prática, a reflexão e muito mais.

Introdução

Abolicionismo. Feminismo. Já.

POR QUE FEMINISMO ABOLICIONISTA

À medida que o abolicionismo se move hesitantemente em direção ao discurso público e alguns de seus proponentes ressaltam a dimensão feminista do abolicionismo, bem como a dimensão abolicionista do feminismo, uma articulação clara do termo *feminismo abolicionista* torna-se um desafio crucial. Conceitos, derivados tanto das articulações políticas como da produção acadêmica, podem se tornar termos frágeis e vazios — ferramentas usadas contra pessoas — em vez de estruturas vivas, produtivas e rigorosas que aprofundam e fortalecem nossa compreensão teórica e nossos movimentos de transformação social e política.

Quando começamos a escrita colaborativa deste livro, pressupomos que identificar o que era e é feminista ou abolicionista seria relativamente simples. No entanto, essa questão tornou-se mais complexa, em parte devido ao método de trabalho: pode ser desafiador escrever sobre articulações e ideias que estão naturalmente em movimento e, portanto, sempre apresentam nuances.

Nem o abolicionismo nem o feminismo são identificadores estáticos, mas métodos e práticas políticas. Um projeto ou campanha é considerado feminista ou abolicionista se os participantes não usam essas palavras para descrever seu trabalho ou campanha? Poderíamos marcar discretamente o que há de "feminista" no "abolicionismo" ou o que há de "abolicionista" no "feminismo"? De que modo o feminismo abolicionista aborda questões políticas que são pertinentes mas muitas vezes obscurecidas na reprodução de ambos os conceitos, por exemplo o capitalismo racial, o heteropatriarcado, o internacionalismo e a transfobia? Como essas e outras questões continuam a desempenhar papéis gerativos sem demandar respostas reducionistas, colocamos um ponto-final depois de cada palavra do título deste livro para demonstrar que cada um desses conceitos, com suas próprias histórias singulares, integra este projeto. Visto que a abolição e o feminismo continuam a ser teorizados discretamente por uma série de acadêmicos e articuladores, nosso projeto não é apagar, corrigir ou suplantar esses esforços preexistentes (e em andamento). Em vez disso, o próprio significado do termo *feminismo abolicionista* incorpora certa dialética, relacionalidade e forma de interrupção: a insistência de que as teorias e práticas abolicionistas fazem mais sentido quando também são feministas e, inversamente, um feminismo que também é abolicionista é a versão mais inclusiva e persuasiva do feminismo hoje.

Embora essas abordagens sejam sempre analíticas e baseadas em experiências sobrepostas — o movimento que visa acabar com a violência sexual e de gênero, por exemplo, nunca pode ignorar a busca do fim da violência do Estado, incluindo a violência policial —, essa compreensão mais holística nem sempre pode ser pressuposta. Como a teórica crítica da raça Mari Matsuda escreveu em 1991, um feminismo que seja capaz de desafiar significativamente as formas emergentes e existentes de dominação deve sempre ser flexível o suficiente para "fazer a outra pergunta":

A maneira como tento entender a interconexão entre todas as formas de subordinação é através de um método que chamo de "faça a outra pergunta". Quando vejo algo que parece racista, pergunto: "Onde está o patriarcado nisso?". Quando vejo algo que parece sexista, pergunto: "Onde está o heterossexismo nisso?". Quando vejo algo que parece homofóbico, pergunto: "Onde estão os interesses de classe nisso?". Trabalhar em coalizão nos força a procurar as relações de dominação óbvias e não óbvias, e, ao fazer isso, apreendemos que nenhuma forma de subordinação jamais opera isoladamente.[1]

A convocação de Matsuda requer o reconhecimento da interseccionalidade das lutas e também representa nossa disposição de antecipar mudanças e construir em nossas articulações uma reflexividade crítica e produtiva e a oportunidade de aprender e crescer.

Para nós, o feminismo abolicionista é um trabalho político que incorpora a perspectiva do "tanto/quanto" e vai além da lógica binária do "ou/ou" e da superficialidade das reformas. Reconhecemos a relação entre a violência estatal e individual e, portanto, estruturamos nossa resistência adequadamente: apoiando sobreviventes de violência e responsabilizando os agressores; trabalhando tanto local quanto internacionalmente; construindo comunidades; e respondendo às necessidades imediatas. Trabalhamos ao lado de pessoas que estão encarceradas enquanto exigimos sua libertação. Nós nos mobilizamos manifestando indignação contra o estupro de mulheres e rejeitamos o aumento do policiamento como resposta. Apoiamos e construímos mudanças culturais e políticas sustentáveis e a longo prazo para acabar com o capacitismo e a transfobia, enquanto proliferamos diferentes respostas "no momento" em que o dano ocorre. Às vezes confusas e arriscadas, essas práticas coletivas de criatividade e reflexão moldam novas visões de segurança, dando ânimo às paisagens complexas que moldam o feminismo abolicionista.

A capacidade de contemplar interna e externamente a realidade, a fim de atender às demandas imediatas e confrontar sistemas amplos de injustiça, e pensar nas estruturas complexas e sobrepostas que envolvem o abolicionismo, representa uma abordagem feminista para promover a mudança. Nossa abordagem se baseia nas noções de risco duplo e triplo apresentadas por Fran Beal e pela Third World Women's Alliance [Aliança de Mulheres do Terceiro Mundo], juntamente com a teoria do risco múltiplo de Deborah King ou a ideia de que as formas de dominação e opressão se inter-relacionam e se combinam, o que Kimberlé Crenshaw depois definiu como interseccionalidade no contexto legal.[2] Essas ideias têm linhagens importantes, muitas vezes que remontam ao século XIX. O feminismo abolicionista é uma práxis que exige movimentos intencionais e respostas perspicazes à violência sistêmica. Com base nessas abordagens fundamentais, a teoria da mudança proclama que podemos e devemos fazer várias coisas ao mesmo tempo. Trabalhar local e internacionalmente. As pessoas têm responsabilidade nisso e acreditamos que elas podem promover mudanças. Devemos ser radicais e ativos. Refletir, aprender e ajustar nossas práticas. Reagir à injustiça. Construir diferentes formas de viver. Estamos certas de que a articulação para acabar com a violência de gênero deve incluir o trabalho contra o complexo industrial prisional — contra o patrulhamento das fronteiras, contra o encarceramento de pessoas com deficiência, contra a criminalização do protestos da democracia radical — e, de forma central, em ajuda mútua, justiça reprodutiva, dignidade para pessoas trans e escolas sem polícia.[3] Tudo isso é possível porque o "nós" não é um conjunto de indivíduos, mas sim um coletivo que fundamenta e define seus integrantes e projetos, metas e campanhas conectadas ao cotidiano, englobando alegria e luta. Inextricavelmente.

O feminismo abolicionista não se esquiva das contradições, que muitas vezes são a centelha para a mudança. Mantendo esse tanto/quanto, podemos e devemos apoiar nossas necessidades coletivas imediatas e diárias de segurança, apoio e recursos, enquanto trabalhamos simultaneamente para desmantelar os sistemas carcerários. Pessoas desabrigadas deveriam ter um lugar seguro para dormir enquanto organizamos campanhas para construir casas para todos. Campanhas para fechar cadeias e prisões podem avançar à medida que continuamos a dar aulas nas prisões e à medida que apoiamos processos de justiça restaurativa e nos articulamos em torno de audiências de liberdade condicional. Protestos contra agressões sexuais e assassinatos cometidos pela polícia podem ocorrer enquanto construímos movimentos de solidariedade internacional contra a exportação de táticas policiais militarizadas. Descobrir e de fato abraçar esse terreno ambíguo que existe entre as respostas às necessidades imediatas e as demandas coletivas e radicais por uma mudança estrutural — e, em última instância, revolucionária — é marca registrada do feminismo abolicionista. Em vez de serem limitações, horizontes prescritivos ou oportunidades para soluções rápidas e vazias que trazem pouca resolução, essas contradições são produtivas e necessárias para análise e trabalho coletivos.

A negociação desse terreno também continua a criar práticas experimentais e coletivas de segurança, responsabilidade e cura, desvinculadas do sistema jurídico-penal existente. Frequentemente denominadas, de modo formal, responsabilidade comunitária ou justiça transformativa, essas ferramentas e práticas (com a análise que as acompanha) fornecem e proliferam respostas sem envolver o Estado carcerário ou punitivo. O engajamento é reativo — o que fazer em caso de dano e violência — e também fornece exemplos e ideias de estruturas preventivas mais amplas e a longo prazo — como impedir que danos e violência aconteçam. As práticas de responsabilidade comunitária e de justiça transformativa emanam de nossas estruturas políticas e oferecem várias maneiras concretas para que as pessoas se engajem.

Este crescente ecossistema feminista, abolicionista e internacionalista — sustentado esmagadoramente por trabalho não remunerado — continua a produzir ferramentas radicais e outros recursos. Antes de se dissolver em janeiro de 2020, a rede Transformative Justice Kollektiv Berlin [Justiça Transformativa Kollektiv de Berlim] passou anos documentando as diversas maneiras pelas quais cidadãos comuns reagem a danos interpessoais, em especial violência sexual e de gênero, sem recorrer à polícia e a prisões, e ofereceu oficinas para compartilhar táticas e estratégias. Através de clubes de leitura e aprendizagem, grupos de discussão e oficinas, o Alternative Justice [Justiça Alternativa] trabalha para promover "intervenções feministas e anticarcerárias contra violência e abuso sexual na comunidade indiana". Por meio de ações diretas, declarações e eventos de educação política, o grupo feminista Sisters UnCut, do Reino Unido, concretamente identifica e exige como os recursos orçamentários podem ser retirados das estruturas carcerárias e reinvestidos na comunidade, em saúde, educação e nas artes. A Survived & Punished e a Love & Protect são redes de voluntariado que apoiam sobreviventes criminalizados, promovendo campanhas de autodefesa e, ao mesmo tempo, tornando visível a violência sistêmica e estrutural do Estado. Organizações queer e trans — como o grupo Bent Bars, no Reino Unido, e o Transgender, Gender Variant e Intersex Justice Project [Projeto de Justiça para Transgêneros, Gênero-Variantes e Intersexuais], nos Estados Unidos — constroem e disseminam formas para garantir a segurança quando chamar a polícia não é uma opção e quando alguns estão trancafiados em instituições violentas.

Nessa rica ecologia de recursos, textos sobre "como fazer" em relação à justiça transformativa e à responsabilidade comunitária circulam e acendem discussões, estimulando novas práticas. A organização People Against Prisons Aotearoa [Pessoas Contra Prisões Aotearoa], na Nova Zelândia, oferece panfletos e oficinas, como a "Justiça transformativa: maneiras práticas de resolver danos e conflitos interpessoais em nossas comunidades", que fornece ferramentas para lidar com conflitos cotidianos sem recorrer às forças de segurança.[4] *Fumbling Toward Repair*, de Mariame Kaba e Shira Hassan, é um "livro de exercícios para facilitadores de responsabilidade comunitária".[5] A obra *Beyond Survival: Strategies and Stories from the Transformative Justice Movement* [Além da sobrevivência: Estratégias e histórias do movimento por justiça transformativa], de Ejeris Dixon e Leah Lakshmi Piepzna-Samarasinha, e a coleção editada por Ching-In Chen e suas companheiras intitulada *The Revolution Starts at Home: Confronting Intimate Violence within Activist Communities* [A revolução começa em casa: Confrontando a violência íntima em comunidades ativistas] estão cheias de histórias que fazem uma reflexão e analisam como as pessoas estão experimentando, às vezes sem sucesso, a resolução de conflitos e danos a partir de articulações comunitárias.[6] O material de campanha de 576 páginas do projeto StoryTelling & Organizing [Contação de Histórias & Articulação], em Oakland, criado pela Creative Interventions [Intervenções Criativas], oferece mecanismos, vocabulário e materiais preciosos para estudo e prática. Longe de ser uma checklist ou uma solução única, essa vasta gama de recursos — parte de nosso ecossistema feminista, abolicionista e internacionalista — oferece meios diversos e concretos para as pessoas, juntas, colocarem essas ferramentas em prática já.[7] Esses recursos — e muitos outros — são compartilhados, criticados, traduzidos e modificados em reuniões e encontros em todo o mundo, quase todos articulados por meio de voluntariado.

Em conjunto com esses recursos textuais, artistas continuam a produzir intervenções visuais em nosso Estado punitivo — incluindo obras que documentam meticulosamente a realidade dos sobreviventes no dia a dia na prisão. Artistas sempre foram agentes--chave que semeiam resistência e fornecem material para imaginarmos alternativas — como bem exemplificam as imagens estampadas neste livro. Nossos cartazes, memes, banners, declarações, slogans, grupos no Signal e no SnapChat, entre outros, também criam — adaptando uma frase da estudiosa de artes visuais Nicole Fleetwood — uma "estética anticarcerária"[8] ou, como diríamos, uma estética do feminismo abolicionista, visando ampliar nossa capacidade coletiva de perceber o regime de punição heterogendrado e racializado que é a prisão/o Estado punitivo estadunidense e também a miríade de maneiras que as pessoas — pobres, homossexuais, povos originários, *browns,** negros e/ou não cidadãos — tentam florescer e resistir apesar desses obstáculos. Na última década, o público também teve contato com o trabalho de escritoras que centralizam mulheres negras (e queer) em ficções especulativas, como Octavia Butler, N. K. Jemison e Nnedi Okorafor. O aumento de interesse por essas autoras e artistas que centralizam a luta pelo futuro negro — e a obra cada vez mais ampla que surgiu no diálogo com esses gêneros especulativos — não pode ser desvencilhado das demandas materiais que surgiram durante esse período: Financiem o Futuro Negro.[9] Abolicionismo. Feminismo. Já. Enquanto a articulação política continua a transformar o ambiente discursivo, promovendo e legitimando o discurso de orientação abolicionista sobre as prisões e a polícia, os projetos culturais e artísticos também ajudam a desnaturalizar o Estado punitivo e a enquadrar a violência institucionalizada como tópico essencial para

---

* Nos Estados Unidos, *brown* é utilizado para se referir tanto a pessoas negras com tez amarronzada quanto a (descendentes de) árabes e indianos, por exemplo — que, apesar de terem tons de pele semelhantes, não são fenotipicamente negros.

Ilustração mostrando como a ficção científica acende a imaginação radical, por Ira M. Leigh, 2015.

discussões. Considere, por exemplo, a performance multimídia de fantoches da Papel Machete* com uma narrativa especulativa sobre a última prisão dos Estados Unidos.[10] Cultura visual, música, arte e ficção moldam a imaginação popular de maneira profunda, superando mudanças políticas e legislativas.

No entanto, como temos conhecimento, mesmo quando criamos múltiplas intervenções e respostas para suplantar abordagens carcerárias — algumas formalmente chamadas de justiça transformativa e outras não — danos ocorrerão. Mulheres serão abusadas sexualmente, pessoas trans serão espancadas, pessoas com deficiência serão mantidas como reféns em casa e negros e outras pessoas de cor machucarão uns aos outros. Nosso trabalho não é fingir que essas formas de violência não ocorrerão. Nossos próprios contextos, projetos, locais de trabalho e organizações não estão imunes a elas. Enquanto escrevemos, alegações de assédio sexual, transfobia e racismo se desenrolam em organizações e movimentos ao nosso redor. Nós lutamos. E reconhecemos que quem paga caro por isso são os mais vulneráveis: pessoas que vivem e se articulam, sem remuneração, em prisões e outros espaços carcerários e aquelas que trabalham, voluntariamente, em movimentos e organizações. Humildemente, reconhecemos esses riscos e, ainda assim, os assumimos juntas. Não se trata de um trabalho impossível, afinal estamos juntas. *Abolicionismo. Feminismo. Já.* descreve como e por que o abolicionismo é inimaginável sem o feminismo, como o feminismo é inimaginável sem o abolicionismo e por que esse diálogo é imperativo, já. Esperamos que as leitoras reflitam sobre as ideias deste livro e se deixem levar à ação — ação não prescrita por nós, mas inspirada pelo trabalho, pelas ideias e pelos desafios aqui reunidos.

---

* Papel Machete é uma coletiva de teatro político de trabalhadoras de Porto Rico.

POR QUE NÓS

A articulação coletiva do feminismo abolicionista, o ensino e a aprendizagem nos unem. Como acadêmicas, educadoras e articuladoras, estamos envolvidas em projetos relacionados ao abolicionismo da prisão e da polícia enquanto tentamos desenvolver abordagens anticarcerárias nos movimentos feministas antiviolência. Colaborativamente, construímos e apoiamos várias organizações, atuamos em campanhas, participamos de delegações, convocamos encontros, aprendemos (e ensinamos), tudo como parte do trabalho em movimentos e articulações. Em particular, temos uma trajetória assídua e profunda com as organizações INCITE! Women, Gender Non-Conforming, Trans People of Color Against Violence e Critical Resistance. Angela é uma das membras-fundadoras da Critical Resistance, Beth é membra-fundadora da INCITE!, Gina faz parte da Critical Resistance desde o início e participou da primeira conferência em 1998, e Erica juntou-se à Critical Resistance em 2006. Para Beth, Gina e Angela, essas trocas começaram no fim dos anos 1990, com Erica, a mais jovem em nosso esforço colaborativo, entrando dez anos depois. Em passeios de carro e em painéis, na articulação de reuniões e campanhas, em salas de aula e reuniões de planejamento estratégico, durante as refeições: os fragmentos dessas conversas se espalharam por Chicago, Nova York, Oakland, Bahia, Brisbane, Londres, Palestina e outras partes do mundo. O que significa o abolicionismo já aparecer como base no início de muitos programas de curso em vez de como uma reflexão rápida dada nas semanas finais? Qual é o impacto de poucas pessoas reconhecerem formalmente como o feminismo moldou o abolicionismo? Por que devemos continuar divulgando que o feminismo perpassa o abolicionismo?

Nossa decisão de escrever coletivamente um pequeno livro intitulado *Abolição. Feminismo. Já.* foi tomada muito antes dos protestos e das revoltas antirracistas de 2020 nos Estados Unidos e em todo o mundo, e antes do surgimento e fortalecimento de movimentos que demandam o desfinanciamento da polícia (Defund the Police)* e o fim do policiamento nas escolas (Police Out of Schools).** Nós nos comunicávamos via Zoom semanalmente antes que aulas, conferências e encontros afins via Zoom se tornassem a norma. Continuamos assim nos primeiros dias da pandemia, durante os levantes que se desenrolaram em nossos bairros e enquanto negociávamos mudanças nas condições de trabalho, vida e articulação política. Persistimos apesar da imprevisibilidade doméstica, da banda larga insuficiente, dos tornados, dos novos cachorrinhos, dos incêndios florestais, das demandas para cuidar de pessoas, dos lockdowns obrigatórios e até mesmo de uma insurreição da supremacia branca. Nossas ligações foram pontuadas pela urgência do já: verificações sobre a saúde de entes queridos, atualizações em tempo real sobre ações locais urgentes, dúvidas sobre ensino e aprendizagem, preocupações com as eleições de 2020 e reuniões de planejamento estratégico sobre as fraquezas e o futuro do movimento. O projeto deste livro sempre foi categórico: nosso envolvimento em várias comunidades que resistem simultaneamente à prisão e à violência de gênero ilustra o

---

* Defund the Police é um movimento dos Estados Unidos que defende a transferência de fundos dos departamentos de polícia para diferentes formas de apoio comunitário e segurança pública.
** Os School Resourcers Offices [Escritórios de Recursos Escolares] fazem parte das escolas públicas de ensino fundamental dos Estados Unidos desde a década de 1950. Os policiais desses escritórios recebem os mesmos treinamentos e recursos que outros membros da polícia, mas têm papel multidisciplinar, podendo atuar até como conselheiros, mentores e às vezes professores. Ativistas abolicionistas acusam os SRO de uso excessivo de força contra os alunos e de contribuir para a evasão escolar dos jovens, os quais saem da escola e acabam presos.

imperativo de uma indivisibilidade — o feminismo é central para o abolicionismo e o abolicionismo é inseparável de nosso feminismo —, motivando-nos a colaborar para documentar, teorizar e amplificar o feminismo abolicionista. As mobilizações de 2020, a insurreição da supremacia branca no início de 2021 e a pandemia de covid-19 apenas intensificaram essa urgência, assim como impuseram várias demandas concorrentes.

À medida que a cara do projeto foi mudando rapidamente e o trabalho foi sendo interrompido pelas demandas diárias, demos mais atenção ao processo colaborativo. Somos de locais muito diferentes, nos formamos em tradições acadêmicas e organizacionais divergentes, e, apesar de trabalharmos e ensinarmos em áreas de intersecção, também atuamos em domínios variados. Talvez, sem intenção, nossa escrita tenha refletido o processo de organização com o qual pretendíamos nos engajar e, em parte, registrar. Buscamos uma voz coletiva que refletisse nosso pensamento e práticas compartilhadas, que nutrisse uma reflexividade crítica e preocupada com o que e quem estava faltando ou estava sendo excluído, e que sempre priorizasse o reconhecimento de narrativas, pessoas e análises facilmente esquecidas ou enterradas. Lutamos contra a insatisfação utilizando as tecnologias e ferramentas disponíveis para apoiar esta escrita e análise coletiva, abraçamos curiosidades produtivas oriundas da sobreposição de demandas assim como ferramentas e vocabulários discordantes enquanto mantínhamos nosso profundo senso de responsabilidade para com mobilizações coletivas — passadas, presentes e futuras. Nós nos comprometemos explicitamente com discussões intermináveis sobre nossos conhecimentos acerca do público leitor imaginado, assim como com nosso desejo coletivo de fazer mais do que simplesmente narrar a história presente e acenar em direção ao trabalho e ao futuro por vir, trabalhando com humildade e profundo reconhecimento de que são os coletivos, e não os agentes individuais, que incorporam as diferenças e nos impulsionam e sustentam. Esses modos de convergência produtiva e dissonância estão entrelaçados ao longo de nossa escrita, bem como se refletem nos movimentos e nas mobilizações narrados. Nossos pontos-chave de unidade são o compromisso contínuo com a prática e a política do feminismo abolicionista e a confiança gerada a partir do compartilhamento de trabalhos, pontos de vista, lições, espaços e cuidado ao longo da(s) última(s) década(s). Este é o tempo sempre lento da coletividade, urgente e desajeitada, deliberada e absolutamente comprometida.

POR QUE COLETIVA

A chave para este ecossistema feminista abolicionista são as redes, as organizações e os coletivos. Esse trabalho nunca é um projeto solo. Indivíduos se cansam, desaparecem. Os movimentos se aprofundam e continuam. Às vezes, o grupo é formado por apenas algumas pessoas trabalhando juntas no porão de uma igreja, mas essas reuniões, redes e grupos formais ou informais criam espaços insurgentes de educação política que constroem relacionamentos, compartilham vocabulário, estratégia, ferramentas e análises e criam abertura para as pessoas aprenderem e praticarem: *quais ferramentas estão disponíveis para responsabilizar alguém se não chamarmos a polícia?* O coletivismo é uma linha transversal através de gerações, povos e mobilizações — subvalorizada e não reconhecida, mas a chave para a construção da liberdade.

Aqui temos o cuidado de não romantizar nenhuma rede ou campanha. O trabalho é feito por pessoas, que, como todos nós, cometem falhas. E o caminho para a "comunidade" é pesado, às vezes mítico: a comunidade é ao mesmo tempo uma visão radical, uma possibilidade fugidia e uma luta — isso é o feminismo abolicionista na prática. As redes e os coletivos representados nesta genealogia (apenas uma fração do trabalho emergente do cenário feminista abolicionista) nos lembram que o abolicionismo não acabará com todos os danos ou violência interpessoal: devemos trabalhar na prevenção e na redução de danos, enquanto desenvolvemos e praticamos maneiras transformadoras de agir quando o dano ocorre. O feminismo abolicionista é esse investimento intencional dos nossos recursos para apoiar o florescimento do melhor eu coletivo possível, enquanto reivindicamos a "responsabilização" do regime carcerário.

O processo de organização coletiva sempre diz respeito a aprendizagem e mudança, e sabemos que os riscos surgem de forma desigual. E, embora o reconhecimento da complexidade da epistemologia do ponto de vista não coassine a ignorância aprendida — por exemplo, cisgêneros e/ou brancos cuja fragilidade e incompetência são resultado de um compromisso deliberado de não saber, não ouvir ou não aprender —, a consciência política é um processo contínuo, coletivo e pedagógico, e não uma linha de chegada. No entanto, como cultivamos espaços de transformação para que as pessoas aprendam, errem e desaprendam, tornem-se responsabilizáveis e mudem? Como esse trabalho só pode acontecer dentro de uma relação, em comunidades, é sempre imperativo que o fardo do trabalho não recaia sobre os mesmos corpos — notadamente mulheres, geralmente mulheres de cor.

Nossa capacidade de fazer a outra pergunta, de lutar e praticar coletivamente é fortalecida e dificultada porque as aspirações do feminismo abolicionista são frequentemente descritas como utópicas. O abolicionismo é inevitavelmente especulativo, e abraçamos ardentemente sua dimensão utópica.[11] No entanto, se o movimento é definido como uma progressão em direção à utopia, seus conceitos e processos de organização também podem reforçar um mito central sobre o abolicionismo: de que ele é impraticável, inatingível, um sonho. (A definição dos Estados Unidos como um distópico, excepcional e exemplar Estado punitivo no espectro internacional não colabora para destruir a sensação da impossibilidade do abolicionismo no país, minimizando simultaneamente a necessidade do abolicionismo em outros Estados-nação.) A abordagem utópica pode ser lançada como limitada, e isso é um refrão muitas vezes levantado contra os abolicionistas junto com nosso "zelo evangélico", nossa ingenuidade, nossa falha em ser pragmáticas e nosso extremismo.[12]

Nossa intervenção é nos refundarmos na indissociabilidade do feminismo e do abolicionismo e insistirmos que não só é fundamental abrir espaço para o que ainda não fomos capazes de imaginar, mas ao mesmo tempo ampliar que a prática está alicerçada, todos os dias, e se desenrolando... já. Visão e prática não são contraditórias, mas inseparáveis, são a insistente prefiguração do mundo do qual sabemos que precisamos. Como uma das primeiras membras do movimento No One Is Illegal [Ninguém é ilegal], Harsha Walia escreve:

> Prefiguração é a noção de que nossa articulação reflete a sociedade em que desejamos viver: que os métodos que praticamos, as instituições que criamos e os relacionamentos que facilitamos dentro de nossos movimentos e comunidades se alinham com nossos ideais.[13]

As organizações referenciadas neste livro, e as várias outras em bairros em todo o mundo, formam uma constelação dinâmica moldada por meio do feminismo abolicionista que circula e implanta ferramentas cotidianas para acabar com nossa dependência da polícia e da punição e criar comunidades mais autenticamente seguras.

Sendo uma prática do *já*, o feminismo abolicionista se recusa a renunciar ao visionário — aquilo que ainda não existe — e à radicalidade do imaginário como um espaço para o que ainda é impensável, no limite do possível. Dizemos "sim" à brilhante capacidade especulativa de Octavia Butler: vamos sonhar com nossa vitória, devemos imaginar além do que é dado. Também dizemos "sim" à prática diária de articuladoras como Fannie Lou Hamer e Faye Honey Knopp: faça o trabalho, todos os dias, não importa o que aconteça. E como nossa amada e já falecida camarada Rose Braz observou em uma entrevista de 2008, "um pré-requisito para buscar qualquer mudança social é dar um nome a ela. Em outras palavras, mesmo que o objetivo que buscamos possa estar distante, a menos que o nomeemos e lutemos por ele hoje, ele nunca chegará".[14] A tensão produtiva de se agarrar a uma visão radical, real e profunda enquanto se envolve no cotidiano confuso está *embutida* em uma práxis feminista, no trabalho das pessoas comuns de experimentar, construir e fazer. E isso requer coletividade. Sempre.

POR QUE JÁ.

O feminismo abolicionista *é* o nosso momento político. Depois da execução racista realizada em Minneapolis, Minnesota, por representantes uniformizados do Estado e gravada em celulares por transeuntes, o nome de George Floyd ecoou em todo o mundo. De que outra forma também ecoar os assassinatos e as agressões em curso contra mulheres asiáticas e asiático-americanas, ou a detenção violenta de pessoas negras trans, a detenção de latinas e outras crianças imigrantes na "fronteira", ou o desaparecimento de mulheres em Ciudad Juárez, no México? Embora, pela primeira vez em nossa memória, as autoridades quase imediatamente declarassem o assassinato policial de George Floyd como um "assassinato" e o assassinato em massa de mulheres asiáticas em Atlanta em 2021 como um "crime de ódio", o despertar coletivo foi motivado pelo fato de que dezenas de milhões e talvez até mais testemunharam os últimos nove minutos da vida de George Floyd e o evidente direcionamento dos ataques às mulheres asiáticas.[15] Mesmo para quem não conhece a história de violência racial nos Estados Unidos, essas cenas despertaram o fantasma histórico do linchamento e do feminicídio. Mas, daquela vez, estávamos todos implicados. E falhar na resposta seria o mesmo que concordar implicitamente. Enquanto preparamos este manuscrito para publicação, como o grande número de manifestantes e aqueles que simpatizam com ativistas nas ruas de todo o mundo, ainda estamos cambaleando com a sensação de que o tempo histórico avançou rapidamente, mesmo que o presente ilumine quanto ainda somos mantidas cativas por questões não resolvidas do passado.

Esse momento coletivo foi inaugurado por meio de uma longa trajetória de campanhas, mobilizações e ações, muitas vezes precipitadas pela violência e pela morte. Embora saibamos o nome de um grande número de homens negros que perderam a vida devido à violência policial, as mulheres, pessoas com inconformidade de gênero, trans e profissionais do sexo assassinadas são, na maioria das vezes, relegadas a segundo plano. Durante o período anterior ao assassinato de George Floyd, Breonna Taylor, uma jovem negra que trabalhava como técnica de emergência médica, foi executada pela polícia em Louisville, Kentucky, quando policiais entraram em sua residência com um mandado judicial que permitia a entrada sem aviso prévio, aparentemente emitido porque ela era conhecida de uma pessoa procurada pela polícia. Breonna Taylor estava na cama com o namorado quando a polícia invadiu sua casa e atirou oito vezes. Se o nome de George Floyd evoca uma lista

#8toAbolition
A WORLD WITHOUT PRISONS OR POLICE, WHERE WE CAN ALL BE SAFE

DEFUND THE POLICE

DEMILITARIZE COMMUNITIES

REMOVE POLICE FROM SCHOOLS

FREE PEOPLE FROM PRISONS & JAILS

WE BELIEVE IN A WORLD WHERE THERE ARE ZERO POLICE MURDERS BECAUSE THERE ARE ZERO POLICE.

REPEAL LAWS CRIMINALIZING SURVIVAL | INVEST IN COMMUNITY SELF-GOVERNANCE | PROVIDE SAFE HOUSING FOR EVERYONE | INVEST IN CARE, NOT COPS

ABOLITION CAN'T WAIT.

Reivindicações apresentadas em 2020 pela campanha #8toAbolition, visando ao desmantelamento dos sistemas de violência de Estado: desfinanciar a polícia; desmilitarizar comunidades; retirar a polícia das escolas; libertar as pessoas de prisões e cadeias; revogar leis que criminalizam sobreviventes; investir em comunidades autogeridas; prover moradia segura para todos; investir em cuidado, não em policiais. [No cartaz, lê-se ainda: #8pelaAbolição. Um mundo sem prisões ou polícias, onde todos nós podemos estar seguros. Nós acreditamos em um mundo em que não há nenhum policial assassino porque não há nenhum policial.]

interminável de homens negros que foram alvo da violência racial do Estado — na era mais recente, Mike Brown, Eric Garner, Freddie Gray, Walter Scott, Philando Castille e muitos outros —, o nome de mulheres costuma ser apagado, com exceção de Breonna Taylor, Sandra Bland, Rekia Boyd e algumas outras.

O assassinato de George Floyd se tornou um grande catalisador para as demandas abolicionistas, em grande parte por causa das articulações radicais do passado. Em 2012, poucos dias após seu aniversário de 21 anos, CeCe McDonald foi presa por se defender da violência racial e contra pessoas trans nas ruas. Enquanto ela enfrentava a acusação de assassinato de seu agressor e uma longa sentença, uma pequena mas significativa rede queer, trans e principalmente multirracial e jovem aumentou a visibilidade de seu caso por meio das mídias sociais e organizou oficinas e ações nas ruas. Esse apoio foi especialmente importante durante os dezenove meses em que CeCe, uma mulher negra trans, esteve detida em uma prisão masculina. CeCe e a campanha que surgiu em torno de sua história também trabalharam para nomear todas as formas pelas quais o sistema jurídico-penal serve como aparato de repressão contra as pessoas nas margens da sociedade, especialmente as pessoas trans negras. Essa articulação política em torno do caso de CeCe, quase uma década antes do levante de junho de 2020, elucidou as conexões ideológicas entre violência do Estado, violência na rua e violência interpessoal, uma conjunção no cerne de todo o trabalho do feminismo abolicionista.

Campanhas centradas em mulheres negras que são alvo de violência interpessoal e do Estado surgiram nos Estados Unidos, assim como têm emergido no restante do mundo encarcerado, no qual raça, gênero e marginalidade desempenham papel semelhante na criminalização. Em 11 de janeiro de 2016, Sarah Reed, uma mulher negra de 32 anos com histórico de deficiência psiquiátrica, se tornou a última mulher a morrer na Prisão de Holloway, em Londres (a maior prisão feminina da Europa Ocidental que foi fechada permanentemente seis meses depois). Sarah foi encontrada morta em sua cela com tiras de linho em volta do pescoço. Ela estava em prisão preventiva, acusada de lesão corporal grave após tentar se defender de uma agressão sexual cometida por um paciente na unidade de segurança num centro de saúde mental. Embora o inquérito conclua que a morte foi autoinfligida, as autoridades não estavam convencidas de que ela realmente tivesse a intenção de tirar a própria vida. O fracasso em fornecer cuidado adequado e o encarceramento de Sarah em vez de proporcionar um acompanhamento de saúde apropriado a levaram ao suicídio. No respaldo dessa morte sob custódia, o Sisters UnCut, grupo de ação direta antirracista e feminista que se organiza contra os cortes nos serviços de violência doméstica, ocupou o Centro de Visitação no Holloway em memória de Sarah Reed e das dez outras mulheres que haviam morrido naquela prisão desde 2004, exigindo que esse espaço de violência do Estado fosse transformado em um prédio de serviços antiviolência para mulheres e pessoas não binárias.

Embora todas tenhamos estado envolvidas em muitos desses casos, a temporalidade de nossas lutas foi rompida durante esse período. O que compreendemos como tempo real mudou de maneira drástica enquanto trabalhávamos neste livro. Como informamos, a ideia original foi cultivada por anos: originada durante nossas discussões em conferências, ao longo das refeições em eventos, ao ler livros juntas e pensar em estratégias de campanha e no decorrer de longas viagens para encontrar nossos alunos em cursos que ministramos na prisão de Stateville. Inspiradas pela maneira empolgante com que as ideias feministas e abolicionistas estão convergindo para dar ânimo aos movimentos de resistência, parecia já ser o momento certo para publicar este trabalho.

O título do livro — *Abolicionismo. Feminismo. Já.* — reflete essas teorias e práticas feministas em muitas regiões do mundo que reconhecem, como o Sisters Uncut, a campanha para libertar CeCe McDonald, o movimento por justiça em prol de Breonna Taylor e outras pessoas e as múltiplas maneiras pelas quais as lutas contra a violência individual e íntima estão integralmente ligadas às lutas contra a violência do Estado. Por todo o globo, as formas de resistência à violência do Estado acentuam os emaranhados históricos e contemporâneos dos sistemas de opressão. O trabalho, por exemplo, da vereadora carioca Marielle Franco, uma articuladora lésbica, feminista e antirracista assassinada em março de 2018, que desafiou de forma impetuosa a militarização das forças policiais brasileiras, inspirou profundamente muitas de nós, envolvidas em trabalhos semelhantes nos Estados Unidos. A abordagem feminista de Marielle e sua articulação de raça e gênero deixaram absolutamente claro que a defesa das mulheres negras deve estar ligada à luta contra a violência policial mesmo quando os alvos imediatos são predominantemente masculinos. Sua articulação centrou-se nas necessidades das mulheres negras nas favelas, incluindo a luta por creches noturnas para os filhos de mães trabalhadoras e pelos direitos reprodutivos das mulheres, além de ter relacionado condições de pobreza, militarização, violência e repressão ao impacto estrutural e institucional de raça e gênero. Aqueles que estão tentando radicalizar a política eleitoral foram ainda mais encorajados pelo fato de que, após o assassinato de Marielle, um número sem precedentes de mulheres negras concorreu a cargos públicos no Brasil, frequentemente sendo referenciadas como *sementes de Marielle*: Erica Malunguinho da Silva, por exemplo, tornou-se a primeira mulher negra trans eleita para a Assembleia Legislativa de São Paulo.

Os discursos e as articulações centradas nos Estados Unidos podem saturar os movimentos políticos abolicionistas contemporâneos, reforçando e aprofundando o imperialismo estadunidense e potencialmente eliminando outras histórias de violência e resistência. Portanto, os compromissos internacionalistas são imperativos para ilustrar as repercussões globais e contínuas do colonialismo e do imperialismo embutidos na polícia e nas instituições carcerárias. Em 2020, no contexto da insurgência global

Arte de Micah Bazant, criada em 2013 como parte da campanha pela libertação de CeCe McDonald. [No cartaz, lê-se: Honrar nossos mortos e lutar pelos vivos. Em junho de 2021, CeCe McDonald reagiu a um ataque racista e transfóbico. Ela foi sentenciada a 41 meses numa prisão masculina por homicídio doloso, apesar de clara evidência de autodefesa. Libertem CeCe. Apoiem mulheres trans de cor.]

do #BlackLivesMatter [#VidasNegrasImportam], o coletivo sul-africano CopsAreFlops [TirasSãoUmFracasso] publicou um relatório sobre intervenções, *Reimagining Justice in South Africa Beyond Policing* [Reimaginando a justiça na África do Sul para além do policiamento]. Destacando o longo histórico de violência do sistema carcerário e da polícia na África do Sul (esse coletivo tem defendido a tese de que o serviço de polícia sul-africano mata proporcionalmente três vezes mais pessoas per capita do que as forças policiais estadunidenses), esse relatório apontou: "Talvez não se trate de encaixar uma narrativa 'sul-africana' em uma narrativa 'estadunidense'... mas fundamentalmente estamos tendo a mesma conversa".[16] Ao considerar que a violência policial nos mais diferentes lugares pode ser entendida como diferentes facetas da "mesma conversa", como sugere o CopsAreFlops, desenvolvemos abordagens analíticas mais amplas à medida que as estratégias e os escopos de nossas lutas se expandem.

As mobilizações locais têm alcance global. Por exemplo, as campanhas para a desmilitarização da polícia nos Estados Unidos muitas vezes têm focado no papel do Exército israelense no treinamento de forças policiais em todo o mundo (incluindo a diminuta força policial em Ferguson, Missouri). Na baía de San Francisco, a Critical Resistance, o Arab Resource and Organizing Center [Centro Árabe de Recursos e Articulação], a Xicana Moratorium Coalition [Coalizão Xicana Moratorium] e outras organizações lideraram uma longa campanha que culminou no fim do Urban Shield, da exposição de armas e do programa de treinamento da SWAT que aconteciam anualmente em 11 de setembro, atraindo forças de segurança de todo o mundo — incluindo as de Israel.*

---

* Urban Shields é o maior programa de treinamento da SWAT (tropa de elite estadunidense), e seu evento anual reúne forças de segurança de todo o mundo. Embora seus defensores afirmem que se trata de treinamento de resposta a

Essa campanha refletiu sobre mudanças de posicionamento que demandam apenas práticas policiais "mais humanas" sem mudar a estrutura intrínseca às forças de segurança, visando a uma compreensão mais complexa de como os departamentos de polícia são afetados e, por sua vez, fortalecem tendências à militarização. Assim, a vitória da campanha de 2019 para impedir o Urban Shield não representou apenas uma vitória local, mas um marco significativo nas abordagens internacionalistas a respeito da violência do Estado.

Esse internacionalismo pode ajudar a traçar e construir uma genealogia vibrante e complexa, lembrando-nos de pensar além daquilo estabelecido em contextos geopolíticos particulares. O objetivo não é aspirar a nenhuma destas condições: as licenças da prisão para pessoas que cumprem penas longas não são o objetivo final. Ainda assim, uma lente internacionalista ao menos cumpre a tarefa necessária de nos levar para além dos horizontes familiares e cotidianos e construir análises, pontes e articulações. Por exemplo, reconhecer que as pessoas em Montreal e Londres estão envolvidas no mesmo diálogo que nossos colegas sul-africanos fortalece nossa capacidade de argumentar que o policiamento pode ser motivado por racismo estrutural, mesmo quando a maioria dos policiais é negra. Talvez um dos exemplos mais convincentes possa ser o trabalho da recém-criada Palestinian Feminist Collective-Action Network [Rede de Ação Coletiva Feminista Palestina] e seu comprometimento radical com o anticolonialismo e a defesa da vida no contexto da violência sionista. Essas e outras oportunidades de aprender com articulações para além de nossas fronteiras violentas também funcionam como lembretes de que os sistemas atuais são historicamente produzidos e po-

---

emergências, ativistas argumentam que as táticas ensinadas são amplamente usadas contra as comunidades marginalizadas.

Arte de capa por Mikayla Boorany para Reimagining Justice in South Africa Beyond Policing, *2020*. [Na imagem, lê-se: A entrega de justiça na África do Sul precisa vir vestida em um uniforme azul-marinho, à prova de balas, espingarda e num blindado ou podemos imaginar justiça para além disso?]

dem, portanto, ser alterados e que o capitalismo racial, assim como a covid-19, não é exclusividade de nenhum Estado-nação.[17]

Visto que o feminismo abolicionista é tanto uma política quanto uma prática, estruturamos este livro em torno de capítulos curtos que oferecem retratos de nossas práticas, campanhas, projetos, aprendizados e compromissos coletivos e individuais. Para ilustrar a indivisibilidade dos conceitos centrais que estruturam esta obra, o capítulo 1 oferece uma genealogia crítica parcial do abolicionismo com inflexões feministas, enquanto o capítulo 2 fornece uma genealogia crítica parcial dos movimentos feministas antiviolência com inflexões abolicionistas. O capítulo 3 apresenta as especificidades de um lugar, Chicago, para mapear como atualmente o feminismo abolicionista se manifesta em bairros, organizações, grupos comunitários, campanhas e iniciativas de educação popular que trabalham contra a carceralidade e pela liberdade. Nenhum dos exemplos contidos neste breve projeto é finito, mas os oferecemos para mostrar como em meio à opressão e à violência estruturais profundas existem espaços possíveis para a imaginação e a criatividade florescerem. Tomados em conjunto, os exemplos neste livro — uma fração de uma ecologia emergente — formam um mosaico do que é possibilitado pelo feminismo abolicionista, não em sentido prescritivo, mas para demonstrar que um novo mundo é possível: já estamos construindo-o coletivamente.

Denominamos a mudança que desejamos: Abolicionismo. Feminismo. Já.

O abolicionismo requer mudanças profundas na forma como nos organizamos contra a opressão e como criamos o mundo que desejamos. Para nós, o feminismo oferece um mapa político e ideológico para guiar esse trabalho. A urgência, o "já", é impulsionada pelos recentes levantes nos Estados Unidos e pela longa história de lutas diárias nas comunidades negras, brown, de imigrantes, queer e indígenas por segurança, por alimentação adequada, pela garantia de um salário digno e pela expansão do direito ao voto, assim como pela não esterilização compulsória ou pela cirurgia de afirmação de gênero e pela luta contra regimes repressivos de vigilância, controle e punição. É importante ressaltar que, embora a urgência — o já — seja provocada pelo assassinato de George Floyd, Breonna Taylor e Marielle Franco, o rico legado das articulações feministas abolicionistas molda as lutas de hoje e nos lembra do trabalho lento, em tempos sempre urgentes, de construção de comunidades vibrantes a longo prazo.

Cartaz da luta em andamento contra a extrema direita no Brasil, por Luciane Fortuna, Coleção do Instituto Marielle Franco.

1. Abolicionismo.

Inaugurada em 1932, a Casa de Detenção Feminina de Nova York foi anunciada como um modelo nacional, um exemplo importante de "penologia moderna". Localizada em Greenwich Village, onde a Sixth Avenue, a Tenth Street e a Greenwich Avenue se encontram, e construída a um custo de 2 milhões de dólares, essa então nova prisão foi projetada para atender ao número crescente de mulheres que entravam no sistema jurídico-penal. A cobertura da notícia enfatizou uma mudança fundamental no vocabulário oficial, determinando que as mulheres encarceradas ali fossem referidas como "detentas" em vez de "prisioneiras", marcando assim o que foram consideradas reformas significativas na época. A Casa de Detenção Feminina também foi elogiada por incorporar uma "pesquisa científica" emergente, em particular a prática de isolamento carcerário como resposta à suposição de que uma das "principais causas do crime" era a "facilidade com que jovens infratores na prisão são influenciados por violadores da lei mais velhos". No que se tornou um eco familiar, a construção de uma prisão "inovadora", alinhada ao "melhor" da ciência em ascensão, foi definida como o mais desenvolvido e necessário plano de reforma.[1]

No entanto, apesar de o objetivo da prisão ser o isolamento, a proximidade da Casa de Detenção Feminina com a rua e com o centro da cidade criava meios possíveis de comunicação e troca. As visitas das pessoas do "mundo livre" nem sempre se limitavam a reuniões oficialmente sancionadas dentro da prisão por telefone e através de pequenos e degradados painéis de acrílico, que exigiam que ambas as partes permanecessem de pé durante o encontro. Houve também visitas realizadas a partir da rua, com certeza não sancionadas, em que alguns gritavam da Greenwich Avenue chamando qualquer uma que por acaso ouvisse para pedir à pessoa que queriam visitar que fosse até a janela da cela. Audre Lorde descreveu essa estratégia de comunicação em 1982:

> Informações e palavras carinhosas circulavam para cima e para baixo, os que conversavam aparentemente alheios aos ouvidos dos transeuntes enquanto discutiam a disponibilidade de advogados, o tempo de permanência, a família, as condições e o caráter eterno do amor verdadeiro. A Casa de Detenção Feminina, bem no meio da Vila, sempre pareceu uma situação favorável para nós — um bolsão desafiador de resistência feminina, sempre presente como um lembrete de possibilidade, bem como de punição.[2]

Como a proximidade da Casa de Detenção Feminina com a rua proporcionava acesso à comunicação que não era regulamentada e, em grande parte, não supervisionada, também surgiram canais para a articulação. Por mais temporais e fragmentados que fossem, os articuladores internos e externos encontraram maneiras de interromper e desestabilizar o regime de isolamento da prisão. Em 1969, entre o Natal e o Ano-Novo, a emergente Gay Liberation Front [Frente de Libertação Gay] protestou 24 horas por dia em frente à prisão em resposta ao encarceramento de Afeni Shakur e Joan Bird, duas Panteras Negras cujos casos atraíram considerável atenção da mídia.

Durante o tempo que Angela Davis passou na House of D., como foi apelidada, apoiadores ajudaram a organizar uma campanha de arrecadação de fundos para pagamento da fiança, que foi coordenada em parte por meio dessa comunicação não regulamentada entre as encarceradas e as ruas. Precedendo a Black Mamas Bail Out Action, campanha de arrecadação de fundos para pagamento de fiança iniciada em 2017 por Mary Hooks, da Song (Southerners on New Ground — Sulistas em Terreno Novo), os do lado de fora levantavam recursos para pagar as fianças, e as mulheres de dentro decidiam coletivamente quem se beneficiaria com a campanha.[3] Havia mulheres que passavam muitos meses atrás das grades, embora suas acusações fossem relativamente pequenas, porque elas e os familiares do lado de fora tinham pouco ou nenhum recurso. Para eles, uma fiança de quinhentos dólares parecia ser de 500 mil dólares. A articulação e a tomada de decisão coletiva entre as mulheres presas foram extremamente importantes porque aquelas que saíram sob fiança se comprometeram a arrecadar fundos para a campanha depois de conquistar a liberdade. Embora o propósito do isolamento fosse baseado no que se apresentava como evidência científica, concretizando literalmente a "penologia moderna" que a House of D. simbolizava, a história dessa instituição também foi sempre marcada pela resistência.

As práticas coletivas estabelecidas por pessoas dentro e fora da House of D. emergiram das ferramentas e dos recursos disponíveis: voz, pessoas e dinheiro arrecadado. Embora não sejam explicitamente nomeadas como abolicionistas ou muitas vezes até mesmo como feministas, essas práticas coletivas são elementos importantes na genealogia crítica do feminismo abolicionista. Anteriormente, fundos para pagamento de fiança eram criados para

Imagem da Black Mamas Bail Out Action criada por Micky Jordan para o Dia das Mães em 2019. [No cartaz, lê-se: Quando abolirmos a fiança em dinheiro, nós vamos nos libertar. #PeloFimDaFiançaEmDinheiro. Sulistas em Novo Solo.]

prisioneiros políticos como H. Rap Brown, e, depois que essa ação nova-iorquina foi desenvolvida, uma campanha internacional massiva para pagar a fiança de Angela Davis levou Aretha Franklin a anunciar publicamente que forneceria os recursos se assim fosse permitido. (Acontece que Aretha Franklin estava fora do país quando a fiança para Angela Davis foi finalmente fixada, e Roger Macafee, um fazendeiro branco progressista da Califórnia central, ofereceu sua fazenda em Fresno como garantia.) No entanto, até onde podemos determinar, a campanha na House of D. foi uma das primeiras para pessoas comuns — como a contemporânea Black Mamas Bail Out Action, além do surgimento de fundos para pagamento de fiança pelos Estados Unidos.[4] O estabelecimento desses fundos, as redes de comunicação que se desenvolveram a partir dos gritos às janelas das celas e a recusa voluntária e coletiva por parte de dentro e de fora em consentir com o isolamento decretado pela prisão constituíram uma poderosa intervenção das primícias do feminismo abolicionista. Os esforços atuais para abolir totalmente a fiança — como o anúncio do promotor distrital de San Francisco, Chesa Boudin, em 2020, de que seu escritório estava pondo fim à exigência da fiança para réus sem dinheiro — devem muito a esses esforços dos primórdios do feminismo abolicionista.

Em 1974, a população da Casa de Detenção Feminina foi transferida para a Prisão de Rikers Island. A House of D. foi demolida. Joan Nestle sugere que as interrupções persistentes de mulheres presas na vida cotidiana das ruas de Greenwich Village, consideradas "ruins para o mercado imobiliário e o turismo", acabaram levando o prefeito a fechar a prisão.[5] Depois de expressivas articulações, um jardim foi criado no antigo local da House of D. Essas ricas histórias de articulação foram amplamente apagadas da história do movimento abolicionista. No entanto, o vazio do argumento de 1932 sobre a penologia moderna ecoa nos apelos contemporâneos para criar as chamadas prisões mais gentis e agradáveis em todos os Estados Unidos, especialmente na cidade de Nova York, durante a luta por um plano alternativo para a agora deslegitimada Prisão de Rikers Island.

San Francisco, Denver, Bellingham, Los Angeles e muitas outras cidades e condados estão se articulando contra e às vezes derrotando com sucesso as novas construções de cadeias (e prisões), expansões e esquemas de financiamento associados. Inconcebíveis para muitos, mesmo dez anos atrás, o fechamento das cadeias, a eliminação de fianças com dinheiro em espécie, clemência e "libertação compassiva" são agora debatidos nos principais meios de comunicação, como o *Washington Post*, e elogiados em fóruns de políticas públicas progressistas como exemplos de mudança necessária. Essas mudanças ideológicas e materiais representam ganhos enormes. No entanto, as lentes do feminismo abolicionista nos ensinam que nosso trabalho não se resume simplesmente a "vencer" campanhas específicas, mas recompor o terreno sobre o qual acontece a luta pela liberdade. Na verdade, um dos preceitos fundamentais do abolicionismo é que vencer uma campanha não é a única medida de sucesso: há ainda *como* lutamos, como nosso trabalho possibilita lutas futuras e como temos clareza sobre aquilo pelo que estamos lutando. Trabalhando a partir dessa percepção da análise produtiva e das histórias de pessoas que se articulam pela libertação ao redor e dentro da House of D., este capítulo oferece um caminho para pensar sobre como a prática abolicionista foi moldada pelo feminismo. Incorporando a formação organizacional da Critical Resistance e de outras redes que construíram movimentos abolicionistas contemporâneos, a influência das perspectivas históricas de W.E.B. Du Bois e a análise de campanhas atuais, este capítulo traça as linhas gerais feministas que impulsionam a prática abolicionista. Hoje, como sempre, é crucial destacar essas formas de articulação em uma genealogia do abolicionismo e do feminismo.

ARTICULANDO GENEALOGIAS

Três anos antes da demolição da House of D., em 1971 a Attica Brothers Foundation emitiu um apelo impetuoso em prol do abolicionismo durante a rebelião de quatro dias que ecoou em vários movimentos e círculos ativistas.[6] No encalço da Rebelião de Attica, numerosos exemplos do início de um discurso contra-hegemônico foram manifestados — como a rebelião na prisão de Walpole, em Massachusetts, onde pessoas encarceradas organizaram um sindicato para administrar a prisão —,[7] mesmo quando, infelizmente, esse ímpeto foi rapidamente prejudicado pela retórica da lei e da ordem vigente. O American Friends Service Committee publicou o relatório *Struggle for Justice: A Report on Crime and Punishment in America* [Luta por Justiça: Um relatório do crime e da punição na América]. A seção final dele enfatizou, entre outras questões, "oposição à construção de novas prisões". O documento argumentou que

> por meio de reforma, as prisões "modernas" podem aliviar as dificuldades físicas mais duras de cumprir pena, mas o elemento punitivo essencial da prisão — privação de liberdade e livre escolha — permanece. Quando a pressão por reforma leva a demandas para aliviar a "superlotação", adicionando uma nova cela ou espaço para cama, o resultado é inevitável: a rede coercitiva do sistema de justiça se espalhará por um número maior de pessoas, aprisionando-as por longos períodos de tempo. Se as prisões estão superlotadas, devem ser encontradas maneiras de reduzir a massa de leis criminais e os tipos de aplicação que mandam tantas pessoas para a prisão. A construção de novas prisões não é compatível com a nossa visão do papel adequado do direito penal em uma sociedade democrática.[8]

O manual para abolicionistas *Instead of Prisons* [Em vez de prisões], de 1976, delineou de forma semelhante estratégias objetivas para o desencarceramento e documentou uma história resumida da análise abolicionista, reunindo mais de um século de citações de organizações e indivíduos encarcerados e livres. O manual cita o juiz Bruce M. Wright, que atuou na Suprema Corte do Estado de Nova York e visitou a prisão de Greenhaven em 1975: "Por anos, condenei as prisões da América. Eu sempre disse que o sistema prisional, como existe na América hoje, deveria ser abolido. À medida que fui envelhecendo, não vi razão para mudar essa visão".[9] *Instead of Prisons* foi coassinado pela ativista quaker Fay Honey Knopp, uma revolucionária abolicionista do século xx, que mais tarde argumentou que o abolicionismo era uma dimensão significativa do feminismo radical.[10]

Essas ideias foram adotadas na década de 1970 pelo Santa Cruz Women's Prison Project [Projeto da Prisão Feminina de Santa Cruz], que trabalhou para criar uma comunidade vibrante de pessoas dentro e fora das prisões ao longo da Costa Oeste, hospedando discussões sobre "alternativas à prisão", divulgando boletins informativos com atualizações e análises, criando redes de apoio para as pessoas encarceradas e recém-libertas, e gerando campanhas contínuas para impedir a construção de novas cadeias e prisões.[11] Essas contribuições para o discurso contra-hegemônico que emergiu após a Rebelião de Attica revelam um núcleo essencial do feminismo abolicionista já presente em esforços anteriores.

As ideias abolicionistas sobre democracia, liberdade, segurança e justiça continuaram a se infiltrar nas décadas seguintes, mesmo quando as demandas por reformas substanciais deram lugar a apelos por estratégias cada vez mais punitivas, muitas vezes expressas nas próprias reformas destinadas a tornar o encarceramento mais humano. Quase 25 anos após a demolição da House of D., quando o estabelecimento dessas primeiras formas de resistência específicas do local — incluindo fundos de fiança — foi amplamente esquecido, o abolicionismo como ideia foi revivido pela conferência Critical Resistance: Beyond the Prison Industrial Complex [Resistência Crítica: Além do Complexo Industrial Carcerário], de 1998. Baseando-se em linhagens anteriores, essa convenção ofereceu o abolicionismo como uma estratégia do século

XXI para lidar com o aumento impressionante do número de pessoas encarceradas não apenas nos Estados Unidos, mas também cada vez mais na Europa, na Austrália, na África e na América do Sul. No outono de 1996, Cassandra Shaylor, então graduanda em história da consciência na Universidade da Califórnia em Santa Cruz e advogada de mulheres encarceradas, e Angela Davis, docente desse departamento, discutiram pela primeira vez a possibilidade de organizar uma conferência que reuniria pessoas para desenvolver estratégias radicais de articulação contra as prisões.[12] A fim de evitar a exclusão de quem não tinha condições de pagar, a entrada na conferência foi gratuita, e fundos adicionais foram arrecadados para custear viagens de pessoas que já haviam sido encarceradas. Vale ressaltar que, dos 28 membros do comitê de articulação, todos, com exceção de cinco, eram mulheres ou pessoas não binárias. Originalmente, as articuladoras da conferência presumiram que estavam sendo otimistas em suas expectativas de que inúmeras ativistas de todo o país pudessem ser persuadidas a comparecer. No entanto, quando a conferência oficial ocorreu, em setembro de 1998, na Universidade da Califórnia, Berkeley, cerca de 3500 estavam presentes.

Esse encontro marcou o início de uma fase inteiramente nova de ativismo anticarcerário. Ele consolidou uma importante presença articuladora, destacando abordagens abolicionistas em cidades como Oakland, Nova York, Chicago, New Orleans, Los Angeles e Portland, que desenvolveram o trabalho sistêmico de desafiar a construção de novas prisões e promover estratégias de desencarceramento. O grupo trabalhou com educadoras para desenvolver campanhas em torno de demandas como "escolas, não cadeias" e "educação, não encarceramento". Dois anos e meio depois, em maio de 2001, a Critical Resistance estabeleceu-se como uma organização nacional, com Rose Braz como diretora de mídia e campanha. Hoje, depois de mais de duas décadas de protes-

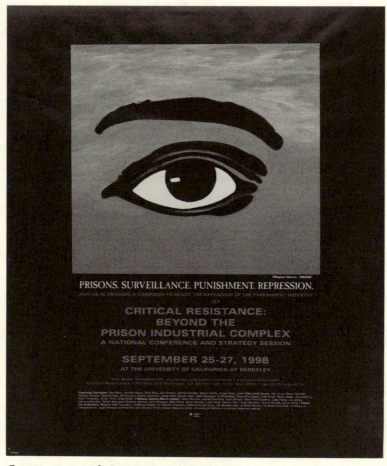

Cartaz com arte de Rupert Garcia, criado para a conferência Critical Resistance de 1998. [No cartaz, lê-se: Prisões. Vigilância. Punição. Repressão. Junte-se a nós pela construção de uma campanha para resistir à expansão da indústria punitiva. Critical Resistance: para além do complexo prisional industrial. Uma conferência nacional e sessão estratégica.]

tos, campanhas, defesa e construção de movimentos, a Critical Resistance não só ajudou a direcionar a atenção do público para a crise prisional, mas também mobilizou uma ampla faixa de articuladores que desviaram o discurso das demandas liberais por reforma prisional, voltando-o para o abolicionismo das prisões, reconhecendo que a mesma lógica se aplica às estruturas de policiamento e outras estruturas carcerárias. Como um momento-chave na história e genealogia do abolicionismo, a chamada marcou o início de um movimento filosoficamente ancorado pela noção de abolicionismo com fortes inflexões feministas.

A conferência abriu caminho para outros múltiplos encontros que impulsionavam o abolicionismo. Alguns desses — muitos para relatar — eram eventos singulares. Por exemplo, em 2007 a conferência Transforming Justice: Ending the Criminalization and Imprisonment of Transgender and Gender Non-Conforming People [Transformando a justiça: Acabando com a criminalização e o aprisionamento de pessoas transgênero e com inconformidade de gênero] (organizada e patrocinada pelo Transgender, Gender Variant and Intersex Justice Project, pelo Sylvia Rivera Law Project, pela Critical Resistance, entre outras organizações) demonstrou por que análises do complexo industrial prisional que falharam em prestar contas à resistência queer e trans são incompletas e inadequadas.[13] Outros encontros se tornaram oportunidades anuais de avaliação integral do movimento em construção: em março de 2020, a décima conferência anual Beyond the Bars [Além das grades] aconteceu em Nova York, com o tema "Freedom Plans: Strategies for Challenging a Carceral Society" [Planos de liberdade: estratégias para desafiar uma sociedade carcerária], organizada por uma rede de ex-detentos liderada por Kathy Boudin e Cheryl Wilkins. Outras reuniões ainda moldaram novas organizações: em 2011 a organização abolicionista Students Against Mass Incarceration [Estudantes Contra o Encarceramento em

Massa] foi fundada na Universidade Howard durante a campanha infelizmente sem sucesso para salvar Troy Davis da pena de morte. Depois de uma conferência nacional em 2013, que atraiu alunos de desenho de faculdades e universidades historicamente negras, como a Morgan State, surgiram inúmeras campanhas nos campi, como o movimento em prol do desfinanciamento de prisões privadas.

A Critical Resistance popularizou análises radicais sobre a maneira como o aprisionamento e o policiamento, firmemente vinculados aos desdobramentos do capitalismo global, incorporam e mascaram o racismo estrutural. O movimento abolicionista buscou explicar o tremendo aumento na quantidade de pessoas presas durante a década de 1980 em relação às mudanças estruturais produzidas pela ascensão do capitalismo naquele período. A desindustrialização da economia dos Estados Unidos, que levou à eliminação de um grande número de empregos, especialmente em manufaturas pesadas como aço, automóveis e mineração, teve impacto devastador nas comunidades negras em cidades como Detroit, Los Angeles, Filadélfia e Chicago. Como a ascensão do capitalismo também envolveu estratégias neoliberais para desativar os serviços associados ao Estado de bem-estar, os desempregados perderam qualquer vestígio de uma rede de segurança. Em vez de abordar diretamente os problemas criados por mudanças estruturais na economia, a "solução" provisória da punição consolidou o vínculo entre racismo e criminalização.

Esse movimento também foi moldado por organizações, especialmente por feministas negras, que continuaram a destacar o poder punitivo dos programas estatais apontados como de assistência e outros serviços sociais. Programas sociais, que auxiliam famílias com filhos e dependentes, eram associados a mulheres negras pelo discurso popular, mesmo que a maioria das beneficiárias fosse branca. O mito da rainha negra do programa social

Cartaz criado para a conferência pelo aniversário de dez anos da Critical Resistance em Oakland, na Califórnia, em 2008, por Pete Railand. [No cartaz, lê-se: Sonhe, Empodere, Questione, Estude.]

(*Black "welfare queen"*) criou um alvo fácil e foi uma estratégia discursiva crucial que responsabilizou as mulheres por comportamentos criminosos, tanto pelo suposto uso indevido dos benefícios de programas sociais quanto como geradoras de uma cultura do crime que seria amplamente perpetuada por seus meninos.[14] Como Dorothy Roberts documentou em *Killing the Black Body* [Matando o corpo negro], publicado pela primeira vez em 1997, "Um objetivo persistente da política social estadunidense tem sido monitorar e restringir essa 'tendência corruptora' da maternidade negra".[15] Embora os serviços de proteção a crianças e famílias sejam muitas vezes mal interpretados como formas "leves" de vigilância e policiamento, o que Roberts chamou de "sistema de regulação familiar" e, mais recentemente, de "sistema de policiamento familiar", é conflagrado diretamente contra famílias pobres, desproporcionalmente mulheres negras e indígenas.[16] Longe de ser um "pai bondoso e justo", a intervenção estatal culmina em resultados absurdos para as famílias, especialmente para os jovens.

O que diferencia essa abordagem explicitamente abolicionista das ideias e dos cenários predominantes que tratam da repressão penitenciária — tanto naquela época quanto agora — é a crítica tenaz à reforma penitenciária e à reforma da Justiça Criminal de forma mais ampla, bem como o reconhecimento de que o impulso ideológico para conter todos os esforços para abordar o dano social causado pelas prisões dentro dos parâmetros da "reforma" serve para autorizar ainda mais o encarceramento como fundamento legítimo e imutável da Justiça. A articulação abolicionista reconheceu que não havia soluções reformistas fáceis para a noção hegemônica de que indígenas, negros, outras pessoas de cor, pobres, trans e mulheres de todas as origens raciais que não se enquadram nas expectativas de gênero dominantes eram naturalmente inclinados à criminalidade e pertenciam à prisão. Um amálgama de forças econômicas, políticas, culturais e representacionais produz esse "normal" fatal. Os políticos ganhavam eleições explorando a noção de lei e ordem e definições pervertidas de segurança, os meios de comunicação apoiavam esses ideais em seu próprio benefício e as corporações lucravam com os serviços prestados às prisões e com a mão de obra barata. A área de arquitetura penitenciária estava se expandindo, à medida que as empresas de telefonia desenvolviam contratos lucrativos com agências penitenciárias e à medida que a própria indústria de construção civil prosperava como resultado das muitas cadeias e prisões construídas. Além disso, a violência de gênero foi cada vez mais conceituada como apenas mais um crime a ser tratado dentro da estrutura da lei e da ordem por um movimento emergente em prol dos direitos das vítimas apoiado por legisladores conservadores. As mesmas condições responsáveis pelas questões econômicas/raciais que impulsionaram o boom das prisões nos Estados Unidos também foram responsáveis por arruinar as economias do Sul global e, portanto, impulsionar o aumento da emigração — principalmente para os Estados Unidos — em especial das áreas do mundo sujeitas a ajustes estruturais de acordo com as demandas do capital financeiro internacional. As instalações de detenção de imigrantes, muitas delas pertencentes e operadas por empresas prisionais privadas, consolidaram ainda mais as estratégias do que agora é conhecido como "encarceramento em massa". A reorientação e revitalização do abolicionismo como uma tradição filosófica e ativista no contexto de intensificação da violência do Estado tornaram possível entender que meras reformas não fariam visível ou eliminariam qualquer uma dessas condições estruturais.

Como a linguagem sempre foi uma dimensão central dos movimentos políticos radicais, um dos objetivos explícitos da Critical Resistance era gerar novos vocabulários e novas estratégias teóricas que pudessem impulsionar acadêmicos, artistas, defensores e articuladores em direção a compromissos críticos mais ousados com as ideologias prevalecentes do direito e da ordem. Dois dos termos-chave que a Critical Resistance ofereceu ao movimento foram "complexo industrial prisional" e "abolicionismo". Ambos os conceitos foram concebidos para evitar soluções reformistas para o problema da crescente população carcerária. Em 1995, o teórico urbano Mike Davis descreveu a economia da Califórnia como se movendo do agronegócio para um complexo industrial prisional.[17] A Critical Resistance definiu formalmente o complexo industrial prisional, ou PIC em inglês, como "os interesses sobrepostos do governo e da indústria que usam vigilância, policiamento e prisão como solução para problemas econômicos, sociais e políticos".[18] A introdução do conceito de complexo industrial prisional possibilitou uma análise do boom de construção prisional das décadas de 1980 e 1990 e o aumento concomitante da população prisional que poderia dispensar a suposição naturalizada de que as pessoas encarceradas estavam lá simplesmente porque cometeram crimes. Com base no reconhecimento de que o uso do termo *complexo militar-industrial*, ironicamente introduzido pelo então presidente Eisenhower* ao deixar o cargo, ajudou a impulsionar o movimento antiguerra durante a era do Vietnã, esperava-se que o termo *complexo industrial prisional* também pudesse indicar uma análise mais profunda da relação entre a expansão carcerária e a economia política do capitalismo racial.[19]

Durante esse período formativo de resistência, os articuladores abolicionistas insistiram em uma compreensão geopoliticamente ampla do complexo industrial prisional, o que, de muitas maneiras, refletia o complexo envolvimento feminista com as relações que constituem o PIC. As populações preponderantemente masculinas de cadeias e prisões não permitiam descartar o gênero como uma categoria analítica importante. Além disso, devido ao PIC ter sido conceituado justamente como um conjunto de relações além do processo de encarceramento — econômicas, políticas, jurídicas e sociais —, ele impulsionou ativistas e pesquisadores a reconhecer o sistema educacional, bem como o de serviços de proteção a crianças e famílias , entre outros, como domínio de punição profundamente generizada, capacitista e racializada. Com relação ao encarceramento, focar as experiências de punição das

---

* Dwight D. Eisenhower foi o 34º presidente dos Estados Unidos, de 1953 até 1961.

mulheres também ajudou a esclarecer as relações entre violência estatal e violência íntima e a elucidar como as prisões reproduzem formas de violência que proliferam no "mundo livre".

Ao insistir em abordagens feministas para entender o aprisionamento, as articuladoras da conferência da Critical Resistance desenvolveram o trabalho de coalizões de mulheres encarceradas e ex-detentas para desfazer a noção de que as mulheres eram menos sujeitas à violência do Estado por causa de seu número relativamente pequeno atrás das grades e, portanto, poderiam ser ignoradas em nossos esforços para compreender a natureza da crise prisional. Embora as mulheres constituíssem uma minoria de pessoas atrás das grades, claramente carregaram o fardo da criminalização e da prisão: mulheres sempre foram as maiores apoiadoras dos presos, não apenas como articuladoras, mas também como arrimo de família e redes de parentesco profundamente afetadas pelas práticas carcerárias. Isso é especialmente verdadeiro para as mulheres de cor. Essas percepções feministas foram incorporadas diretamente à estrutura da conferência da Critical Resistance de 1998. O comitê organizador passou muitas horas deliberando sobre a maneira pela qual as metodologias feministas poderiam aprimorar várias análises e abordagens organizacionais. A visível liderança de ativistas feministas e acadêmicas, tanto no planejamento da conferência quanto durante o próprio evento, sinalizou que um poderoso quadro abolicionista requer uma prática antirracista, anticapitalista e feminista.

Relacionado a essa insistência na visibilidade analítica feminista e nos métodos de articulação estava o imperativo de desafiar vigorosamente os pressupostos ideológicos que muitas vezes acompanham e poluem seriamente o trabalho antiprisional e outros esforços de articulação que assumem as formas existentes de opressão — dos direitos civis às lutas dos trabalhadores rurais. Ingressar nesse tipo de trabalho frequentemente acarreta a criação implícita de relações hierárquicas que objetivam as pessoas para quem se trabalha como necessitadas de assistência caritativa. Tal posição missionária define implicitamente os beneficiários como inferiores e os benfeitores como superiores nas relações que se estruturam, o que impossibilita a sociabilidade igualitária.[20] Em outras palavras, as pessoas na prisão sempre permanecem "detentas" ou "prisioneiras" da mesma forma que as mulheres que sofrem violência de gênero são relegadas ao status de "vítimas" e seus defensores e ajudantes tornam-se categoricamente mais capazes do que os objetos de sua caridade. Os movimentos de reforma penitenciária, como os grupos antiviolência, mesmo os mais eficazes, têm sido especialmente suscetíveis à criação de tais relações ideologicamente estruturadas. Como resultado, as pessoas na prisão (incluindo sobreviventes de violência de gênero e do Estado) raramente são reconhecidas como sujeitos capazes de compreender e transformar as próprias condições. Justamente para evitar essa síndrome de "caridade", as articuladoras da Critical Resistance (grupo com pessoas anteriormente encarceradas) insistiram que as pessoas na prisão fossem diretamente envolvidas em todos os níveis, inclusive na programação da conferência. Esse apelo à inclusão, junto com outros princípios de articulação, refletia um feminismo que não estava estreitamente vinculado ao gênero. Pessoas que estiveram presas e que estão atualmente presas foram convidadas a participar do maior número possível de painéis, mesmo que isso representasse problemas tecnológicos, como a instalação de linhas telefônicas que permitissem que pessoas atrás das grades fizessem ligações a cobrar. Como as pessoas na prisão haviam gerado muito do conhecimento que possibilitou a formação do movimento para abolir o encarceramento, tal conferência seria insuficiente sem sua participação direta.

Ao popularizar a estrutura do complexo industrial prisional e desenvolver uma crítica abolicionista das estratégias de punição da democracia burguesa, os abolicionistas sempre apontaram para uma concepção muito diferente de justiça. O sistema de Justiça Criminal existente assume que a justiça é retributiva, ou seja, que a punição é a própria essência da justiça, e naturaliza a suposição de que a única maneira de o equilíbrio ser recriado após o dano é por meio de punição proporcional. Os críticos da justiça retributiva apontam para o modo como a vingança, e não a justiça, parece conduzir o processo. O abolicionismo incita a nos afastarmos de conceitos míopes e individualistas e a nos concentrarmos em como casos específicos incorporam e refletem preocupações mais amplas e revelam maiores ameaças à segurança e à liberdade do que seria evidente quando vistos isoladamente de contextos sociais mais abrangentes. Uma análise abolicionista vai além do encarceramento literal de corpos considerados descartáveis para um conjunto vasto de restrições cruéis que incapacitam e policiam comunidades inteiras.

Para gerar conversas abrangentes sobre o complexo industrial prisional, os abolicionistas, pegando um termo emprestado do teórico cultural Stuart Hall, efetuaram uma "desarticulação" do crime e da punição.[21] Os discursos populares sobre prisão muitas vezes presumiam que a punição existia em uma relação causal com o crime, conforme implícito no ditado "Não cometa o crime, se você não pode cumprir a pena". Transformar a opinião pública sobre o motivo do aumento de pessoas presas exigiu convencer um número suficiente da população de que o crime não era a causa irrestrita da punição. Esse processo de desarticulação do crime e da punição criou oportunidade de se engajar em uma política de rearticulação para contrariar a noção de que a prisão era simplesmente a sequência apropriada depois do cometimento de crimes, reconhecendo que existem muitas razões pelas quais as pessoas acabam atrás das grades e muitas necessidades vivenciadas por aqueles que são prejudicados.

No centro desse processo de rearticulação estava o reconhecimento de que raça, gênero, classe e sexualidade eram mais determinantes para definir quem vai para a prisão do que simplesmente o cometimento de um crime. Na verdade, a atual prática ativista de se referir às pessoas na prisão — e isso é especialmente real para as mulheres, tanto cisgênero quanto trans — como "criminalizadas" em vez de "criminosas" nos ajuda a entender o perigoso trabalho ideológico que a prisão e o sistema jurídico-penal executam. Essa atenção abolicionista e feminista à linguagem e ao poder é refletida na "Open Letter to Our Friends on the Question of Language" [Carta aberta aos nossos amigos sobre a questão da linguagem], de Eddie Ellis, publicada em 2007:

> (Q)uando não somos chamados de cães loucos, animais, predadores, criminosos e outros termos depreciativos, somos chamados de presidiários, condenados, prisioneiros e criminosos — todos os termos desprovidos de humanidade que nos identificam como "coisas" em vez de pessoas. Esses termos são aceitos como o idioma "oficial" da mídia, da aplicação da lei, do complexo industrial prisional e das agências de políticas públicas. *No entanto, eles não são mais aceitáveis para nós e estamos pedindo às pessoas que parem de usá-los.*
>
> Em um esforço para ajudar na nossa transição da prisão para nossas comunidades como cidadãos responsáveis e para criar uma imagem humana mais positiva de nós mesmos, pedimos a todos que parem de usar esses termos negativos e simplesmente se refiram a nós como PESSOAS. Pessoas atualmente ou anteriormente encarceradas, PESSOAS em liberdade condicional, PESSOAS recentemente libertadas da prisão, PESSOAS na prisão, PESSOAS com condenações criminais, mas PESSOAS.[22]

Essa necessidade de mudar a linguagem relacionada às pessoas com experiências de encarceramento também foi discutida e formalizada em 1989, quando a Nation Network for Women in Prison [Rede Nacional para Mulheres em Prisões] realizou a IV Mesa-Redonda Nacional sobre Mulheres em Prisões na baía de San Francisco, mas há pouca documentação sobre essa discussão e seu amplo impacto, um problema enfrentado por muitas pequenas redes de articulação. O que *permanece* são cartazes de reuniões (mas não atas detalhadas), fotos de pessoas reunidas (mas não resumos detalhados dos debates e discussões) e imagens de pessoas em ação (mas não gravações das reuniões de planejamento que moldaram essas estratégias). A gramática e a genealogia do abolicionismo e do feminismo, portanto, às vezes dependem de fragmentos visuais e artefatos, destacando-se a importância de recuperar momentos no passado do abolicionismo que podem iluminar o futuro do feminismo abolicionista.

Escrever com base na história também revela a maneira como o abolicionismo sempre se desdobrou em um contexto internacional.[23] Capitalismo global, estratégias financeiras associadas ao Banco Mundial e ao Fundo Monetário Internacional e cenários neoliberais que definem a pobreza como uma viagem individual e não social ao redor do mundo, juntamente com a exportação de ideologias e estratégias carcerárias. O processo de organização da conferência criou oportunidades para conectar os esforços anticarcerários na Austrália, na Europa, no Oriente Médio (especialmente na Palestina) e na América do Sul. Na sequência, as ativistas da Critical Resistance começaram a cultivar conexões com campanhas no Canadá, na Austrália, no Reino Unido e em outras partes do mundo.

Essas relações internacionalistas ofereceram novas maneiras de construir intervenções na intersecção do feminismo e do abolicionismo. Em Queensland, Austrália, a organização Sisters Inside, fundada por Debbie Kilroy e Anne Warner em 1992, finalmente começou a centrar o abolicionismo como a solução mais eficaz para o encarceramento de mulheres aborígines. Elas compartilharam sua estrutura organizacional, que insiste na inclusão de mulheres atualmente encarceradas na liderança, com ativistas fora do país.[24] Ao mesmo tempo, as Elizabeth Fry Societies em todo o Canadá — uma tradicional organização de caridade que apoia mulheres afetadas pelo sistema jurídico-criminal — gradualmente adotaram uma perspectiva abolicionista, centralizando a articulação para o desencarceramento, sob a liderança do atual senador do Canadá Kim Pate.[25]

Prisioneiros políticos na Turquia — o povo curdo e seus aliados — começaram a protestar contra a instituição de prisões no estilo estadunidense, chamadas por lá de "celas do tipo F" (*F-type cells*), engajando-se em greves de fome prolongadas ou jejuns de morte. As líderes femininas — centrais para essa luta — trouxeram uma análise feminista para a vanguarda dessas ações. O fato de terem como alvo especificamente formas de encarceramento desenvolvidas e promovidas pelos Estados Unidos significa que os ativistas estadunidenses antiprisionais deveriam prestar muito mais atenção na dimensão global do complexo industrial prisional. Além disso, como os desafios feministas à violência de gênero e as análises feministas socialistas estão no cerne da luta curda em curso pela democracia, há lições cruciais sobre o futuro abolicionista a serem aprendidas.[26]

O *abolicionismo*, como tradição, filosofia e teoria da mudança, se afasta do foco míope na instituição da prisão em direção a uma visão mais ampla dos processos sociais, políticos e econômicos que definiram o contexto dentro do qual o aprisionamento passou ser visto como a mão legítima da Justiça. Como uma "ferramenta prática de articulação e um objetivo a longo prazo", o abolicionismo é uma visão política que busca eliminar as prisões, o policiamento e a vigilância e criar alternativas duradouras para a punição e a prisão.[27] Conforme ilustrado pela história da prisão e da polícia, as reformas vendidas como "progressistas" com muita frequência mascaram o aumento de mandatos, lógicas e linhas orçamentárias. Os movimentos abolicionistas exigem lutas sobre estratégia e pontos de vista: o que, por exemplo, são as "reformas não reformistas" (para usar a frase cunhada pelo teórico marxista André Gorz e empregada por Thomas Mathiesen em sua obra *Politics of Abolition*) que fazem diferença fundamental e material na vida das pessoas que vivem sob o controle de sistemas opressores?[28]

Apesar do longo desenvolvimento histórico de uma estrutura feminista do abolicionismo que é tanto revolucionária quanto internacionalista, as interpretações da corrente principal desse movimento contemporâneo muitas vezes se concentraram estreitamente na negação ou na ausência — no que os abolicionistas pretendem remover ou desmantelar. Em uma entrevista de dezembro de 2020, o ex-presidente dos Estados Unidos Barack Obama fez uma crítica familiar: "Slogans agressivos" como "desfinanciar a polícia" são prejudiciais. Ele declarou: "Você perde grande audiência no minuto em que diz isso, o que torna muito menos provável que você realmente faça as mudanças que deseja". O que fica ofuscado por esse sentimento são os imensos ganhos e rupturas proporcionados pela linguagem dos movimentos sociais e políticos. Como indica nossa confiança em uma genealogia crítica do abolicionismo, o abolicionismo sempre foi tanto sobre o trabalho que se concentra na construção e na experimentação quanto no que deve ser desmontado. Como Ruth Wilson Gilmore apontou, "Abolicionismo é sobre presença, não ausência. É sobre a construção de instituições que afirmam a vida".[29]

Construir sempre foi central, especialmente para aqueles que trabalham na intersecção do feminismo e do abolicionismo. Por exemplo, como as feministas reconhecem a difusão da violência sexual e de gênero, o trabalho não pode ser apenas para cortar recursos da polícia, pois isso não resolverá os danos endêmicos às

Free Our Queens, *feito por Melanie Cervantes e o grupo Women In Reentry Fellows na People's Paper Co-op, para angariar fundos para o Philadelphia Community Bail Fund, 2020. [No cartaz, lê-se: Você está errado quanto a mim./ Não sou uma criminosa./ Nem um monstro./ Nem uma estatística./ Sou uma mulher que errou./ Uma filha e uma mãe./ Eu tenho uma vida,/ Eu tenho meus sonhos/ Todos merecem/ Uma segunda chance.]*

comunidades. O feminismo abolicionista sempre exigiu prática e engajamento, respostas preventivas baseadas na comunidade que podem ser implementadas para reduzir a incidência da violência sexual e de gênero e lidar com os danos quando acontecem, sem chamar a polícia. Por definição, isso requer revisão, experimentação e engajamento, não simplesmente a ausência ou a remoção da polícia ou das prisões.

ANTECEDENTES CRUCIAIS

Abolicionista como adjetivo e identidade no momento contemporâneo inspira-se profundamente no século XIX. Assim como a escravidão racial era alvo do abolicionismo na época, um sistema jurídico-penal retributivo e focado na punição que sempre foi estruturalmente inclinado para a violência racista é o foco do abolicionismo agora. O abolicionismo também foi comparado por alguns ao uso do termo *revolução* — amorfo, mutável, definido apenas pelo uso. Uma gama de ativistas, acadêmicos e figuras públicas o utiliza para descrever um amplo espectro de trabalho, incluindo projetos para abordar a era do encarceramento racial em massa sem colocar de lado todo o sistema jurídico-penal. Embora o abolicionismo tenha se tornado um termo do século XXI que define o ponto de vista de muitos ativistas radicais envolvidos em movimentos de justiça global, podemos aprender com uma leitura atenta sobre seu uso no século XIX.

Os articuladores da virada deste século entenderam como seria difícil tentar sair de um sistema prisional que parecia natural e permanente, assim como acabar com o sistema de escravidão racial transatlântica uma vez pareceu um objetivo político impossível. As analogias com o abolicionismo da escravidão racial criaram raízes nos círculos abolicionistas das prisões, mesmo ou talvez especialmente nas abordagens mais restritas para acabar com o encarceramento em massa, ou em estudos sobre a morte social da escravidão e a morte civil no aprisionamento.[30] Tentamos aqui distinguir entre uma relação puramente analógica de escravidão e prisão e outra que reconhece uma conexão genealógica das duas instituições. É no contexto de destacar a influência histórica do sistema de escravidão — com suas punições violentas e racializadas manifestadas no desenvolvimento do sistema de arrendamento de condenados e no sistema penitenciário pós-escravidão do Sul estadunidense — que traçamos as convergências anteriores do abolicionismo e do feminismo no movimento antiescravidão. As mulheres brancas, por exemplo, desenvolveram a consciência de sua situação coletiva comparando a instituição do casamento à escravidão, sem dar atenção às violências perpetuadas por suas próprias ações e omissões. Além disso, podemos considerar que o próprio termo *feminism*, uma anglicização do *feminisme* francês, tem origem na tradição do utopismo associado a Charles Fourier, que interpretou a condição social das mulheres como forma de escravidão.[31] Existem alguns aspectos da relação entre os movimentos antiescravidão e antiprisional e seu contexto político que ainda precisam ser trazidos para um diálogo que reconheça as armadilhas e o potencial do feminismo.

Das muitas inspirações para o trabalho dos abolicionistas hoje, uma das mais importantes é um texto que circulou amplamente entre estudiosos leigos e pensadores filiados ao movimento negro estadunidense antes de se tornar parte do cânone acadêmico na década de 1980. O livro *Black Reconstruction in America: An Essay Toward a History of the Part Which Black Folk Played in the Attempt to Reconstruct Democracy in America, 1860-1880* [Reconstrução negra na América: Um ensaio para a história do papel que o povo negro desempenhou na tentativa de reconstruir a democracia na América], de W.E.B. Du Bois, foi publicado em 1935, época de avaliação social e política muito parecida com a que estamos vivenciando hoje.[32] Escrito quando havia abertura para novas possibilidades na esteira da crise capitalista, o volume de Du Bois sobre a história da Reconstrução Radical* pós-escravidão e o seu legado não apenas reformulou o período centralizando o protagonismo negro na construção de uma nova democracia, mas também convidou os leitores contemporâneos a observar a força contrarrevolucionária esmagadora das elites proprietárias. Ele argumentou que as pessoas escravizadas e os súditos negros livres foram fundamentais para a abolição da escravidão, que a escravi-

---

* A (Radical) Reconstruction foi um período da história dos Estados Unidos que se iniciou após o término da Guerra Civil, em 1865, e se estendeu até o ano de 1877.

dão foi de fato a causa da Guerra Civil e que a Reconstrução foi mais do que uma negação da escravidão (e, portanto, percebida como ameaça à propriedade branca). Sua análise oferece um desafio tanto *para* os historiadores do período quanto *para* o presente em que escreveu. Esses argumentos também previram as seguintes abordagens abolicionistas contemporâneas: 1) assumir a liderança daqueles que são mais diretamente impactados, de modo que o trabalho incorpore a perspectiva dos alvos diretos do sistema e não simplesmente de seus defensores situados mais confortavelmente; 2) apelar pelo desmantelamento de instituições que estão abertamente causando mortes sociais e civis; 3) ampliar a agenda libertadora para incluir aparatos de opressão além daqueles que são especificamente entendidos como carcerários; e 4) ligar a práxis abolicionista contemporânea — ou teoria mais ação e reflexão — às questões do capitalismo racial.

Du Bois não apenas prefigurou o termo "capitalismo racial" — a ideia de que o capitalismo não pode ser entendido fora de uma relação entre poder e raça —, mas, com uma lente internacionalista, também insistiu que o abolicionismo sempre foi articulado para desafiar o capitalismo. Perto do fim do livro, Du Bois reflete sobre os danos causados pela disseminação do capitalismo no rescaldo da escravidão, que se tornou especialmente aparente com a erupção da Primeira Guerra Mundial: "O mundo chorou e ainda está chorando e cego com lágrimas e sangue. Pois começaram a surgir na América em 1876 um novo capitalismo e uma nova escravidão do trabalho".[33] A guerra revelou o que Du Bois descreveu como:

> grotescos Lucros e Pobreza, Abundância e Fome, Império e Democracia, se encarando durante a Depressão Mundial. E a reconstrução, quer aconteça agora ou um século depois, irá e deve voltar aos princípios básicos da Reconstrução nos Estados Unidos durante

1867-1876 — Terra, Luz e Liderança para escravizados negros, brown, amarelos e brancos, sob uma ditadura do proletariado.[34]

Um texto da Grande Depressão infundido com a visão do que Du Bois se referiu como "democracia abolicionista", *Black Reconstruction* foi conceituado como uma história do presente e, mais especificamente, uma descrição do desenrolar histórico que produziu a era Jim Crow.*

Apesar do foco necessário na humanização dos sujeitos negros que aboliram a escravidão na reconstrução da democracia, o trabalho de Du Bois ainda desafia as suposições prevalecentes sobre o projeto e a disciplina da história. A teoria da história que ele encoraja não se baseou nem na teleologia — a ideia de que a história humana inevitavelmente levaria ao aprimoramento social — nem na teologia; ela sugeria, em vez disso, que o arco do universo moral não necessariamente se inclinaria para a justiça. A reconstrução da democracia exigiu o trabalho e o sacrifício de muitos, e o estudo de sua supressão não teve como alvo simplesmente os fazendeiros do Sul e aqueles que tiveram escravizados, mas também os capitalistas do Norte que se uniram a eles para consolidar o interesse imobiliário na brancura.[35]

A partir de uma leitura coletiva de *Black Reconstruction*, somos levados a reexaminar a era pós-direitos civis, uma era em que a dramática guinada à direita do período de construção de prisões tem relação com o fim da Radical Reconstruction. Essa relação foi descrita analogicamente como um período mais ou menos similar, levando o reverendo William Barber, por exemplo, em 2013 a convocar uma Terceira Reconstrução que se basearia na primeira do século XIX e na segunda no século XX (a era moderna dos direitos civis).

---

* Jim Crow foram leis que impuseram a segregação racial no Sul dos Estados Unidos.

Cartaz criado em 2010 por Alexander Dwinell e Sanya Hyland, comemorando o levante da Walpole Prison em 1973. [No cartaz, lê-se: Construindo a liberdade atrás das grades.]

RECONSTRUÇÕES RADICAIS, NÃO REFORMAS LIBERAIS

Feministas abolicionistas contemporâneas estão buscando uma Reconstrução Radical. Abolicionistas das prisões e acadêmicos se inspiraram na revisão da perspectiva de Du Bois, bem como na necessidade de tirar o foco limitado a cadeias e humanos armados e colocá-lo em uma visão emancipatória mais ampla que abranja todos os aspectos da sociedade. Foi parcialmente a Black Reconstruction que nos permitiu começar a ver o encarceramento como um continuum da escravidão racial, em vez de pertencer a uma era nova e apartada de liberdade. Não basta libertar as pessoas das correntes. Assim como Du Bois desafiou a noção de que a escravidão poderia ser eliminada como instituição separada, deixando intactas as estruturas políticas e econômicas existentes, os abolicionistas hoje questionam a suposição predominante de que o encarceramento em massa pode ser efetivamente abordado sem analisar as raízes das causas da injustiça e o impacto de outros sistemas de opressão, incluindo, em primeiro lugar, o capitalismo. A questão colocada pelos abolicionistas contemporâneos, "o que teríamos de mudar na sociedade para torná-la menos dependente da suposta segurança associada às abordagens carcerárias da Justiça?", é a reformulação de uma questão central posta por Du Bois, que questionou como a sociedade pode ser remodelada para incorporar pessoas anteriormente escravizadas, proporcionando-lhes acesso à terra, à educação e ao poder político. Assim como os ex-escravizados precisavam de terra ou poder econômico, educação ou poder intelectual e representação no governo ou poder político, as comunidades encarceradas serão libertadas do domínio da carceralidade apenas com acesso aos poderes econômico, intelectual e político. Essa estrutura repercute nas feministas abolicionistas porque, para tornar as prisões e o policiamento obsoletos, devemos também construir movimentos que exijam a reformulação da sociedade a fim de eliminar a violência sexual e de gênero e suas estruturas racistas e heteropatriarcais.

Como a 13ª Emenda da Constituição dos Estados Unidos tolerava a escravidão de pessoas legalmente condenadas por atos criminosos, os movimentos jurídicos criminais contemporâneos centram persistentemente em uma analogia: em certo nível, a escravidão está ligada ao projeto e ao regime da prisão. As analogias podem ser úteis. O editor do *Prison Legal News*, Paul Wright, escreveu em 1998, em um artigo intitulado "Slaves of the State" [Escravizados do Estado], que "o efeito da 13ª Emenda não foi abolir a escravidão, mas limitá-la aos que haviam sido condenados por um crime".[36] A ideia de que os presos são "escravizados do Estado" circulava entre os prisioneiros negros muito antes de acadêmicos ativistas começarem a investigar a relação entre a escravidão e o sistema de punição contemporâneo nos Estados Unidos. Essa noção ajudou a gerar importantes movimentos de prisioneiros, especialmente aqueles que reivindicam salários sindicais e benefícios para os trabalhadores presos. Essa analogia continua a vir à tona com força: no documentário *A 13ª Emenda*, de Ava DuVernay, Bryan Stevenson afirma que há atualmente mais homens negros na prisão do que homens escravizados em 1850, ponto também enfatizado no livro *The New Jim Crow*,[37] de Michelle Alexander.

Apesar do caráter revelador desse drama estatístico, os métodos históricos que dependem excessivamente do raciocínio analógico (de semelhanças) podem muitas vezes ser enganosos.[38] Muitas vezes, basear-se em analogias apaga o imperativo de fazer um trabalho analítico que poderia ser realizado de maneira mais eficaz ao estabelecer uma relação genealógica entre a instituição da escravidão e a instituição da prisão. *Texas Tough: The Rise of America's Prison Empire* [A firmeza do Texas: A ascensão do império prisional americano], de Robert Perkinson, explora como os regimes e punições associados à escravidão entraram no sistema penitenciário pós-Guerra Civil no Texas (e em outros estados do Sul), problematizando assim a suposição generalizada de que penitenciárias na Pensilvânia e em Nova York constituíram os únicos paradigmas importantes na história prisional dos Estados Unidos.[39]

Para complicar esse cenário, os termos "escravidão", "escravidão moderna" e "abolicionismo" são usados por movimentos contemporâneos que defendem o *aumento* de investimentos no sistema carcerário, especificamente para reduzir o tráfico — em especial, o sexual — e o trabalho sexual. Por exemplo, a Polaris, organização global antitráfico sexual, "tem o nome da Estrela do Norte, que as pessoas escravizadas nos Estados Unidos usavam como guia para navegar em seu caminho para a liberdade".[40] Isso é ainda mais problemático, já que muitas vezes as campanhas e a legislação que lutam apenas pelo fim do tráfico sexual — por exemplo, nos Estados Unidos, as leis FOSTA e SESTA de 2018 (a Lei de Combate ao Tráfico Sexual On-line e a Lei para Impedir os Traficantes Sexuais) — são usadas para policiar e punir o trabalho sexual.[41] Portanto, temos sempre o cuidado de distinguir o abolicionismo antiprisional e antipolicial da implantação do conceito de abolicionismo que envolve as profissionais do sexo.

Além do caráter escorregadio das analogias, o poder de articulação antiprisional impulsionou conceitos distorcidos para a corrente principal. Sem minar o poder inegável e a influência de obras como a *The New Jim Crow*, de Michelle Alexander, e *A 13ª Emenda*, de Ava DuVernay (que compartilha a conceituação de história de Alexander), uma leitura e visualização atentas revelam que tanto o livro quanto o documentário encaram o encarceramento em massa como um problema majoritariamente estadunidense, cujo fracasso emana da ação de abordar de forma abrangente as consequências econômicas, políticas e culturais do extinto sistema de escravidão no país. Embora Alexander e Du-

Vernay se associem aos discursos abolicionistas atuais e reconheçam a importância de situar a análise da crise prisional a partir de uma estrutura integral, aqueles que não compartilham dessa visão mais ampla muitas vezes interpretaram que ambos os trabalhos significam que o problema do encarceramento racial será resolvido pelo ativismo de direitos civis convencional e doméstico — em outras palavras, sem necessariamente perturbar estruturas de poder globais mais amplas, como o capitalismo e o heteropatriarcado.

Embora o termo "encarceramento em massa" tenha desempenhado um papel significativo ao despertar as pessoas para o fato de que os Estados Unidos encarceram mais pessoas — tanto em termos absolutos quanto per capita — do que qualquer outro país, seu uso como conceito nos círculos governamentais, tanto progressistas quanto conservadores, tem inevitavelmente encorajado a suposição de que o desencarceramento de populações específicas é, por si só, uma resposta adequada.[42] Da mesma forma, o uso da categoria "inocente" é frequentemente invocado como medida adequada para determinar quem é libertado e quem "merece" permanecer na prisão. As reações oficiais presumem que o problema do encarceramento em massa pode ser resolvido simplesmente libertando certo número de pessoas e que o problema da violência de gênero pode ser solucionado simplesmente prendendo perpetradores individuais — especialmente figuras masculinas proeminentes. No entanto, as manifestações e revoltas em meados de 2020 pelo corte de recursos da polícia demonstraram não apenas que os muitos anos de desenvolvimento de planos estratégicos abolicionistas[43] estavam finalmente tendo grande impacto, como também que caminhos de reforma — por exemplo, a legislação federal como a First Step Act (Lei do Primeiro Passo), que abriu caminhos potenciais para libertar um número muito limitado de pessoas do sistema federal — não dão conta de abordar o caráter estrutural do racismo carcerário.

Ao galvanizarem públicos mais amplos, essas analogias, conceitos e textos muitas vezes impulsionaram e naturalizaram reformas que não abalaram as bases do racismo estrutural, responsável pelo abuso policial e pelo encarceramento de tantas pessoas de cor. A First Step Act, como exemplo saliente, foi ovacionada tanto nos círculos liberais quanto nos conservadores ao ser finalmente sancionada nos Estados Unidos, no fim de 2018. Aclamada como "o projeto de reforma da Justiça Criminal mais significativo em décadas", alguns expressaram a esperança de que isso pudesse servir como um passo adiante. Graças a ele, mais algumas pessoas nas prisões federais foram libertadas antes do esperado, mas o impacto geral sobre a população encarcerada — sobre as pessoas em prisões estaduais, em cadeias dos condados e municipais, em cadeias nas Indian Country,* nas instalações de detenção de imigrantes, nas prisões militares, assim como nas prisões federais — será mínimo. As 181 mil pessoas nas prisões federais consistem em menos de 10% do número total de pessoas atrás das grades nos Estados Unidos. Se o ocupante do cargo de presidente dos Estados Unidos em 2020 tivesse perdoado todos aqueles encarcerados em prisões federais, isso teria simplesmente reduzido a população carcerária do país de 2,1 milhões para 1,9 milhão.[44]

Legislações como a First Step Act e suas medidas relativamente inferiores foram adotadas como solução importante para os problemas incluídos na categoria de encarceramento em massa, que infelizmente são muitas vezes interpretados sem vínculo com a expansão policial, as incursões da ICE (Polícia de Imigração e Alfândega dos Estados Unidos), a propagação dos registros públicos, o sistema de policiamento familiar, entre outras dimensões do complexo industrial prisional. A rica e extensa história do feminismo abolicionista desde o fim do século XX até o presente

---

* Qualquer uma das muitas comunidades indígenas dos Estados Unidos.

milita contra abordagens simplistas de questões relacionadas a prisões, polícia e violência de gênero. Portanto, é especialmente desanimador, embora não seja surpreendente, que feministas abolicionistas testemunhem as estratégias excessivamente simplistas de enfrentamento à crise assídua que tem sido chamada de encarceramento em massa e, especialmente, considerem que as abordagens tradicionais mais proeminentes sobre violência sexual e de gênero dependam precisamente de "soluções" carcerárias. Sabemos que a própria história do sistema prisional tem sido feita de supostas reformas, as quais têm protegido cuidadosamente o próprio sistema do tipo de crítica que poderia não só ter ajudado no desenvolvimento de novas estratégias para enfrentar os danos como também reconhecido que é impossível abordar de forma eficaz os modos de punição sem análises profundas dos fatores socioeconômicos e ideológicos que estruturam as sociedades que as prisões pretendem servir.

Como a teoria e a prática abolicionistas exigem foco nas forças estruturais, essa atenção não pode parar, uma vez que apontamos que essas forças estão profundamente enraizadas no complexo industrial prisional. Qual é, por exemplo, a relação clara entre o grande número de negros, indígenas e latinos atrás das grades e o capitalismo racial? A formulação de tal questão nos alerta sobre as armadilhas de supor que o racismo é simplesmente um dado e, por si só, um conceito passível de explicação que dispensa exame mais aprofundado. Essa sequência analítica truncada leva, por exemplo, às suposições falaciosas de que o que muitas vezes é referido como encarceramento em massa motivado pelo racismo é um fenômeno apenas estadunidense, mesmo quando testemunhamos desenvolvimento semelhante sob a pressão do capitalismo global em países como África do Sul, Colômbia e Brasil.

O foco míope na instituição da prisão protegeu a própria instituição das críticas abolicionistas. Mas não é suficiente enfocar o

Cartaz criado por Jesus Barraza, do grupo Dignidad Rebelde, 2020. [No cartaz, lê-se: Parem as batidas policiais. Libertem todos. Pelo fim da desumanização.]

abolicionismo no sentido estrito. Na verdade, os abolicionistas passaram a reconhecer que nossa defesa deve identificar muito mais do que a própria instituição como local de abolicionismo. Simplesmente não é possível derrubar as prisões, mas deixar todo o resto intacto, incluindo o racismo estrutural que liga a prisão à sociedade em geral ou o heteropatriarcado e a transfobia que alimentam a violência sexual e de gênero. Esta é a mensagem permanente que a *Black Reconstruction in America*, de Du Bois, transmite aos intelectuais ativistas no século XXI, à medida que as prisões e o policiamento continuam a constituir a "vida após a escravidão".[45]

ESTRATÉGIA: CUIDAR EM VEZ DE POLICIAR

O abolicionismo também exige que respondamos às comunidades que demandam serviços significativos, afirmativos e acessíveis, incluindo saúde e habitação, mas não quando estes estão incorporados à punição. Em todo o mundo, a análise e a linguagem abolicionistas emergiram de uma série de lutas na segunda década do século XXI. Campanhas abolicionistas contra novas prisões ou outras formas de expansão carcerária e a reforma jurídico-criminal se cruzam com as consequências materiais do abandono, pelo Estado, de pessoas com necessidades diversas. Desvincular os serviços de saúde física e mental — e tantas outras funções vitais, como moradia e educação — da prisão e de outras facetas do aparelho carcerário é crucial. Esse processo de desvinculação representa um importante princípio do abolicionismo, que é desafiar a migração da carceralidade das cadeias e prisões de tijolo e argamassa aos locais da vida cotidiana, onde a vigilância e o controle punitivo dominam outros aspectos dos empreendimentos do Estado. Mais uma vez, sem surpresa, esse trabalho cuidadoso em direção ao abolicionismo — para desvincular a punição de formas autênticas de cuidado, para repelir como o Estado absorve as demandas de afirmação e de apoio da comunidade e habilmente as traduz em coerção e repressão — sempre foi o trabalho de feministas que se opõem ao capitalismo racial. À medida que as lutas contemporâneas em torno da expansão carcerária se transformam em lutas por serviços, incluindo saúde e habitação, o feminismo abolicionista nos orienta a nos organizarmos com ousadia e cuidado. Importa como a luta se desenrola.

Ligar as prisões e outras instituições carcerárias a cuidado e tratamento amplia a rede do Estado punitivo. Embora alguns possam identificar o encarceramento como o primeiro ou único lugar onde conseguiram acesso aos serviços de saúde, isso não deve ser elogiado nem se tornar uma política. Como muitos acadêmicos e ativistas sugerem, os programas de tratamento para pessoas viciadas em drogas e os serviços de saúde mental, especialmente em um ambiente onde a maioria das pessoas pobres não tem acesso a esses recursos sem punição, raramente são libertadores ou afirmativos. A pesquisa de Kerwin Kaye sobre uma reforma progressista — tribunais de drogas ou tribunais que oferecem tratamento supervisionado como alternativa às sentenças para alguns crimes relacionados às drogas — ilustra que não apenas cerca de 50% das pessoas encaminhadas para esses tribunais "falham" em seu tratamento, mas que, para participar, primeiro a pessoa deve se declarar culpada. Os 50% que "falham" devem cumprir a sentença anexada à sua confissão de culpa e não podem negociar nenhum acordo. Longe de "cuidado" ou tratamento, Kaye demonstra que os tribunais de drogas e os programas de tratamento obrigatórios são simplesmente novas formas de "governança terapêutica" ou novos anexos ao complexo industrial prisional. É claro que, desarticulada, essa "falha" não desencadeia a responsabilidade do programa ou do provedor de tratamento.

Essa capacidade fluida do complexo industrial prisional de interpretar as demandas da comunidade como "cuidado" e "tratamento" não é nova. Articuladores de movimentos em prol de pessoas com deficiência e pessoas viciadas em drogas, jovens ativistas e, em particular, feministas já tinham reconhecido como a vulnerabilidade, na forma de cuidados necessários, proteção, tratamento e respeito à diferença, é conflagrada pelo sistema carcerário.

O abolicionismo é um olhar alternativo à estratégia conservadora de ainda recorrer a reformas ineficazes que têm sido enriquecidas e aprofundadas por teorias e práticas associadas aos movimentos de pessoas com deficiência. Assim como o estigma da criminalização tem sido seriamente desafiado a persuadir as pessoas que lutam contra o encarceramento a constituírem uma forma recompensadora de ativismo pró-justiça social, os movimentos pelos direitos de pessoas com deficiência são essenciais para os direitos humanos e ocupam lugar central nas agendas de justiça social. Enquanto ativistas pelos direitos das pessoas com deficiência têm discutido que a deficiência em si é uma construção social e têm protestado com sucesso contra a institucionalização de pessoas com deficiência física, psiquiátrica e intelectual, estudiosos da área têm procurado vincular a luta pelo abolicionismo das prisões à desinstitucionalização.

Em seu mais recente trabalho, *Decarcerating Disability* [Desencarcerar a deficiência], a ativista e acadêmica Liat Ben-Moshe observa que "a deficiência e a loucura estão em grande parte ausentes das análises do encarceramento e de sua resistência" e argumenta que os abolicionistas prisionais têm muito a aprender com a experiência da desinstitucionalização. Ao desafiar a suposição predominante de que a desinstitucionalização dos abrigos públicos ajudou a aumentar a falta de moradia e o aumento do encarceramento, afirma:

A desinstitucionalização não levou à falta de moradia e ao aumento do encarceramento. O racismo e o neoliberalismo fizeram, por meio da privatização, cortes orçamentários em todos os setores de serviços/bem-estar e pouco ou nenhum investimento em moradias econômicas e acessíveis e serviços sociais, enquanto os orçamentos para correção, policiamento e punição (principalmente de pessoas de cor pobres) dispararam.[46]

O feminismo abolicionista rejeita explicitamente as tentativas do Estado de mobilizar a vulnerabilidade e a diversidade com o propósito de expandir a carceralidade e, em vez disso, trabalha para destacar o papel do Estado na perpetuação da violência, exigindo medidas que apoiem as pessoas mais afetadas e ataquem as raízes do encarceramento: pobreza, supremacia branca e misoginia.

A assimilação do "cuidado" sob o guarda-chuva da criminalização e da falta de definição de categorias sobre demandas sociais, doença e criminalidade — governança terapêutica — é alcançada por meio da mobilização astuta da falsa divisão entre as esferas pública e privada. As feministas há muito rastreiam essas manipulações: o Estado delimita os serviços de proteção a crianças como uma responsabilidade privada, mas delibera sobre os fetos, a reprodução e os cuidadores/pais selecionados por meio de uma preocupação pública sujeita à manipulação política partidária. Para alguns, a (heteros)sexualidade é considerada assunto privado, mas pessoas queer, soropositivas, com deficiência e envolvidas no trabalho sexual estão sujeitas à repressão do Estado. Marcadas por permanência e inevitabilidade, não apenas as distinções entre público e privado geram vulnerabilidade — o suporte doméstico, por exemplo, para pessoas com deficiência é uma responsabilidade pessoal que às vezes traz risco e precariedade —, mas raça, gênero, riqueza, sexualidade e capacidade também sempre definiram quem tem direito à privacidade. Por exemplo, alguns estados exi-

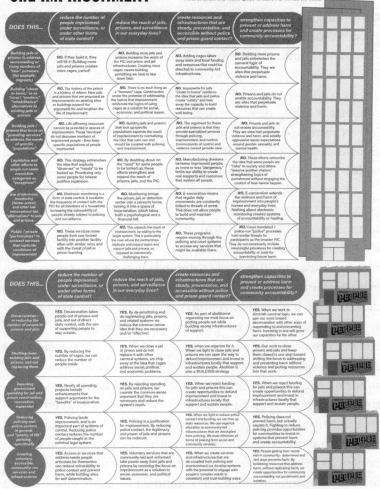

Cartaz elaborado por Shana Agid para a Critical Resistance em 2018, para analisar as diferenças entre as reformas (ver o texto completo nos apêndices).

gem exames toxicológicos para beneficiários da assistência temporária para famílias carentes (TANF, na sigla em inglês) ou outros programas de assistência social. E a esfera pública está sempre marcada de vermelho: mulheres — indiscutivelmente não brancas — que cometem o "crime" de matricular "falsamente" os filhos em distritos escolares públicos mais ricos, onde não residem, são acusadas e condenadas. Em 2011, duas mães negras, Kelley Williams-Bolar e Tanya McDowell, foram condenadas por "falsificação de registros e roubo de educação pública" e por "ultrapassar a fronteira".[47] Longe de serem neutros e estáticos, os contornos maleáveis entre o público e o privado não apenas aprofundam as desigualdades como frequentemente mascaram traços evidentes da violência racializada, capacitista e heterogendrada.

Aprendendo com as campanhas contra as novas prisões propostas em outros locais e com base em décadas de articulação da comunidade feminista abolicionista, que rejeitava o policiamento e o encarceramento como soluções para a saúde ou para a segurança pública, em 2019 uma coalizão de organizações de Los Angeles, incluindo a Dignity and Power Now e a Critical Resistance, derrotou, até o momento, o proposto "centro de tratamento", parecido com uma prisão de 4 mil leitos, que claramente não tinha nada de instalação de "pronto atendimento", como anunciado. Los Angeles propôs esse novo "estabelecimento de saúde mental" em substituição à penitenciária Men's Central Jail e concedeu um contrato de 2,2 bilhões de dólares a uma empresa privada com histórico de construção de prisões, a McCarthy Building Companies. Sob a liderança e o trabalho de membros da comunidade com experiências de encarceramento, principalmente mulheres de cor, o foco da campanha foi educar as comunidades sobre ser possível e necessário desvencilhar os serviços de saúde da punição, destacando como isso poderia ser feito. A campanha também serviu para destacar por que o contrato com a McCarthy Building Companies era simplesmente uma expansão do sistema carcerário. Hilda Solis, um dos membros do Conselho de Supervisores do Condado de Los Angeles, ao reverter seu voto e rescindir o contrato, declarou: "Uma prisão é uma prisão. Não é suficiente mudar o nome da instalação".[48] Esse é o impacto do lento trabalho do feminismo abolicionista em tempos sempre urgentes, do lento trabalho que mira no longo prazo.

Outro exemplo de como o Estado manipula as agendas de reforma é o monitoramento eletrônico, que é proposto cada vez mais como um meio-termo mais humano quando as comunidades recusam a construção de novas cadeias ou prisões. Às vezes promovido como uma reforma progressista, até mesmo por algumas que se identificam como feministas, o *e-carceration* é elogiado não apenas como mais barato, mas mais humano, pois critica as condições tóxicas das prisões, incluindo longas esperas por julgamento e fianças exorbitantes. As altas taxas que as pessoas devem pagar pelos dispositivos de vigilância são estrategicamente postas de lado, e o mercado do *e-carceration* está se expandindo rapidamente. O GEO, grupo empresarial que opera o maior número de prisões privadas nos Estados Unidos, também controlava por meio da divisão "GEO Care", em 2018, cerca de 30% de todos os dispositivos de monitoramento. Esses mecanismos que James Kilgore chamou de "humanismo carcerário" ou que outros estudiosos chamaram de "coerção esclarecida" ou "feminismo carcerário" não eliminam as celas.[49] Em vez disso, eles as redesenham e, portanto, frequentemente as tornam menos transparentes, ao mesmo tempo que ampliam as fronteiras do policiamento, da punição e da vigilância, como demonstraram astutamente Victoria Law e Maya Schenwar no livro *Prison by Any Other Name: The Harmful Consequences of Popular Reforms* [Prisões com qualquer outro nome: As consequências danosas das reformas populares]. Isso é também, sem surpresa, uma virada profundamente marcada pelo gênero: além disso, a mudança para o monitoramento eletrônico transforma casas em prisões, e esposas, mães, netas, filhas, tias e irmãs em carcereiras não remuneradas. Mesmo quando pensamos que "ganhamos" ou derrotamos propostas de expansão ou novos projetos de construção carcerária, importa como, por que e com quais ferramentas lutamos.

LUTA: REFORMA OU ABOLICIONISMO

Vidas estão no centro de toda luta abolicionista. Em 2015, Kalief Browder, de 22 anos (filho caçula apelidado de Amendoim por sua mãe), suicidou-se depois de ficar encarcerado por mais de dois anos na prisão de Rikers Island enquanto aguardava julgamento por supostamente roubar uma mochila. Em parte, Kalief Browder foi detido porque não pôde pagar a fiança de 3 mil dólares. Sua morte e a atenção da mídia cobrindo o caso colocaram a cadeia e a indústria da fiança com dinheiro em espécie sob crescente escrutínio público. Embora as comunidades brown, negras, queer e pobres há muito protestem contra as condições tóxicas nas prisões e a extorsão de fianças com dinheiro em espécie e grupos em Nova York, incluindo o Sylvia Rivera Law Project e os membros de Nova York da Critical Resistance, têm histórias de articulações que incluem demandas explícitas para o fechamento da prisão de Rikers Island, a morte de Kalief Browder aprofundou as mobilizações. Quase cinquenta anos depois que pessoas da House of D. criaram fundos para o pagamento de fianças, o movimento para acabar com as fianças com dinheiro em espécie e a campanha para fechar a prisão de Rikers Island ganharam um ímpeto poderoso.

Em resposta à crescente pressão dos movimentos liderados e moldados pela articulação feminista abolicionista após a morte de

Kalif Browder, em 2019 uma comissão nomeada pelo então prefeito Bill de Blasio propôs fechar a prisão de Rikers Island, a maior dos Estados Unidos, e abrir novos quatro presídios, um em cada bairro da cidade, a um custo estimado em quase 11 bilhões de dólares. Esse plano construiria o que uma declaração não irônica de uma fonte da área de arquitetura, inspirada na visão de Michel Foucault, definiu como "um arquipélago carcerário disperso".[50]

Muitos reconheceram que quatro novas prisões iriam claramente expandir, e não diminuir, os vestígios do encarceramento na cidade de Nova York. O desvio de dinheiro público para corporações privadas para construir prisões, o que Jackie Wang chama de "acumulação racializada por expropriação", é apenas uma das maneiras pelas quais o Estado canaliza recursos públicos para cofres privados.[51] A maior parte dos 11 bilhões de dólares irá para essas corporações, mas os pagamentos não serão interrompidos depois que as cadeias forem construídas. Embora muitos tenham criticado de modo certeiro a maneira como os movimentos políticos e sociais contra o "encarceramento em massa" muitas vezes limitam seus esforços ao desinvestimento das prisões privadas (como se as prisões públicas pudessem servir), os abolicionistas afirmam que a destreza contínua do capitalismo racial requer interrogatório contínuo, particularmente sobre como os meios democráticos de governança são utilizados como arma para extrair riqueza das comunidades.

Com ação direta, estratégica e visível, memes e mídias criativos e pressão sobre os principais formuladores de políticas públicas, a rede de campanhas No New Jails NYC [Sem Novas Cadeias em NYC] reuniu e ampliou a resistência, e ofereceu estratégias viáveis de segurança pública. Ou seja, a campanha NNJNYC não é simplesmente sobre o que as comunidades não querem, mas, seguindo a tradição do feminismo abolicionista, centrou-se, em vez disso, no que precisam e querem para estar seguras. De fato, embora o slogan da campanha seja "sem novas cadeias", a demanda principal é o investimento de recursos públicos no que as comunidades reconhecem como apoio para reduzir danos interpessoais e gerar segurança. Fóruns comunitários, workshops e materiais de educação política, por exemplo, revelaram o desejo de um orçamento não carcerário que refletisse um sério investimento comunitário. O site da NNJNYC exige "11 bilhões de dólares para o povo":

> Apelamos à cidade para financiar programas que realmente nos mantenham seguros, reduzam o conflito interpessoal e evitem que nossos entes queridos sejam presos. Esses programas incluem: moradia para todos, reparos da NYCHA [Autoridade de Habitação da Cidade de Nova York] e condições de abrigo; expansão dos recursos abrangentes de saúde mental com base na comunidade e culturalmente responsivos; financiamento de programas de redução de danos; expansão do acesso à educação, especialmente para pessoas que sofreram o encarceramento; redução da pobreza extrema; fim da vigilância em massa; e a extração de riqueza das comunidades por meio de multas, taxas, sobretaxas e fiança de tribunais criminais; e o impedimento de prisões falsas e ilegais.[52]

A NNJNYC é contra a construção de novas prisões, mas, de forma mais crítica, fornece espaços para as pessoas se agarrarem, juntas, a reais definições de segurança pública — o que tornaria nossa comunidade mais segura? — e, por consequência, gerarem e divulgarem caminhos possíveis. Os principais parceiros da rede de campanhas NNJNYC são organizações, como a Survived & Punished, a Black & Pink e o Audre Lorde Project, que passaram mais de uma década se articulando para acabar com a violência sexual e de gênero sem depender de respostas carcerárias. Esse é o feminismo abolicionista na prática.

A cidade de Nova York está avançando ativamente no plano de construir quatro novas prisões em substituição à prisão de Rikers Island. No entanto, por meio das lentes e métricas do feminismo abolicionista — uma contabilidade que se estende além deste momento político imediato — as vitórias são possíveis. Materiais de educação política circularam destacando como a segurança pública poderia ser alcançada com investimento nas comunidades em vez da expansão carcerária. Uma série de organizações seguiu a NNJNYC e conectou seu trabalho em prol da justiça habitacional, de um transporte público gratuito e de qualidade, de um serviço de saúde significativo e afirmativo e contra deportações e violência interpessoal. Pessoas afetadas pelo policiamento e pelas prisões e seus entes queridos estiveram no centro das articulações e das análises. Organizações antiviolência desempenharam papéis importantes e inquestionáveis, combatendo a carceralidade como solução para a violência sexual e de gênero. O poder da riqueza acumulada de modo privado e da filantropia articulada para se engajar na política carcerária foi tratado com transparência e desafiado.[53] As raízes carcerárias dos democratas liberais foram expostas de alguma forma. Todos os alicerces que sustentam a expansão carcerária — incluindo o policiamento — tornaram-se visíveis e resistiram. Essa campanha mudou o ponto de partida para a próxima etapa da mobilização: a ação. O custo? A vida de Kalief Browder e de muitos outros.

2. Feminismo.

Em junho de 2020, um pequeno grupo de feministas abolicionistas em evolução escreveu uma poderosa carta aberta ao movimento antiviolência chamada "The Moment of Truth" [O momento da verdade].[1] Reconhecendo como as principais intervenções antiviolência confiaram demais no sistema jurídico-criminal e, como tal, "falharam repetidamente com sobreviventes de violência, líderes, organizações e movimentos negros, indígenas e de cor (Bipoc — *black, indigenous, and people of color*)", 47 coalizões antiviolência estabelecidas em vinte estados dos Estados Unidos assinaram a carta. Ao fazer isso, demonstraram a vontade de se solidarizar com ativistas que escreveram que "afastar-se não é mais uma opção. A reforma superficial não é suficiente". Na verdade, a carta se baseava na afirmação de que os objetivos feministas não são possíveis sem o abolicionismo:

- Falhamos ao não ouvir feministas negras liberacionistas e outros colegas de cor do movimento que nos advertiram das consequências da escolha pelo aumento do policiamento, do julgamento e da prisão como principal solução para a violência de gênero.

- Promovemos falsas soluções por meio da reforma de sistemas projetados para controlar as pessoas em vez de resultados reais que promovem a cura e a libertação na comunidade.
- Investimos significativamente no sistema jurídico-criminal apesar de saber que a grande maioria dos sobreviventes de violência opta por não se envolver com ele e que aqueles que o fazem frequentemente se traumatizam.
- Apelamos por "segurança das vítimas" para justificar a prisão e ignoramos o fato de que as prisões mantêm algumas das populações per capita mais densas de pessoas que sobreviveram a traumas do mundo.
- Ignoramos e rejeitamos as abordagens de justiça transformativa para cura, responsabilidade e reparo criadas por líderes Bipoc e usadas com sucesso nas comunidades Bipoc.

Exigindo a centralização da liderança das comunidades negras e indígenas, assim como de outras comunidades de cor, e o afastamento do sistema jurídico-criminal, a carta trouxe vitória e problemas. Alguns dos signatários — especialmente aquelas coalizões contra violência doméstica e agressão sexual, que representam um grande número de abrigos e centros de apoio a vítimas de estupro em estados mais conservadores — enfrentaram reação imediata. Chamando a declaração de "ofensiva" e "perigosa", a Associação de Promotores de Justiça, a Associação de Xerifes e a Associação de Chefes de Polícia do estado de Idaho retiraram seu apoio à Coalizão contra a Violência Doméstica e Sexual de Idaho.[2] Os financiadores questionaram o foco do trabalho; os legisladores se opuseram à análise de como as leis interferem na segurança; os chefes de polícia se opuseram a serem identificados como parte do problema; e os parceiros de serviço locais se distanciaram porque temiam perder status se se identificassem com os bravos membros da coalizão que ousaram falar sobre a orientação carcerária daquelas ativistas antiviolência feministas, posicionando-se no caminho de estratégias emancipatórias que exigiriam levar o abolicionismo a sério.

Ao mesmo tempo, a The Moment of Truth galvanizou mais apoio à justiça racial de programas antiviolência. Isso inspirou a Embrace, uma organização que oferece apoio, incluindo serviços de advocacia, a quem sofreu violência doméstica em Barron County, Wisconsin, a escrever uma declaração pública:

> Em meio a uma revolta nacional e do diálogo sobre violência do Estado, a Embrace adiciona sua voz afirmando a humanidade e a dignidade de negros, indígenas e pessoas de cor (Bipoc). Compartilhamos integralmente a dor pela perda de George Floyd, Breonna Taylor e Ahmaud Arbery, bem como pelos tiros que atingiram Jacob Blake e por muitos outros atos de violência racista perpetrados contra os negros nos últimos quatrocentos anos neste país. Como Martin Luther King Jr. e Emmett Till, eles não serão esquecidos.
>
> Como uma organização antiviolência, a Embrace não pode acabar com uma forma de violência sem abordar a outra, e não podemos servir adequadamente a todos os sobreviventes dessas violências se não reconhecermos e abordarmos a opressão e a violência que os sobreviventes mais marginalizados enfrentam.[3]

Essa declaração, assim como a feita na "The Moment of Truth", argumenta que as causas profundas do racismo, das violências policial, sexual e de gênero são as mesmas e que o trabalho para acabar com a violência de gênero deve incluir atenção ao modo como a opressão estrutural e a violência estatal se moldam e de fato aprofundam o impacto sobre os sobreviventes dessas violências e outras pessoas. O depoimento terminou com uma afirmação ensurdecedora: "A Embrace apoia o movimento por Vidas Negras. Ouvimos suas palavras, demos visibilidade a suas vozes e defendemos os valores antiviolência na nossa organização. Esperamos que você se junte a nós para quebrar o ciclo traumático criado pelo racismo e pela violência". A Embrace firmou esse compromisso postando a logo do Black Lives Matter na janela de sua fachada, perto da bandeira de arco-íris exibida de forma proeminente, sinalizando o compromisso da organização também com a comunidade queer.

Como projetos individuais e coalizões antiviolência em todo o estado expressaram apoio ao Black Lives Matter e desistiram de se aproximar do Estado punitivo, departamentos de polícia, promotores, procuradores estaduais e outras entidades imediatamente romperam os laços com esses programas antiviolência. As palavras poderosas e os convites comovidos da Embrace foram recebidos com desdém imediato pelos principais líderes comunitários. O Conselho de Supervisores do Condado de Barron suspendeu o financiamento para a organização, reduzindo o orçamento a 25 mil dólares. Junto com quatro departamentos de polícia da área, o Departamento do Condado de Barron cortou laços com a organização, o que significa que eles não vão encaminhar as pessoas que precisam de assistência para os serviços de emergência da Embrace. Outros grupos antiviolência que tomaram posições dianteiras como a Embrace e os signatários da "The Moment of Truth" têm experenciado formas semelhantes de retaliação das forças de segurança e de outras entidades estaduais e carcerárias.[4] A velocidade com que as relações entre os atores carcerários e os grupos antiviolência de gênero com orientações abolicionistas foram desvendadas revela sua fragilidade inerente.

O trabalho de articulação que produziu a "The Moment of Truth" e a reação que fez emergir tensões de décadas entre o trabalho feminista contra a violência de gênero e as demandas abolicionistas para fechar as prisões eram uma reminiscência de conflitos anteriores entre ativistas com foco na violência racista do Estado e aqueles que clamavam pelo fim da violência doméstica. O desalinhamento político que fervilhava logo abaixo da superfície estava, mais uma vez, à mostra. Os legisladores carcerários, organizações de forças de segurança, financiadores conservadores, provedores de serviços convencionais e muitos pesquisadores acadêmicos não estavam, em sua maioria, dispostos a reconhecer que os programas voltados à violência de gênero deveriam se preocupar com o avanço da justiça racial e relutavam em considerar que sobreviventes da violência de gênero podem ser prejudicados, em vez de ajudados, pela polícia. Um dos exemplos mais marcantes dessa tensão foi a história principal do Relatório de Violência Doméstica, amplamente divulgado ("Another Perspective on 'The Moment of Truth Statement'"), que criticava as demandas abolicionistas e afirmava que "os sobreviventes de violência não apoiam o desinvestimento da polícia".[5] As amplas afirmações do relatório sobre o papel do policiamento na criação de segurança para quem vivencia a violência de gênero ignoram abertamente o que muitas mulheres e pessoas de cor não binárias têm afirmado há anos: visto que o racismo sistêmico impulsiona o sistema jurídico-criminal, ele não apenas deixa de proteger os sobreviventes que não fazem parte do mainstream como também os coloca em perigo.

De fato, as tensões entre o abolicionismo e o feminismo, exemplificadas pelo artigo no Relatório de Violência Doméstica, são tão antigas quanto familiares. No momento em que a violência doméstica e a agressão sexual eram reconhecidas como crimes, supostamente exigindo respostas carcerárias, os abolicionistas contemporâneos estavam de fato desafiando um sistema jurídico--criminal que naturalizava a punição retributiva. Infelizmente, o trabalho abolicionista que surgiu no início dos anos 1970 não atendeu necessariamente às questões de violência de gênero, apesar da presença de lideranças feministas. Para alguns líderes de ambos os movimentos, essa discórdia, de natureza tanto filosófica quanto política, foi tratada como um obstáculo importante. Para outros, décadas de trabalho nesse movimento ilustraram essa dura realidade: embora seja fundamental responsabilizar aqueles que praticam violência, defender um maior envolvimento do sistema jurídico-criminal é contraproducente, na melhor das hipóteses, e pode realmente colocar ainda mais em perigo alguns sobreviventes.[6]

A análise do feminismo abolicionista que defendemos neste livro é baseada na indivisibilidade do abolicionismo e do feminismo. Por um lado, o abolicionismo é mais forte e efetivo precisamente por causa do feminismo. Por outro lado, a justiça de gênero não será realizada sem a incorporação da práxis abolicionista. Além dos desafios impostos pelas forças adversárias, as feministas abolicionistas reconhecem a intersecção necessária das questões levantadas tanto por ativistas antiviolência quanto por abolicionistas. Por exemplo, os pedidos de retirada de fundos da polícia reconhecem totalmente o perigo de terem classificado violência de gênero como um crime comum, levando a ainda mais investimentos na polícia e nas prisões? Ou as análises da forma como o racismo estrutural no sistema jurídico-criminal promove transfobia também incluem atenção à justiça para pessoas com deficiência? Onde está o imperativo feminista de reconhecer a interseccionalidade das lutas — como política e práxis explícita — nas mobilizações abolicionistas atuais? Onde está o compromisso político sustentado com o abolicionismo no trabalho feminista contra a violência? Essas são questões urgentes, colocadas aqui como parte de uma estratégia retórica para repensar o movimento atual e para convidar a um reconhecimento com a mais proeminente genealogia do abolicionismo e suas raízes na articulação radical contra o Estado e a violência íntima. Retornamos aqui aos legados históricos do feminismo abolicionista como forma de mostrar como as mulheres de cor e outros ativistas antiviolência radicais há muito clamam pelo desinvestimento do sistema jurídico-criminal.

INCITE!

O feminismo abolicionista presente na "The Moment of Truth" surgiu como consequência da articulação a longo prazo e persistente, juntamente com uma profunda reflexão sobre esse trabalho, representada por histórias com que este livro se envolve. Aqui, oferecemos retratos instantâneos de uma história em particular, a fundação da INCITE! Women of Color Against Violence (mais tarde, Women, Gender Non-Conforming, and Trans People of Color Against Violence). Ainda que a INCITE! não tenha ficado sozinha no pioneirismo de análises novas e interseccionais,

Ilustração por Cristy C. Road, 2003, apresentada na capa da publicação da INCITE!, Law Enforcement Violence Against Women of Color & Trans People of Color, *de 2018.*

acreditamos que o grupo desempenhou um papel crítico na tentativa de interromper os efeitos políticos da criminalização, e isso reprimiu fortemente aqueles feminismos que correram para abraçar soluções carcerárias.

Para a INCITE!, o apelo por mudança veio principalmente de mulheres de cor ativistas no fim dos anos 1990 que insistiram firmemente que, após trinta anos tentando reformar as organizações antiviolência por dentro, era hora de se voltar para um trabalho mais radical. Mulheres de cor e ativistas que dedicaram a vida a trabalhar contra a tirania da violência de gênero e pela justiça para as comunidades lutaram durante anos para recriar organizações que ofereciam respostas neoliberais simplistas para problemas complexos. Esses grupos inquestionavelmente atribuíam a culpa da violência a perpetradores individuais em vez de olhar mais profundamente para as estruturas sociais opressivas cuja culpabilidade está ideologicamente excluída. Esse trabalho mais radical foi necessário porque, no fim da década de 1990, um movimento antiviolência orientado para a justiça social foi efetivamente cooptado pelo Estado, e os programas antiviolência passaram de uma rede de grupos radicais de autoajuda a uma indústria de serviços altamente profissionalizada.

Em 2000, um pequeno grupo de dezoito articuladoras antiviolência, composto apenas de mulheres de cor, decidiu finalmente e absolutamente rejeitar o projeto reformista de tentar responsabilizar as organizações antiviolência dominantes por sua cumplicidade com a dependência do Estado punitivo.[7] Esse grupo se reuniu com o propósito de afinar uma análise da violência de gênero que acentuava sua relação com a violência estatal, especialmente num contexto de racismo. Determinadas a contestar os paradigmas de liderança existentes, elas decidiram, sem desculpas, recusar compromissos que marginalizavam raça, classe, sexualidade, status de imigração ou deficiência como questões secundárias. No processo para deliberar a articulação e teorizar coletivamente, elas estavam embarcando num caminho que transformou a fadiga e a frustração políticas em uma alegre fúria revolucionária. Como no caso posterior da carta aberta "The Moment of Truth", o apelo não era apenas para *criticar* o que estava errado ou inadequado, mas também — e ainda mais importante — para *construir* o maior movimento de libertação sem o qual nós nunca acabaríamos com a violência de gênero. Organizações antiviolência — como a Coalition Against Rape and Abuse [CARA — Coalizão contra o Estupro e Abuso], a Sista 2 Sista, o Audre Lorde Project e a INCITE! — abraçaram essa análise, desenvolvendo e praticando respostas locais à violência sexual e de gênero, frequentemente se identificando de maneira explícita como formações feministas abolicionistas.

Assim como a Critical Resistance, a INCITE! teve início em uma reunião, em 2000, que refletia uma ânsia por ideias e práticas radicais. A conferência The Color of Violence: Violence Against Women of Color [A cor da violência: Violência contra as mulheres de cor] foi organizada com vários objetivos inter-relacionados. Em primeiro lugar, seus organizadores esperavam oferecer oportunidade para as mulheres de cor revisarem e aprofundarem análises radicais e estratégias correspondentes em torno do fim da violência de gênero, centralizando as lutas antirracistas e anti-imperialistas. A perspectiva era menos sobre enfatizar como o trabalho havia se tornado mais conservador e mais sobre como recuperar o poder político característico do ativismo inicial liderado por mulheres de cor contra a violência de gênero. Isso foi uma tentativa de reverter o fato de que "ganhamos o mainstream, mas perdemos o movimento".[8] Em segundo lugar, as organizadoras da conferência buscavam revogar a tendência de considerar a violência de gênero desvinculada de outras formas de violência. Longe de simplesmente responder à violência do parceiro e à agressão sexual, essa abordagem mais ampla levou à inclusão dos direitos dos imigrantes, dos direitos dos indígenas e da justiça reprodutiva, bem como da violência do encarceramento e do militarismo. Essa análise mais inclusiva também identificou os danos profundos e persistentes da homofobia e do heterossexismo no trabalho do movimento mainstream. Moldada pela articulação abolicionista e pela análise feminista, a INCITE! defendeu a ideia de que a violência de gênero era sistêmica e sintomática de padrões mais amplos de opressão. É importante dizer que a agenda da conferência encorajou o envolvimento prático em campanhas de articulação política e, principalmente, o fornecimento de serviços de acolhimento regulamentados para o avanço de estratégias de justiça social visando garantir segurança.

Esses objetivos, com foco implícito no que hoje chamaríamos de feminismo abolicionista, surgiram da preocupação de que a análise outrora radical da violência de gênero havia se tornado tão convencional que elementos essenciais do movimento têm sido apagados. Por exemplo, o legado das lésbicas negras e as contribuições de outras feministas de cor que simultaneamente trabalharam com grupos de justiça racial na comunidade *e* com organizações feministas predominantemente brancas foram excluídos por completo da memória do movimento coletivo dominante. Em uma atmosfera de celebração justa, a conferência Color of Violence recentrou o trabalho antirracista radical que incitou o movimento a, em primeiro lugar, acabar com a violência de gênero.[9]

A mera *ideia* da conferência Color of Violence trouxe uma energia contagiante. Esse entusiasmo deixou claro que as mulheres de cor ansiavam havia anos por um espaço e estavam prontas para impulsionar o trabalho com base nos princípios do feminismo abolicionista. Mulheres de cor em todo o país e fora das fronteiras dos Estados Unidos percorreram grandes distâncias para participar, até mesmo arrecadaram recursos, providenciaram cobertura em casa e dirigiram por dias para chegar à Califórnia. Originalmente planejada para duzentos participantes, a primeira Color of Violence atraiu mil pessoas. Outras mil interessadas em participar desistiram por falta de espaço. Para abordar o legado histórico do racismo no movimento antiviolência, medidas firmes foram tomadas para garantir que daquela vez as conversas prosseguiriam de forma diferente. A conferência permitiu apenas a participação de um pequeno número de pessoas que não eram mulheres de cor; e os outros que participaram foram obrigados a patrocinar o atendimento de mulheres de cor, encorajados a não dominar as reuniões principais, e instruídos a não participar das reuniões de planejamento estratégico a menos que fossem especificamente convidados para isso. Isso foi mais do que uma série de gestos simbólicos. Isso solidificou os esforços de que o trabalho da INCITE! não se preocuparia com negociação, apaziguamento ou mesmo em desafiar os principais ativistas antiviolência sobre seus fracassos. Em vez disso, o trabalho foi sobre o avanço estratégico e entusiasta de uma análise antirracista e anticapitalista da violência de gênero e o recentramento da justiça e liberdade social.

Desde então, e por mais de vinte anos, as seções de base e as afiliadas da INCITE! nos Estados Unidos organizaram amplas campanhas de justiça social para ligar violência de gênero a outras formas de dano. A INCITE! sempre foi um coletivo voluntário, sem pessoal remunerado, exceto para tarefas esporádicas e distintas associadas ao planejamento de conferências, à produção de materiais de educação política ou ao desenvolvimento de campanhas em mídias sociais. A seção de New Orleans, por exemplo, apoiou mulheres de cor de baixa renda após o furacão Katrina, demonstrando mais uma vez como foram elas que impulsionaram a sobrevivência de suas comunidades quando o governo e as respostas sem fins lucrativos continuaram a perpetuar práticas abusivas e nocivas. A seção da Filadélfia está organizada em torno da ha-

Dandelions & Butterflies, *por art twink, em colaboração com Jennicet Gutiérrez e Forward Together for Trans Day of Resilience*, 2018. [No cartaz, lê-se: Pelo desmonte das prisões. Pelo fim da detenção de pessoas trans. Pela abolição do I.C.E. (Força de migração e alfândega estadunidense).]

bitação e da gentrificação, enquanto a Sista 2 Sista, afiliada à seção da INCITE! no Brooklyn, trabalhou contra o assédio sexual de mulheres de cor junto ao Departamento de Polícia da cidade de Nova York.

O coletivo nacional da INCITE! organizou conferências e eventos, como o "Building a Movement" [Construindo um movimento] (2002) em Chicago, o "Stopping the War on Women of Color" [Parando a guerra contra mulheres de cor] (2005) em New Orleans, o "The Revolution Will Not Be Funded: Beyond the Non--Profit Industrial Complex" [A revolução não será financiada: Além do complexo industrial sem fins lucrativos] (2004) em Santa Barbara, Califórnia, e o "Beyond the State: Inciting Radical Possibilities" [Além do Estado: Incitando possibilidades radicais] (2015) em Chicago. Para compartilhar análises políticas e arquivar esses trabalhos radicais, a INCITE! publicou duas antologias. A *Color of Violence: The Incite! Anthology* (2006) compilou escritos de 33 feministas radicais de cor, com foco nítido na lei federal indígena, na política de adoção, na justiça reprodutiva, na resistência palestina e nas forças de segurança. Quatro anos após a conferência de 2004, a INCITE! publicou a *The Revolution Will Not Be Funded: Beyond the Non-Profit Industrial Complex*, que explorou o impacto do sistema sem fins lucrativos na construção do movimento revolucionário. Circulando globalmente, essas formas de educação política, como os materiais Community Accountability e Anti-Militarism, aprofundaram o projeto do feminismo abolicionista e, por sua vez, remodelaram o trabalho antiviolência contemporâneo.

Essas comunidades feministas abolicionistas surgiram por causa de um sentimento de desespero e de um lugar de amor e honra que nos anos posteriores se revelou muito mais complicado. Mas a sensação de frustração e de traição em função dos compromissos de solidariedade abandonados por parte dos colaboradores não dissuadiu essas articuladoras, que continuaram com o trabalho. Aquelas que tinham inicialmente respondido à chamada da INCITE! trouxeram energia, esperança e a convicção de que um caminho diferente era possível. Esse otimismo — que trouxe um senso de urgência e a crença na possibilidade de um trabalho antiviolência que ressoou mais amplamente — foi contagioso e rapidamente se espalhou pelo país e para além das fronteiras dos Estados Unidos. Ao mesmo tempo, esse otimismo abrangente conseguiu ofuscar importantes desentendimentos e controvérsias duradouras. Associados locais, afiliados independentes e incontáveis indivíduos que se consideravam membros da INCITE! envolveram-se em pequenos e grandes projetos de resistência — protestando contra novas prisões, fornecendo ajuda mútua, lendo coletivamente e escrevendo para campanhas de educação política e, mais importante, apoiando sobreviventes de violência de gênero em todas as suas formas —, e a INCITE! também enfrentou danos em suas próprias fileiras e lutou com tensões e traições destruidoras. Entre as falhas mais sérias nos vinte anos de história da INCITE! estava a exclusão de pessoas trans na concepção do trabalho. Agora é praticamente axiomático que qualquer enfrentamento efetivo da violência de gênero deve centrar-se nas múltiplas formas de violência infligidas a pessoas trans e com inconformidade de gênero. Como muitos locais de trabalho, a INCITE! lutou para estabelecer sistemas de responsabilização e transparência. Mais recentemente, investigações amplamente publicizadas sobre a identidade indígena dos membros fundadores vieram à tona. Esses são aspectos críticos da história da INCITE! que devem ser levados em consideração diante das conquistas da organização. Explorando as genealogias do feminismo abolicionista, devemos pontuar a influência da INCITE! *como um movimento e uma identidade política* que abraça um feminismo abolicionista radical que vai além da sua influência como organização. Mesmo nos momentos de luta, às vezes sem sucesso, contra uma variedade de problemas organizacionais, o duradouro legado da análise anticapitalista e internacionalista da INCITE! é o que guia o feminismo abolicionista. Desafio contínuo ao feminismo carcerário, ele é o compromisso coletivo de acabar com todas as formas de violência — do quarto às ruas, dos departamentos policiais às celas das prisões. Trata-se de um comprometimento coletivo de forjar novos futuros assentados não em violência, mas no florescimento da vida.

COMEÇOS RADICAIS, NOVAMENTE

Situamos a INCITE! dentro de uma genealogia do feminismo abolicionista porque isso sinaliza como feministas de cor radicais têm historicamente perturbado o essencialismo de gênero, forjando ao longo do tempo uma consciência política coletiva sobre violência de gênero, que como sempre é também moldada por racismo, preconceito de classe, transfobia, heterossexismo, e assim por diante. Essa genealogia resiste às histórias convencionais de movimentos antiviolência que continuam a centrar-se na branquitude e nas respostas carcerárias. Embora seja verdade que um grande catalisador para o movimento das mulheres no fim dos anos 1960 foi o reconhecimento da onipresença do abuso físico e sexual em círculos que anteriormente exigiam seu silêncio, há uma longa história de trabalho contra o abuso sexual e a violência de gênero de forma mais ampla ligada ao que agora reconhecemos como ativismo feminista negro. O fato de que o movimento antiviolência dos Estados Unidos é frequentemente periodizado convencionalmente em conexão com a fundação da Organização Nacional para Mulheres (NOW — National Organization of Women) em 1966 e a posterior criação de sua força-tarefa contra o estupro apaga sinais da contribuição de mulheres de cor. Embora a violência de gênero sempre tenha cruzado as fronteiras de raça e classe, os discursos e reuniões de conscientização (a estratégia de encorajar mulheres a revelar publicamente a violência nos relacionamentos íntimos que elas haviam mantido em segredo) que tentaram quebrar o silêncio sobre estupro e violência doméstica foram associados principalmente ao feminismo branco. Certamente, esses discursos, palestras e reuniões de conscientização foram atos políticos radicais. Mas as mulheres de cor, as mulheres brancas da classe trabalhadora e outras com uma consciência política mais ampla insistiram em fazer conexões importantes com o antirracismo, a justiça reprodutiva, as campanhas anti-imperialistas, os movimentos trabalhistas e outras lutas pela justiça social. Por exemplo, mulheres brancas radicais ativistas que faziam parte do Santa Cruz Women Against Rape divulgaram a "Letter to the Anti-Rape Movement" [Carta aberta ao movimento antiestupro] de 1977, que afirmava que o sistema jurídico-criminal "racista e sexista" torna o problema do estupro "pior".[10] Até mesmo o termo "mulheres de cor", popularizado naquela época, significava a formação política de uma aliança feminista radical entre mulheres que compartilhavam a opressão de uma gama de forças estruturais além do heteropatriarcado, incluindo a criminalização generalizada de suas comunidades.

Sem subestimar o eventual surgimento de um forte movimento antiestupro e antiviolência, uma lente feminista abolicionista perturba as histórias convencionais que com frequência ainda focam mulheres brancas e organizações tradicionais. O grupo Sisters Testify é um projeto de contação de histórias dedicado à garantia de que a resistência de mulheres negras ao abuso sexual não está perdida nos relatos históricos das articulações do movimento antiviolência. O Sisters Testify é focado em levantar o trabalho que Barbara Ransby, Deborah King e Elsa Barkley Brown

Boletim da Third World Women's Alliance, Triple Jeopardy, *1971.*

commentary

letter to the anti-rape movement

This is an open letter to the anti-rape movement. We, the members of Santa Cruz Women Against Rape, are writing this letter because we are concerned about the direction the anti-rape movement is taking. While we have many concerns, some of which are expressed in this letter, we would primarily like to address the issue of the relationship of the anti-rape movement to the criminal justice system. The reasons we are interested in this issue have a lot to do with how we see ourselves as a Women Against Rape group. We are a political group that focuses on the issue of rape and violence against women, and that is working towards the long range goal of a radical transformation of the very basis of our society. We do not believe that rape can be ended in the present capitalist, racist, and sexist structure of our society. The fight against rape must be waged simultaneously with the fight against all other forms of oppression.

When the organized movement against rape first started about five years ago , most of the anti-rape groups were collectives of feminists, who came together because of their anger at the way the police and the courts treated rape victims.[1] These groups (and ours was among them) were primarily political. We were critics of the police, the courts, and the hospitals, the institutions that traditionally dealt with rape victims. Their awful treatment of women became a topic in the media, largely due to the efforts of the women's movement against rape. In a snowballing fashion, many other anti-rape groups formed. Many of these groups, however, did not consider themselves political, nor even feminist.[2] They considered themselves service groups, who wanted "to help rape victims". They felt that the criminal justice system and the anti-rape movement had a common cause, "to get rapists off the street". Therefore, these groups tended to encourage or cajole women to report rapes to the police.

The more explicitly political groups were frustrated, both by the ineffectiveness and unresponsiveness of the criminal justice system, and because of the increasing rape rate. While many remained critical of the criminal justice system in theory, most groups felt it was important to work on building or improving relationships with the police and other criminal justice agencies. They hoped that this would lead to increased prosecution and conviction of rapists. In attempts by anti-rape groups to build good relations with the criminal justice system, criticism of these agencies has been withheld, or dealt with through police channels instead of by applying outside pressure (e.g. through the media, demonstrations, etc.).This tendency to work with the criminal justice system is reinforced by the fact that many groups are supported through government funds. Because of this, there is an inevitable push—if not out-right contractual obligation -to persuade women to report rapes to the police.

a choice?

Many groups claim that they are neutral about reporting a rape to the police; they say they neither push a woman into it, nor tell her she shouldn't report. Their literature and phone counseling is biased toward giving women information on how to report a rape and what the police and hospital procedures are. They don't present any other options besides going to the police or doing nothing. Therefore, if a woman feels that she'd like to do something about her rape, but the only thing she is told about is the police, her probable choice would be to go to the police. Because there aren't many other alternatives, we support the right of individual rape victims to go through the criminal justice system. We don't feel that she should be forced or pushed into anything, whether reporting or not reporting a rape to the police. But as anti-rape groups, we have the responsibility to expose the function, and challenge the process, of the criminal justice system. Attempts at "good relations" with the criminal justice system have served to co-opt our movement, and have led to the belief (or hope) that the criminal justice system can solve the problem of rape. Yet, the sexist and racist nature of the criminal justice system only makes the problem worse.

We are opposed to the criminal justice system orientation of many anti-rape groups for a number of reasons. The criminal justice system has shown itself to be unresponsive and insensitive to the needs of women. The ordeal of reporting a rape and seeing it through trial is made painful and degrading. Even if the individuals involved try to be pleasant and helpful, the processes and structure of the entire system remain hostile and unsupportive to rape victims. This is largely because the women involved have no power in the process: it is the police that decide if she was "really raped", the DA often decides that it isn't a "good case" so won't prosecute, and juries hesitate to convict a rapist.

le nouvelle observateur/Ina

keeping the end in sight

It is true that the conviction rate for rapists is very low. This is largely due to sexism and the sexist myths about rape in our culture. We abhor the reasons for this low conviction rate but that doesn't mean that we should work for a high convictions rate. Those convicted of rape are most likely to be Third World and/or poor White men, as is true for convictions for nearly all other crimes. In order for a DA to "win" a rape case, he (or rarely, she) must use sexist, racist and classist stereotypes and assumptions, thereby supporting the worst aspects of the system. If the goal of this process is fighting and ending rape, it is bad and self defeating to use racist and classist means to get to that end. The process is crucial to the true success of the end.

The answer is not just to get rapists "off the street". Prisons themselves are incapable of changing rapists. Prison culture is much like that of the outside world, with all of the pressure intensified. Male sex roles, violence, and power relations which lead to rape in the first place, are strongly reinforced within prison. Rapists in prison don't stop raping—they simply enforce their power over men weaker than themselves. Prisons don't deal with the roots of the problem, they only add to the causes. Men getting out of prison have not learned new ways of relating to women and haven't developed an analysis of why they rape or how to change. It is likely that they will rape again.

In addition, the emphasis of many anti-rape groups on getting women to prosecute leads to a very narrow focus on a few specific rape situations. This ignores the totality of the problem. Most women experience varying degrees of violence in their everyday lives—from friends and lovers as well as from strangers. The answer to this situation is not to prosecute all cases(which is impossible and impractical as well as useless), but to work on creating more alternatives for people in their lives. This involves changing the institutions and culture which promote sexism, racism, and violence.

Those anti-rape groups who spend time working for reform legislation encounter many of the same problems and obstacles. Sexist attitudes (and actions) cannot be legislated away. Legislation does not exist in isolation: even "good" anti-rape legislation (and it isn't clear what that would be) will be ineffective in a sexist society that encourages violence against women, and in a criminal justice system that persecutes Third World and poor White men.

centering ourselves

The time and energy that is now used to develop a good working relationship with the criminal justice system agencies, and on reform legislation, could be much better spent. Instead, the anti-rape movement should work on community education, and on developing practical alternatives that deal with both the systems and the roots of sexism and violence. We want our focus to be the creation of various community based and supported alternatives, because we think that the responsibility for dealing with rape should be in the hands of all community people. Some of the ideas and alternatives we're working on now include:
1. We encourage people to get together to discuss ways to watch out for each other. This includes block watching to make neighborhoods safe, organizing at workplaces to get support to deal with hassles from bosses and fellow workers, and organizing at schools to get self-defense classes, etc.
2. We try to create the consciousness in people that they should respond to a scream or a call for help, and that they should go to a woman's aid if it looks like she's being hassled.
3. We print the descriptions of men who rape, hassle and assault women so that rape will become a public issue, so that these men will lose their anonymity, and so women can be warned of some particular men.
4. Confrontations of rapists, etc. by women (or women and men). The message we want to present to men is that we know who they are and what they did, that they are responsible for their actions, and that they have the responsibility to change. We try to offer follow up re-education by anti-sexist men. Although we think that each individual confrontation is important, we hope that each one will have the more widespread effect of encouraging people to force men to stop violent and sexist behavior. This means that people have to deal with the men close to them—their family, friends, etc., as well as with strangers who hassle women.

Confrontations can be good for women who've been raped or hassled because they allow her to be active and powerful in a situation it is safe for her to be so. She can make the decisions about how a confrontation will take place and what she'd like to say. We can help her get together a group of women who will be supportive to her during this process. This is very different from reporting a rape to the police where the woman's role is a passive one (as a witness for the state) and where others make decisions about her case for her. (Contact us for more information about confrontations.)

continued on page 10

june 1977/off our backs/page 9

Primeira página da "Carta ao Movimento Antiestupro", por Women Against Rape de Santa Cruz, publicada por Off Our Backs *em 1977.*

lideraram em resposta ao assédio sexual e aos maus-tratos legais causados a Anita Hill por Clarence Thomas, futuro juiz da Suprema Corte dos Estados Unidos. A African American Women in Defense of Ourselves (AAWIDO) [Mulheres Afro-americanas em Defesa de Si Mesmas] foi fundada em 1991 depois que 1600 mulheres negras e aliados assinaram uma carta que saiu no *New York Times* expressando "O ultrajante tratamento racista e sexista dado à professora Anita Hill" e que "a difamação maliciosa da professora Hill insultou todas as mulheres descendentes de africanos e enviou uma mensagem perigosa a qualquer mulher que possa contemplar uma reclamação de assédio sexual". A Sisters Testify é um dos vários projetos que tentam descrever por completo a genealogia do feminismo abolicionista ao manter viva a história da AAWIDO. Esses apagamentos continuam: Alyssa Milano, uma atriz branca, foi inicialmente creditada pela criação do #MeToo ao enfatizar as dimensões pandêmicas da violência sexual em 2017, ainda que a feminista negra Tarana Burke tenha usado a hashtag #MeToo pela primeira vez em 2006. Muitas imagens contemporâneas associadas aos movimentos #MeToo, Time's Up e iniciativas Title IX* nos campi escolares são ainda esmagadoramente brancas, refletindo as respostas institucionalizadas à violência sexual que estão alinhadas ao feminismo carcerário.

Nesse contexto, podemos nos perguntar por que o importante trabalho contra o estupro e a violência sexual no movimento pela liberdade negra do Sul dos Estados Unidos foi tão marginalizado que somente depois de muitos anos de pesquisa e ativismo reconhecemos, por exemplo, Rosa Parks como precursora de ativistas antiestupro no fim dos anos 1960. Rosa Parks, Esther Coo-

---

* Title IX of the Education Amendments of 1972 [9º Título das Emendas à Educação de 1972] é uma lei federal de direitos civis que proíbe discriminação sexual em instituições educacionais que recebem recursos federais.

per Jackson, Anne Braden e outros relacionaram estratégias antiestupro a campanhas contra o uso racista da acusação de estupro nos casos de Scottsboro Nine (1931-1937), Recy Taylor (1944) e o assassinato de Emmett Till em 1955, que foi acusado de fazer comentários sexuais a uma mulher branca. Como foi observado por muitos acadêmicos e ativistas, a luta para defender os homens negros das acusações de estupro estava diretamente ligada à defesa das mulheres negras que eram alvo de estupro: o estupro e a manipulação racista da acusação de estupro estavam fundamentalmente conectados.[11] Muito do trabalho inicial do feminismo negro e das mulheres radicais do feminismo de cor consistiu em tentativas de corrigir o registro histórico — apontando que as mulheres brancas não foram as únicas mulheres que desafiaram a misoginia e o patriarcado e que as mulheres de cor engajaram-se nesses desafios mais complexos através de caminhos interseccionais.

Se reconhecermos a história do apelo contemporâneo para o feminismo abolicionista levantado pela carta aberta "The Moment of Truth" (e esforços ativistas de grupos como Love & Protect, API--Chi e Just Practice), história essa que pode ser rastreada até as tentativas de abolicionistas no século xix de vincular estratégias antiescravistas ao sufrágio feminino e a outros projetos feministas, então uma genealogia crítica do feminismo abolicionista não pode excluir a linhagem que procede do importante trabalho contra a violência de gênero vinculado a movimentos contra a repressão racista durante a Era McCarthy. Por esse trabalho ter sido sujeito a apagamento ou deturpação, apenas recentemente os estudiosos conduziram a pesquisa que tornou visíveis contribuições importantes das principais precursoras do feminismo negro durante os anos 1940 e 1950. Muitas vezes começamos na história do feminismo negro do século xx (e da interseccionalidade como metodologia feminista) com o panfleto germinal de Fran Beal de 1969, "Double Jeopardy: To Be Black and Female" [Dupla penalização: Ser negra e mulher], que foi republicado em 1970 na antologia de Toni Cade Bambara, *The Black Woman*, bem como na coleção *Sisterhood Is Powerful*, editada por Robin Morgan em 1970. No entanto, mais de vinte anos antes de "Double Jeopardy", Claudia Jones, comunista de Trinidad, escreveu um extenso artigo intitulado "An End to the Neglect of the Problems of the Negro Woman!" [Um fim para a negligência dos problemas da mulher negra], no qual argumentava que as mulheres negras estavam sujeitas à "superexploração".[12] Além disso, ela insistiu que a função de empregada doméstica para a qual a maioria das mulheres negras foi relegada durante as décadas após a escravidão estava associada aos próprios perigos que as mulheres negras experimentaram *durante* a escravidão: estupro, abuso sexual e assédio de forma mais ampla. Claudia Jones entendeu claramente a natureza estrutural da violência sexual.

Se o uso do termo "superexploração" por Claudia Jones aponta para uma compreensão implícita tanto do capitalismo racial quanto do impacto do patriarcado, esse artigo de crítica marxista da economia política foi abraçado por uma comunidade maior de ativistas negras radicais, que também compreenderam as implicações da função primária aberta às mulheres negras. Esther Cooper Jackson, uma figura importante no Congresso da Juventude Negra do Sul, na década de 1940, e editora e fundadora do jornal *Freedomways*, escreveu sua tese de mestrado em 1940, *The Negro Domestic Worker in Relation to Trade Unionism* [A trabalhadora doméstica negra em relação ao sindicalismo].[13] Muito antes de Ella Baker emergir como figura importante no movimento de libertação negra de meados do século XX, Esther era articuladora da NAACP,* e em 1935 ela e Marvel Cooke escreveram um artigo pa-

---

* Fundada em 1909, é a primeira e maior organização popular dos Estados Unidos contra o racismo. A sigla se refere ao seu antigo nome, National Association

ra a revista da NAACP, *The Crisis*, intitulado "The Bronx Slave Market" [O mercado de escravizados do Bronx].[14] Os encontros de mulheres negras nas esquinas das cidades em busca de trabalho como domésticas eram conhecidos como "mercados de escravizados", não apenas por causa dos salários extremamente baixos, mas também porque as condições de trabalho se assemelhavam mais à escravidão do que ao trabalho assalariado. Apesar das descrições eufemísticas sobre abuso sexual, todos esses ativistas estavam claramente cientes do assédio e da violência sexual como um risco rotineiro dessa ocupação. Em uma entrevista citada no artigo de Baker e Cooke, uma mulher afirmou que deixou o emprego não apenas por causa do trabalho enfadonho, mas também porque um dos filhos adultos da família tinha a chamada "mão-boba". Como Esther Cooper Jackson, Baker e Cooke também enfatizaram a importância da articulação de sindicatos de trabalhadoras domésticas.

Apesar do branqueamento da história da antiviolência se articulando ao longo das décadas e da tendência de ignorar o racismo dentro do movimento antiviolência em diferentes momentos, as mulheres de cor continuaram a se organizar contra a violência sexual e de gênero. Por exemplo, em 1980, na I Conferência Nacional sobre Mulheres do Terceiro Mundo e Violência, em Washington, liderada por feministas abolicionistas precoces como Loretta Ross e Nkenge Toure, grupos como o San Francisco Women Against Rape [Mulheres de San Francisco contra o Estupro], o New York Asian Women's Center [Centro de Mulheres Asiáticas de Nova York], o National Black Feminist Organization [Organização Nacional Feminista Negra] e a Women of Color Caucus of

---

for Advancement of Colored People [Associação Nacional para o Progresso de Pessoas de Cor]. Como o termo "colored" caiu em desuso por seu caráter pejorativo, a organização passou a usar apenas as iniciais do antigo nome.

the National Coalition Against Domestic Violence [Convenção Política de Mulheres de Cor da Coalizão Nacional contra a Violência Doméstica] estavam começando a definir seu lugar de direito no cenário da articulação antiviolência. Essas redes se basearam na articulação de grupos como o Women of All Red Nations [Mulheres de Todas as Nações Vermelhas], que, em 1974, começou a abordar uma série de questões centrais para a vida das mulheres indígenas, mas não se limitando à violência interpessoal. As ações dessas organizações foram dinâmicas, políticas e culturais, expansivas e ambiciosas — fundamentalmente abolicionistas — e muitas vezes centradas em um feminismo transnacional e pós-colonial. Organizações literárias e artísticas divulgaram a análise política dos feminismos das mulheres de cor. A *Kitchen Table Press* publicou antologias importantes como *This Bridge Called My Back*, de Cherríe Moraga e Gloria Anzaldúa, e *Home Girls*, de Barbara Smith. O conjunto musical Sweet Honey in the Rock, liderado por Bernice Johnson Reagon, uma das cantoras originais do comitê estudantil de coordenação não violenta Freedom Singers, forneceu uma base musical para a articulação do movimento. O clima dessa era, cheio de esperança, salpicado de alegria, foi fundamental para o tipo de organização que a INCITE! aspirava ser: aquela que não estava envolvida na angústia de reformar organizações dominantes. Em vez disso, esse exemplo de feminismo abolicionista em ação consistia em uma rede de ativistas unidas por uma visão de como o mundo poderia ser e fundamentadas em uma história compartilhada de articulações precocemente justas. Depois de anos se sentindo desanimadas e traídas pelo ativismo antiviolência dominante, as membras fundadoras (e aquelas que agora trabalham ao seu lado) desejaram retornar a esses vibrantes momentos do passado, quando o trabalho antiviolência radical abraçava a celebração de nossos relacionamentos e realizações e era impulsionado pela paixão pela justiça. O compromisso de construir esse legado — trabalhar pela liberdade em vez de apenas contra o perigo e o desespero — foi um elemento importante da articulação feminista abolicionista.

Dentro dessas coalizões, mulheres atualmente e anteriormente encarceradas, muitas das quais eram sobreviventes da violência de gênero, se mobilizaram para redefinir a segurança e começaram a lutar cada vez mais pelo abolicionismo.[15] Em 1985, a primeira audiência pública sobre mulheres agredidas e o sistema jurídico-criminal foi realizada na Instituição Correcional de Bedford Hills, uma prisão feminina de segurança máxima em Nova York, onde mulheres encarceradas enfatizavam o vínculo entre a criminalização e a violência de gênero.[16] Articulados por mulheres encarceradas e seus defensores antiviolência do lado de fora, os doze depoimentos estabeleceram firmemente a violência de gênero como meio de prisão de mulheres. Essas audiências iluminaram as formas profundas e persistentes pelas quais as violências de gênero, incluindo a violência praticada pelo parceiro e a violência do Estado, se cruzaram e contribuíram para as taxas de encarceramento de mulheres e das pessoas que as feriram. Consistentemente, mulheres encarceradas (que não são citadas no relatório por razões de segurança) testemunharam que a polícia não ofereceu soluções: "Achei que estavam dando consentimento a meu marido para voltar e me espancar mais um pouco depois que saíssem, e ele o fez". Esses testemunhos levaram, infelizmente, a um conjunto de recomendações no relatório final que, na verdade, aumentou a resposta jurídico-criminal à violência de gênero — mais treinamento policial, penas mais severas — em parte porque ignorou o contexto da violência do Estado. Ou seja, embora o relatório tentasse centralizar a experiência e a análise de sobreviventes criminalizados, seu limitado quadro analítico é um exemplo de por que o feminismo abolicionista é tão importante.

Centrando a experiência e as análises das pessoas nas prisões e a ligação entre as violências estatal e interpessoal, essa articulação em Bedford se baseou em trabalhos anteriores, incluindo campanhas de autodefesa e articulação de liberdade para mulheres encarceradas, como o movimento Free Joan Little de 1974, e o surgimento de grupos como o Aid to Incarcerated Mothers e o Prison MATCH (Prison Mothers and Their Children), na década de 1970, e outras convenções, como a Action Conference of Women Against Repression and Prison [Conferência de Ação de mulheres contra a repressão e a prisão], de 1977, que reuniu 120 participantes, cuja maioria era de mulheres anteriormente encarceradas e outras que foram representantes de articulações da justiça prisional.[17] Esse trabalho semeou o solo para o surgimento de uma ampla gama de grupos liderados por pessoas atualmente ou anteriormente encarceradas, incluindo a National Network for Women in Prison; a Justice Now!; a Chicago Legal Advocacy to Incarcerated Mothers; a Women's Prison Association; e posteriormente o California Coalition for Women in Prison; a Women on the Rise Telling Her Story; o Transgender, Gender Variant and Intersex Justice Project e a Moms United Against Violence and Incarceration. Recentemente, redes cresceram centrando-se tanto numa estrutura abolicionista quanto na experiência de sobreviventes criminalizados, incluindo a Black & Pink, a Survived & Punished e o Sylvia Rivera Law Project.[18] Abolindo cada vez mais o feminismo na prática e na orientação, a maioria desses grupos liderados por sobreviventes continua a trabalhar dentro e fora de prisões e cadeias para centrar a justiça racial, interpretar a carceralidade de forma ampla (incluindo a violência inerente ao serviço social e agências de bem-estar infantil) e desafiar o capitalismo racial e as falsas soluções do complexo industrial prisional.[19]

Cartaz reproduzindo o INCITE!*-Critical Resistance Statement on Gender Violence & The Prison Industrial Complex de 2001 (ver o texto completo nos apêndices).*

COOPTAÇÃO CARCERÁRIA E FEMINISMO CARCERÁRIO

Apesar de anos de trabalho implacável, na década de 1990 o abismo entre as perspectivas abolicionistas e os estudos de gênero estava aumentando, e muitos sobreviventes estavam caindo no perigoso espaço entre os dois movimentos. A linguagem e a análise das ativistas radicais também estavam sendo cooptadas e absorvidas pela articulação dominante, assim como mudanças jurídicas e legislativas, políticas locais pró-detenção avançadas e respostas policiais obrigatórias. Distraídas por uma falsa sensação de sucesso e pela percepção do apoio político dominante, as principais organizações antiviolência foram cada vez mais apoiadas por recursos do Estado, focadas na coleta de dados e modelos de prestação de serviço, e articuladas e profissionalizadas de acordo com uma hierarquia dominada por brancos. Os serviços de acolhimento começaram a espelhar outros programas de intervenção neoliberal que povoavam a paisagem de uma crescente indústria de serviços sociais. Beth Richie e Kayla Martensen descrevem mais tarde a maneira como "os serviços se transformam em segurança".[20] A ênfase desses programas era no atendimento individual em vez de nas causas profundas da violência, na reforma dos sistemas em vez de criar alternativas e em proporcionar uma pausa de curto prazo para as pessoas que foram prejudicadas em vez de produzir mudanças estruturais de longo prazo. Esse grupo de organizações, desde as principais organizações antiviolência até "instituições de caridade" que fornecem acesso a alimentos ou moradia, é agora cada vez mais referido como parte de um complexo industrial sem fins lucrativos.[21]

Mimi Kim e outros ativistas acadêmicos documentaram como as atividades de autoajuda que inicialmente caracterizaram o movimento antiviolência do início dos anos 1970 foram cooptadas à medida que ativistas se tornaram mais engajados no trabalho de sistemas de defesa e na construção de coalizões com atores estatais autorizados a controlar o "crime".[22] Conforme o trabalho evoluía e assumia um tom mais conservador, questões de injustiça racial, exploração sexual, violência estatal perniciosa e a análise de formas vinculadas de opressão tornaram-se incompatíveis com uma conceituação emergente de violência de gênero que se baseava exclusivamente no essencialismo de gênero.[23] Nesse contexto, uma vítima legítima de violência sexual e de gênero não poderia ser uma profissional do sexo, uma pessoa queer, uma mulher de cor, e certamente não poderia ser uma pessoa encarcerada. Essa conceituação foi baseada em falsos pressupostos de solidariedade e numa uniformidade de experiências de violência. E o mais importante, rejeitou as preocupações sobre a injustiça como a raiz do problema, levando, em vez disso, a uma análise carcerária excessivamente simplista que promoveu o policiamento e as prisões como solução.

A seu favor, esse trabalho predominante e altamente visível contra a violência de gênero estabeleceu firmemente que as relações íntimas são espaços de sérios danos para as mulheres. Aqueles com acesso ao sistema de desenvolvimento receberam algum alívio da tirania do abuso: mais de 25% de todas as mulheres heterossexuais cisgênero relatam ter sido feridas por alguém com quem têm ou tiveram um relacionamento, que pode incluir um marido, um parceiro sexual com quem não moram ou um ex-parceiro afetivo.[24] As principais pesquisadoras e articuladoras do tema reuniram e disponibilizaram esses dados, e, embora tenha sido uma conquista importante e transformadora, eles eram assimétricos e incompletos: por exemplo, questões mais complexas sobre socialização de gênero e heteropatriarcado — os sistemas e as comunidades que legitimam a violência sexual e de gênero — e respostas a alternativas que não dependem do Estado punitivo permaneceram inexploradas e, portanto, invisíveis.

A coleta e a disseminação de dados estatísticos descreveram o problema em termos quantitativos, o que repercutiu no público e nos formuladores de políticas, mas não revelou a extensão total dos danos nem as raízes da violência de gênero. O abuso crônico por um parceiro íntimo é profundamente agravado por degradação emocional, isolamento social, dependência econômica e sensação de vergonha e alienação do próprio corpo e espírito que normalmente acompanham o abuso físico e sexual. Para pessoas sem documentos, com deficiência, usuárias de substâncias ilegais, financeiramente inseguras, queer, mais velhas ou afetadas pelo sistema jurídico-criminal, a vulnerabilidade à violência de gênero pode ser ainda mais profunda. Pessoas de cor, aqueles sem moradia segura, mulheres que são responsáveis por cuidar de outros e jovens queer que trocam sexo por dinheiro, por exemplo, correm um risco elevado de consequências adversas de abuso e ainda permanecem apagados no movimento dominante. O resultado é que esses grupos ficam excepcionalmente vulneráveis a danos crescentes de relacionamentos *e* do Estado.

A Violence Against Women Act (VAWA)* situou-se nesse panorama de organizações antiviolência convencionais que têm o reconhecimento do Estado e definem a violência sexual e de gênero de forma restrita. A recepção não foi surpreendente para a maioria. É claro que o Estado deveria "proteger as mulheres", mas poucos questionaram as estruturas carcerárias concomitantes que surgiram e se aprofundaram. A VAWA foi a faceta mais visível do que Mimi Kim chama de "verme carcerário" dos anos 1990. Como parte do Violent Crime Control and Law Enforcement Act (VCCLEA),** mais conhecido como Crime Bill de 1994, a VAWA reforçou esse enquadramento errôneo da violência de gênero ao exigir uma solução da Justiça Criminal.[25] A VCCLEA foi aprovada com amplo apoio bipartidário e canalizou o dinheiro dos impostos para o policiamento e para a expansão carcerária. A VAWA levou a um influxo de financiamento público e privado e solidificou o controle do Estado sobre as respostas à violência de gênero. Mari Matsuda falou imediatamente após a aprovação da Crime Bill de 1994 como uma das poucas críticas públicas da VAWA. Particularmente preocupada com a proliferação de crimes federais de pena de morte incluídos na VCCLEA, Matsuda escreveu na *Ms. Magazine* em 1994: "O desafio para as feministas é lutar contra o modelo patriarcal que gera racismo, brutalidade policial, corrupção e um sistema de valores que põe a propriedade antes das pessoas".[26] Vinte anos de-

---

* Lei federal dos Estados Unidos com o objetivo de expandir as ferramentas jurídicas de combate à violência contra mulheres e promover a proteção daquelas que sofreram abusos violentos. Foi sancionada em 1994 pelo então presidente Bill Clinton.

** É a maior lei criminal da história dos Estados Unidos. Em 356 páginas, prevê ações como a contratação de 100 mil novos policiais e o investimento de 9,7 bilhões de dólares (valores da época) no sistema prisional.

pois, Mimi Kim mencionou Matsuda, destacando "o silêncio assustador das feministas aparentemente dispostas a abafar quaisquer dúvidas sobre a colaboração com o sistema jurídico-criminal sob o estrondo de aplausos de autocongratulação".[27]

Apesar do clamor de mulheres de cor, lésbicas, sobreviventes de violência, ativistas e articuladores comunitários, a federalização da resposta por meio da aprovação da VAWA criou estruturas burocráticas impermeáveis nos níveis local, estadual e nacional e um impulso para a profissionalização que cooptou completamente um movimento outrora radical por segurança e justiça.

Como Kim o descreve, "As primeiras vitórias do movimento social contra um sistema jurídico-criminal originalmente insensível evoluíram para relacionamentos colaborativos que alteraram a autonomia e a constituição das articulações iniciais do movimento social".[28] Considere a simultaneidade da aceleração de outras políticas e sistemas que pretendiam abordar a violência sexual e de gênero, como relatórios obrigatórios e a criação de registros sobre os agressores sexuais, programas de acolhimento para profissionais do sexo, legislação estatutária de estupro e violência doméstica e outros tribunais. Ao implantar artimanhas retóricas sobre a vulnerabilidade generalizada de (em particular) mulheres e crianças, o risco onipresente para os indivíduos (em vez da violência estrutural) e a capacidade do Estado de oferecer segurança benevolente (paternalista), o movimento antiviolência aceitou de forma acrítica a carceralidade como solução para o que as ativistas de cor havia muito argumentavam ser um problema de justiça social pelo qual o Estado era parcialmente culpado. Se a violência estatal e a violência de gênero são indissociáveis, a explosão correspondente de "soluções" carcerárias aumentou o dano e criou circunstâncias mais perigosas para sobreviventes de violência. É aqui, quando as respostas conservadoras à violência de gênero foram absorvidas pela retórica popular da carceralidade e da concomitante construção de uma nação prisional, que mais claramente vemos a trajetória de um movimento que segue em direção ao que veio a ser chamado de feminismo carcerário em oposição política direta ao feminismo abolicionista.[29]

Feminismo carcerário refere-se a uma dependência excessiva de abordagens carcerárias para resolver o problema da violência de gênero, apesar dos estudos que estabelecem claramente que o regime carcerário prejudica os negros, outras pessoas de cor e demais grupos marginalizados. Afirmando que o sistema jurídico-criminal tem potencial e obrigação de "proteger as vítimas de violência", o feminismo carcerário autoriza o Estado a usar as leis e as forças de segurança para exercer legitimamente o poder: o Estado julga e controla os comportamentos considerados "ruins", definindo como "ruins" aqueles que se envolvem em atos criminosos. Essa estrutura assume que a opressão de gênero é uma experiência comum, principalmente um problema individual de homens cisgênero que praticam violência contra mulheres cisgênero, e que o Estado deve intervir aumentando o policiamento, fazendo mudanças legislativas, criando novas leis e políticas prisionais, processando mais pessoas, aumentando o aprisionamento e implementando outras estratégias carcerárias. O resultado não é segurança ou justiça, mas maior criminalização dos grupos marginalizados.

Enfatizamos a simultaneidade da evolução da consciência abolicionista radical e as tendências convencionais no trabalho de violência de gênero: as críticas ao encarceramento se tornaram predominantes assim como as críticas às respostas convencionais à violência de gênero. Um público mais amplo se familiarizou com o encarceramento em massa e a agressão sexual, física e verbal, por causa de muitas décadas de articulação persistente e muitas vezes não reconhecida em ambas as áreas. A violência de gênero passou a ser reconhecida como a forma de violência mais pandêmica do mundo, mas também foi entendida em termos individualistas descontextualizados. Como a atenção é muitas vezes focada em perpetradores individuais, como se eles próprios fossem o início e o fim dessas violências, os fundamentos estruturais e institucionais da agressão sexual e de outras formas de violência de gênero são negligenciados. Este é um exemplo infeliz do fracasso de aprender com as lutas contra o racismo: permanecer no nível do indivíduo obrigará à repetição interminável de procedimentos jurídicos e afins em esforços baseados na impossibilidade de purgar nossas sociedades desses danos. Dessa forma, a dependência perpétua de estruturas de policiamento foi garantida.

INTERVENÇÕES CRÍTICAS

Mulheres de cor ativistas feministas passaram anos tentando romper padrões na individualização da violência e o investimento resultante no sistema jurídico-criminal. Em torno da virada do milênio, uma série de reuniões produziu muitos documentos de posicionamento e declarações prevendo o impacto deletério que o excesso de confiança no sistema jurídico-criminal teria no trabalho contra a violência de gênero. Um exemplo digno de nota é o artigo de Anannya Bhattacharjee, de 2001, intitulado "Whose Safety? Women of Color and the Violence of Law Enforcement" [Segurança de quem? Mulheres de cor e a violência da forças de manutenção da lei] e publicado pelo American Friends Service Committee.[30] Como um dos primeiros desafios *diretos* à dependência excessiva do Estado punitivo no novo milênio, "Whose Safety?" considerou os direitos humanos, a justiça reprodutiva e ambiental a partir de uma estrutura antiviolência de gênero de forma feminista abolicionista. Bhattacharjee pergunta provocativamente: "O que significa, na prática, combater a violência contra mulhe-

Button distribuído em 2019 pelo Nia Project, baseado numa citação de Mariame Kaba.

res ao mesmo tempo que se aborda a violência estrutural enfrentada pela grande comunidade?". Ou, como formulamos a questão hoje, como reconhecer o caráter estrutural da violência de gênero em sua intersecção com as violências geradas pelo racismo e pelo capitalismo.

É claro que a própria colocação dessas questões se baseia em gerações de trabalhos anteriores, como o de Anne Braden, uma articuladora comunitária antirracista e branca, no século passado, e, na virada do século XX, a ativista antilinchamento Ida B. Wells, que desafiou os esforços carcerários fracassados do Estado que pretendiam "proteger" as mulheres (especialmente mulheres brancas).[31] Intelectuais feministas negras e ativistas comunitárias têm tentado implacavelmente articular a violência de gênero com o racismo antinegro. Como a própria história dos Estados Unidos procede da nociva inter-relação do colonialismo e da escravidão, o racismo antinegro e a violência racista direcionada contra indígenas sempre envolveram sistemas mutuamente conectados. Assim como as ativistas acadêmicas indígenas têm pontuado que violência sexual era uma ferramenta indispensável da violência colonial, as feministas negras exploraram dinâmicas similares sob a escravidão — e essas percepções envolvem ainda mais o reconhecimento do emaranhado de histórias entre o imperialismo e a violência de gênero/sexual. Em resumo, qualquer tentativa de teorizar a violência direcionada às mulheres e às pessoas não binárias deve ir além da abordagem da violência interpessoal a fim de acabar com as formas de violência do Estado. Portanto, projetos empreendidos por muitas organizações feministas de cor têm argumentado, por um lado, que a opressão de gênero é central para a compreensão da violência racista e que, por outro, a supremacia branca é central para compreender a violência de gênero. Render-se a um feminismo carcerário que convoca o Estado a "proteger" as mulheres da violência de gênero replicaria as mesmas condições que precisariam ser desafiadas.

Embora *feminismo carcerário* seja um termo relativamente novo, a guinada estatal que ele descreve não é nada nova. Essa é precisamente uma das razões por que mulheres de cor têm sido historicamente hesitantes em se identificarem com o feminismo. O dano que é produzido e reproduzido por meio desses ciclos intermináveis de reforma continua à medida que os principais líderes antiviolência abordam de modo obstinado a violência de gênero de forma isolada, desconectam-se de outras formas de injustiça e rejeitam a atenção ao racismo e a outras formas de violência do Estado. Ao apontar tentativas de reforma que inevitavelmente falham, o feminismo abolicionista desafia a conceituação ideológica de segurança e proteção como alcançáveis por meio da autoridade punitiva do Estado. Portanto, cria novos territórios de luta: para o acesso a recursos visando ao desenvolvimento comunitário, ajuda mútua ou cura, além de criar novos espaços analíticos e materiais necessários para imaginar e experimentar formas mais autênticas de segurança. Políticas carcerárias se infiltram em instituições e práticas sem nenhuma análise racional de eficácia e, assim, produzem vários espaços e abertura para engajamentos feministas abolicionistas que estão *realmente focados em acabar com a violência de gênero, em todas as suas formas.*[32] No entanto, à medida que crescem os compromissos com o feminismo abolicionista, as questões sobre os contornos da reforma persistem. Na verdade, "a liberdade é uma luta constante" e devemos ser pacientes conosco e ter grandes expectativas em relação ao nosso trabalho.[33] Fazer isso nos permite lembrar de abraçar a experimentação e a complexidade e praticar o otimismo e a esperança à medida que aumentamos nossas articulações e práxis feministas abolicionistas.

Essas reconceitualizações de segurança requerem o entendimento de que o pretexto para acabar com a violência de gênero permite ao Estado determinar a natureza do problema, decidir sobre soluções "razoáveis" e categorizar as pessoas como merecedoras de ser livres de injúrias ou não. Essas são as mesmas táticas que as pessoas que causam danos nos relacionamentos íntimos usam: autoridade arbitrária, atribuição de culpa para justificar a punição e expulsão daqueles que são questionáveis, ameaçadores ou obsoletos. Monica Cosby, uma feminista abolicionista de Chicago, argumenta veementemente que a prisão é quase literalmente uma forma de violência de gênero. Em ambos os casos, o dano resulta do uso arbitrário da autoridade, do abuso de poder com impunidade, do controle absoluto de corpo, mente e espírito dos sobreviventes, bem como da forma que o impacto da violência de gênero e da prisão é ignorado ou minimizado. As pessoas que sofrem de ambas são culpadas por sua condição, e a revitimização é comum. O sistema jurídico-criminal mascara tão profundamente o dano que produz que, mesmo quando as pessoas não são ajudadas pelo sistema, ele nunca é responsabilizado por suas falhas e, em vez disso, o indivíduo é o culpado. Cosby argumenta ainda que as prisões causam a morte social das mulheres encarceradas, desumanizando-as, privando-as de seus direitos e tornando-as invisíveis atrás de arame farpado e paredes de tijolos. Em um debate em 2020, "Prison Is Abuse" [Prisão é abuso], Cosby compartilhou uma imagem poderosa, que foi amplamente divulgada entre articuladoras antiviolência para refletir a análise feminista abolicionista sobre violência de gênero, a Intimate Partner Violence and State Violence Power and Control Wheel [Roda do poder e controle: Violência entre parceiros íntimos e violência estatal], que ela criou enquanto estava presa. Cosby ilustrou a conexão entre a violência interpessoal e a violência do Estado descrevendo a extorsão ou invasão à cela de uma pessoa onde bens pessoais são destruídos, o que cristalizou sua análise sobre essa relação:

> Se há alguém aí que nunca esteve na prisão, mas entende de relações violentas, é a mesma coisa. Só porque ele (o guarda) foi insultado, ele nos retaliou, e eu acabei na solitária (reclusão). Então tive um estalo. E acho que aquilo já estava na minha cabeça havia tempo, que o que acontecia comigo dentro (da prisão) era o que acontece em relacionamentos violentos.

Cosby descreveu como suas primeiras experiências de abuso e encarceramento pareceram iguais para ela: os prisioneiros são forçados a ceder às regras e aos regulamentos das prisões para que não sejam punidos com violência, assim como os sobreviventes de violência, como afirmou, "se encontram à mercê de seu parceiro abusivo".

A percepção de Cosby foi precedida por uma análise similar da violência estatal que emergiu no trabalho da Sisters Inside, uma organização em Queensland, Austrália, para mulheres atualmente e anteriormente encarceradas. A Sisters Inside centra-se em mulheres com experiências vívidas de aprisionamento para produzir entendimentos mais complexos sobre violência interpessoal e estatal, bem como concepções mais amplas de feminismo que enquadram gênero, raça, sexualidade e habilidade como interagindo reciprocamente. Em 2001, a Sisters Inside desenvolveu uma

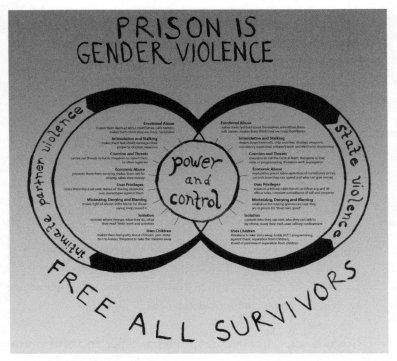

Intimate Partner Violence and State Violence Power and Control Wheel, de Monica Cosby, ilustrado por Sarah Ross (*ver o texto completo nos apêndices*).

campanha importante e inventiva contra o que elas chamaram de agressão sexual do Estado. Essa campanha ("Stop State Sexual Assault!") representou o Estado como um agente de violência sexual, especialmente quando se tratava de revistas invasivas, mas rotineiras, e revistas íntimas, e baseou-se em uma teorização da violência de gênero que vinculou a violência individual à institucional, e a violência íntima à estatal. Mulheres atualmente e anteriormente encarceradas apontaram que o abuso físico e sexual de parceiros e outros indivíduos não era diferente do abuso por trás dos muros. Essa campanha feminista abolicionista e sua estrutura internacionalista reconceituaram a relação entre a violência do Estado e a violência sexual individualizada. A Sisters Inside também reconhece a violência contínua da colonização, e como isso desafia o complexo industrial prisional, trabalhando para a autodeterminação aborígine. Essa reformulação da segurança com a estrutura decolonial é um importante exemplo das visões articuladoras do feminismo abolicionista.

MOVIMENTOS CONTÍNUOS, TENSÕES FAMILIARES

Levantes contemporâneos trouxeram à tona tensões familiares: apelos urgentes articulados para cortar recursos da polícia encontram resistência cautelosa de defensores que expressam preocupação por "mulheres que foram abusadas sexualmente" ou "pessoas que precisam de proteção contra parceiros abusivos" e requerem intervenção emergencial. Apesar do cenário vibrante das articulações feministas abolicionistas e das poderosas intervenções de declarações ao longo de décadas como a carta aberta "The Moment of Truth" e a da INCITE! e da Critical Resistance, o momento político atual ecoa um pesadelo carcerário anterior de quando ativistas contra a violência de gênero reinvestiram na lei e na ordem política. Os levantes contra a violência policial que aconteceram durante a primavera e o verão de 2021* criaram oportunidade para organizações feministas antiviolência resistirem, se articularem e tornarem visível a violência do Estado, mas também criaram oportunidade para consolidar e aprofundar as formas existentes de poder do Estado.

---

* Nos Estados Unidos, a primavera ocorre entre março e junho e o verão, entre junho e agosto.

Cada nova repetição de leis federais e estaduais concebidas aparentemente para "proteger" mulheres e meninas vulneráveis também representa concessões potenciais às respostas carcerárias, definindo a estrutura carcerária como inevitável.[34] Da mesma forma que as lutas pela responsabilização do Estado por um "policial assassino" podem desviar a atenção da violência onipresente do policiamento, as preocupações sobre o que fazer com o estuprador em série ou com o agressor doméstico de longa data são apresentadas como uma forma de verificar se há abolicionistas excessivamente otimistas e para ilustrar sua rejeição à violência de gênero. É claro que essas não são situações políticas novas: as tensões contemporâneas entre aqueles que trabalham para libertar vidas negras e aqueles comprometidos com a justiça de gênero ecoam as dinâmicas anteriores.

A repetição atual dessa tensão familiar sobre demandas para se afastar de soluções carcerárias ignora a importante evidência de que o policiamento e a punição não reduzem as taxas gerais de violência de gênero nem mesmo podem fornecer algum alívio de curto prazo para uma crise. Essa crítica da demanda para cortar ou desviar recursos das forças de segurança pressupõe que a instituição do policiamento tenha capacidade e vontade para resolver a violência de gênero. No nível mais básico, os defensores das reformas carcerárias sugerem que as abordagens abolicionistas são "antivítimas", ignorando a realidade de que a polícia é *treinada* para usar a força em vez de prevenir ou abordar as causas profundas da violência, e talvez por isso os policiais sejam mais suscetíveis a apresentar comportamento violento com suas parceiras do que outros grupos.[35]

Além disso, o alívio de curto prazo associado à prisão e à punição pelo Estado nem sempre (ou mesmo normalmente) é o que os sobreviventes de violência desejam; isso não os envolve na tomada de decisões sobre o que precisam e raramente restaura o que perderam. Pouco menos da metade de todos os incidentes de violência praticada pelo parceiro íntimo é denunciada à polícia; há ainda menos agressões sexuais reportadas. Negras, indígenas e outras mulheres de cor, pessoas trans ou em relacionamentos queer, mulheres imigrantes, pessoas com deficiência e crianças — aquelas que provavelmente correm maior risco de violência íntima, que parte de estranhos, do serviço de proteção à criança, policial e prisional — são ainda menos propensas a buscar assistência do Estado punitivo. Como Leigh Goodmark, professora de direito da Universidade de Maryland (que nomeou seu perfil no Twitter em 2021 como "Recovering Carceral Feminist: Ask Me How!" [Recuperar o feminismo carcerário: Pergunte-me como!]) e principal defensora da descriminalização da violência de gênero, argumenta: "Agora sabemos que não funciona. Temos os dados que mostram que o envolvimento do sistema jurídico-criminal não impede a violência do parceiro íntimo, não diminui os índices de violência do parceiro íntimo nem torna a violência menos grave".[36]

O feminismo abolicionista nos ensina que a violência de gênero é uma questão social complexa com profundas raízes culturais e foi incorporada pela corrente dominante ao mais amplo projeto carcerário. Recorrer a agências de punição e táticas de controle social não protegerá as mulheres e outras pessoas prejudicadas pela violência de gênero. Os sobreviventes dessa violência teriam muito mais probabilidade de se beneficiar se os mais de 8 bilhões de dólares gastos no VAWA entre 1995 e 2018 apoiassem serviços gratuitos e subsidiados, como moradia permanente e segura, educação, cuidados de saúde física e mental, creches de alta qualidade, treinamento profissional e geração de empregos, além de ativos coletivos e ambientais, como serviços no bairro que promovam saúde e bem-estar, parques seguros, opções de alimentação saudável, ativismo cultural e artístico e projetos de ajuda mútua.[37]

Retrato de Eisha Love, que foi presa por se defender e passou quase quatro anos na cadeia, porque não tinha como pagar a fiança, por Micah Bazant.

Mesmo que a reação ao pedido de corte de recursos da polícia implante a violência de gênero com uma cortina de fumaça, o engajamento feminista abolicionista com os danos de gênero — muitas vezes se desdobrando em um registro diferente e em um calendário diferente — continua a alterar o cenário. Por exemplo, articulações feministas queer negras trabalham para criar formas de segurança no cotidiano fora do policiamento. Tanto a iniciativa Safe Outside the System [Segura Fora do Sistema], do Audre Lorde Project, como a campanha She Safe, We Safe [Ela Está Segura, Nós Estamos Seguros], do Black Youth Project 100, que visa "mudar a cultura e estabelecer novas maneiras de manter uns aos outros seguros dentro de nossas comunidades E trabalhar para lutar contra a violência do Estado, particularmente a violência patriarcal da polícia".[38] A rede Survived & Punished apoia mulheres que foram criminalizadas por se libertarem dos efeitos colaterais do encarceramento, parcialmente através da educação da comunidade sobre prevenção da violência — um meio de criar um pouso mais suave e receber sobreviventes criminalizados da prisão. Em 2020, o Movement for Black Lives organizou uma estratégia contínua de debates sobre a violência patriarcal, em uma tentativa de integrar totalmente o trabalho feminista abolicionista em sua agenda política.

Ao mesmo tempo, coalizões estaduais mais amplas — organizações antes financiadas por agências federais — também estão pedindo alternativas abolicionistas. Estimulados pela carta aberta "The Moment of Truth", a California Partnership to End Domestic Violence [Parceria da Califórnia para Acabar com A Violência Doméstica], os National Coalition of Anti-Violence Programs [Coalizão Nacional de Programas Antiviolência] e uma rede emergente de coalizões antiviolência estaduais mais radicais estão refletindo sobre seu próprio conluio com o Estado punitivo e passando a investir em práticas que abordem a violência de gênero sem aumentar a vulnerabilidade à violência do Estado punitivo. Motivadas pela necessidade de corrigir o curso do trabalho antiviolência, essas iniciativas abrangem desde a criação de alternativas, passando por chamadas ao 911* e o desenvolvimento de novos fluxos de financiamento, até a alteração explícita de leis que criminalizam ou incentivam o policiamento excessivo.

Dorothy Roberts argumenta de modo persuasivo pela expansão da estrutura abolicionista para incluir a violência do sistema

---

* Número de telefone criado pelo governo estadunidense que concentra o atendimento da polícia, do corpo de bombeiros e de emergência médica.

de acolhimento e o que ela chama de sistema de policiamento familiar. Questões relacionadas a instituições que são frequentemente referenciadas como "serviços de proteção às crianças" contribuem para a normalização de respostas carcerárias como o único meio de abordar problemas sociais experenciados por famílias negras pobres e outras famílias de cor abrigadas na pobreza. Quando, por exemplo, a presença de ratos em um apartamento é usada como evidência para iniciar procedimentos para "proteger" as crianças, retirando-as de seu seio familiar, é a mãe ou o pai que são considerados culpados e penalizados pelo afastamento legal das crianças. A responsabilidade não é atribuída nem ao proprietário nem ao sistema social como um todo. De acordo com Roberts,

A missão abolicionista de libertar as pessoas negras do cativeiro deve incluir libertar cuidadores familiares do estado de vigilância e crianças de lares adotivos. Recentemente, movimentos para desmantelar diferentes partes do Estado punitivo estão trabalhando em prol do mesmo mundo: um mundo onde todas as crianças estão seguras e são cuidadas sem a necessidade de recorrer a polícia, prisões e separação familiar. Uma compreensão mais extensiva do policiamento e do abolicionismo que contesta a benevolência do terror do Estado é essencial para construir coletivamente uma nova sociedade que apoia famílias e comunidades em vez de destruí-las.[39]

Na Austrália, a Flat Out, uma organização feita por e para mulheres no sistema jurídico-criminal de Melbourne, atraiu a atenção para como as prisões e os sistemas de serviço de apoio a crianças e famílias criam mais dano, mas veem a si mesmos como mitigadores da violência doméstica.[40] Em 2019, estimulada pela morte de pessoas em cadeias na Austrália, particularmente mulheres indígenas, a Sisters Inside começou uma campanha de crowdsourcing,* #FreeHer, a fim de angariar fundos para pagar a fiança de indígenas e outras mulheres na prisão, que são frequentemente detidas e aprisionadas por não terem quitado pequenas dívidas. A Sisters Inside acumulou mais de 300 mil dólares e revelou durante o processo o segredo das raízes fundamentalmente capitalistas e coloniais do complexo industrial prisional.[41] Esses esforços criativos estão sendo construídos em muitas partes do mundo. Em municípios negros fora de Joanesburgo, mulheres queer e trans têm desenvolvido patrulhas de segurança e estão lentamente organizando sistemas mais amplos de apoio em suas comunidades.[42]

O ecossistema do feminismo abolicionista raramente é mapeado, formalmente nomeado ou reconhecido como parte de um movimento internacional maior. A Sisters Uncut, uma organização feminista radical liderada por sobreviventes de violência, baseia seu trabalho em uma compreensão internacionalista e interseccional de como a violência de gênero produz e reforça a violência estatal e de como o feminismo abolicionista exige transformação social como o único meio para garantir a segurança das sobreviventes. Divulgando posições visíveis de solidariedade, em 2020 a Sisters UnCut emitiu uma declaração em apoio ao povo Wet'suwet'en, da ilha da Tartaruga (localizada na região canadense conhecida como Colúmbia Britânica):

> Do ventre da besta colonial, a Sisters Uncut se solidariza com os que estão na linha de frente e com os povos indígenas em toda a luta global contra o imperialismo. Reconhecemos as ligações diretas entre gênero, supremacia branca e violência colonial. Lutamos

---

* O *crowdsourcing* combina os esforços de voluntários e/ou de trabalhadores de meio período num ambiente onde cada colaborador, por sua própria iniciativa, participa com uma pequena parte para gerar um grande resultado. O *crowdfunding*, por exemplo, é uma forma de *crowdsourcing*.

Cartaz feito pelo grupo de trabalho Centre for the Human Rights of Imprisoned People, projeto da Flat Out, criado em 2015. [Nos cartazes, lê-se: Escolas, não cadeias. Pela construção de comunidades, não de prisões. Não há justiça em prisões para mulheres aborígines. Revistas íntimas são assédio sexual. Desencarceramento já.]

contra o colonialismo em todas as suas formas, incluindo a imposição de estruturas patriarcais e o binarismo de gênero. Apoiamos a luta do povo Wet'suwet'en e seu movimento de resistência que faz história, um movimento em que as mulheres indígenas ocupam a liderança.[43]

O feminismo abolicionista requer respeito aos seus movimentos pela autodeterminação, reconhecendo as formas de opressão além-fronteiras como um contexto importante para redefinir o trabalho em prol tanto da antiviolência como da liberdade.[44]

Em 2013, a Chicago Alliance to Free Marissa Alexander usou essa imagem criada por Molly Crabapple em suas iniciativas para apoiar e libertar Marissa Alexander, mãe que foi criminalizada e encarcerada por se defender do marido abusivo. Depois que Marissa obteve um acordo em 2015, a CAFMA se tornou a Love & Protect.

3. Já.

É 10 de abril de 2020 e o sol abundante do início da primavera pelos prados quase obscurece a realidade: trata-se de uma carreata circulando uma prisão durante uma pandemia. Quase um mês após o início da ordem de "procurar abrigo" em todo o estado, em Illinois — antes de George Floyd, antes de Breonna Taylor, antes de Tony McDade —, e com doze mortes relacionadas à covid-19 relatadas, o complexo prisional Stateville, em Crestville, é um hotspot nacional, como muitas outras prisões em todo o país. A Guarda Nacional está inspecionando serviços médicos, máscaras e desinfetantes para as mãos são escassos e as pessoas lá dentro ficam trancadas 24 horas por dia. Com a disseminação do vírus em março de 2020, o aumento de infecções e os relatos de morte, familiares, entes queridos e organizações comunitárias agiram com urgência para pressionar pela libertação das pessoas. Apesar dos pedidos de licença, libertação compassiva e clemência, ninguém dessa prisão de segurança máxima para pessoas que o Estado designa como homens, com uma população de aproximadamente 3500 pessoas, foi libertado. Enquanto a letalidade da covid-19 em espaços confinados supostamente levou à ação em outros lugares — Indonésia, Irã e Índia —, relativamente poucos foram libertados das prisões estaduais dos Estados Unidos ao longo da pandemia, apesar da vibração de um movimento para cortar os recursos da polícia.[1]

A carreata se dispersa por causa da extensão da viagem — leva cerca de quinze minutos para fazer um círculo completo ao redor da prisão, que ocupa uma área impressionante de quase 9 mil metros quadrados. Os carros seguem um caminhão que reboca um alto-falante gigante que toca música e passa um vídeo de trinta minutos com comentários pré-gravados no Zoom de pessoas que descrevem a situação como desesperadora. Os nomes dos mortos conhecidos são lidos. As principais articuladoras — mulheres anteriormente encarceradas — também testemunham. Essa carreata multirracial consiste principalmente em mulheres, crianças, jovens e pessoas queer. Como muitos na caravana são visitantes regulares dessa prisão — entes queridos, educadores e advogados —, é estimulante circular em carros decorados com cartazes: *Liberte-os todos! Abolição Já!*. Talvez prevendo uma revolta, a prisão bloqueia todas as entradas com viaturas e policiais armados. Durante a pandemia, carreatas como essas — circulando em prisões, cadeias e outros centros de detenção — explodiram em todo o país.

A morte prematura por covid-19 galvanizou essas demandas, apesar de as pessoas já estarem morrendo muito cedo nas prisões desde sempre.[2] Negligência médica, superlotação, comida ruim, celas apertadas, acesso limitado a preservativos e alimentação comunitária levam a doenças infecciosas e evitáveis, incluindo hepatite, HIV e diabetes. Condições cruéis e exploradoras, como a alta de preços no armazém e nas telecomunicações, junto com a escassez de sabão, absorventes e papel higiênico, são todas condições normalizadas.[3] Antes da covid-19, de oitenta a cem pessoas morriam todos os anos nas prisões de Illinois segundo dados que

Sem título, *por Joseph Dole. Escritor, artista e ativista, Joe é uma das primeiras pessoas encarceradas no estado de Illinois a obter o título de graduação em décadas, concluindo o curso em 2018. É também o cofundador do Parole Illinois e integrante do Prison + Neighborhood Arts/Education Project. [No cartaz, lê-se: A prisão é uma pandemia. Pessoas são potências. Pelo desencarceramento.]*

o estado era forçado a disponibilizar ao público. Esse número não inclui as aproximadamente 250 mil vítimas que percorrem as 92 prisões do condado de Illinois ou a contagem de prisões federais e de outros centros de detenção. O próprio encarceramento sempre foi uma pandemia.

A resposta de emergência ao surto da pandemia em Illinois foi articulada por grupos compostos em grande parte de mulheres de cor, pessoas queer e jovens. Antes da carreata, essa rede informal convocou reuniões de planejamento, fez as agendas, as anotações, costurou relacionamentos, apressou os parcos recursos necessários, conteve a logística do dia e instigou os relatórios de ação. Isso reflete a realidade pré-pandêmica: a sala de espera do presídio estava sempre cheia de mães, esposas, amantes, irmãs e filhas. As mulheres que esperavam para visitar agora ajudaram a organizar carreatas, entregar suprimentos de emergência e pedir o *desencarceramento já!*. Embora alguns dos que circundaram a prisão naquele dia se identifiquem como abolicionistas e feministas, esse trabalho não é amplamente reconhecido como feminista, nem mesmo de gênero. Quais são os custos desse apagamento, desse fracasso em tornar visível e nomear a indivisibilidade entre o feminismo e o abolicionismo?

Avance vários meses em 2020 para outra crise, outra mobilização, mais trabalho e ação: no fim de semana do feriado de Quatro de Julho, com uma quarentena de covid-19 ainda em vigor, inúmeras pessoas compareceram presencialmente aos treinamentos de resistência em massa pelo desfinanciamento do departamento policial de Chicago. Com um apelo através das mídias sociais visando a "uma orientação para o abolicionismo da polícia/prisão" e uma discussão sobre "como vamos tirar o dinheiro da polícia em Chicago e como podemos usar a articulação, a ação direta e a construção de um movimento para vencer", esse fim de semana foi organizado com apenas alguns dias de antecedência por um novo coletivo que se mobilizou quase da noite para o dia, a Black Abolitionist Network [Rede Negra Abolicionista] (BAN). As reuniões de quatro horas por dia no fim de semana prolongado — um evento ao ar livre com distanciamento físico, máscaras e desinfetante para as mãos — centraram a acessibilidade em uma variedade de maneiras, incluindo fornecer comida de qualidade, creche gratuita, intervalos e interpretação em língua de sinais. Realizados em bairros de Chicago enquanto a temperatura subia, esses treinamentos, com muitas mulheres negras queer administrando operações e oficinas, tiveram inscrições esgotadas quase imediatamente. Desde a limpeza dos terrenos vazios onde os treinamentos foram realizados até a criação de uma dinâmica que incentivasse o pensamento visionário: os articuladores criaram espaço para imaginar um mundo diferente. Como a carreata ao redor da prisão de Stateville, o fim de semana do Quatro de Julho em Chicago colocou o feminismo abolicionista em ação.

Em meados de 2020, demandas públicas sustentadas para desinvestir, encolher ou abolir (não reformar) o policiamento e pelo *abolicionismo já!* ressurgiram após décadas de prática, experimentação e avaliação crítica. Essas formas de práxis e engajamento coletivo fazem o trabalho lento de desconstrução, ou uma crítica e negação do Estado punitivo, e o trabalho de uma experimentação produtiva, a criação e o engajamento com novas ferramentas e uma análise/linguagem compartilhada. Nesses anos também proliferou nossa capacidade de sonhar audaciosamente: como declarou a escritora e articuladora feminista Gloria Anzaldúa em 1987: "Nada acontece no mundo 'real' a menos que primeiro aconteça nas imagens em nossa cabeça".[4] Com o tempo, essas várias manifestações do feminismo abolicionista aprofundaram nossa imaginação coletiva: o Estado não oferece a solução para a violência interpessoal e as formas existentes de "proteção" do Estado, incluindo polícia, prisões e programas de assistência social, criam mais violência e danos. As formações coletivas do feminismo abolicionista — para este propósito e formalmente — do Combahee River Collective à Sisters Uncut, do trabalho antiviolência germinativo do National Black Women's Health Project [Projeto Nacional de Saúde da Mulher Negra] à fundação da INCITE!, continuam a construir respostas diárias a uma ampla gama de danos ao desafiar as formas sistêmicas e estruturais da violência do Estado. Essas pequenas redes — algumas persistem por décadas — exemplificam a prática e a política do feminismo abolicionista.

Voltando-se à cotidianidade de um local, Chicago, este capítulo trata das últimas duas décadas de articulação feminista abolicionista e os experimentos diários e coletivos de viver de outra forma. No entanto, Chicago não é excepcional. Existem vários capítulos a serem escritos sobre Joanesburgo, Montreal, Seattle e muitos outros lugares. No entanto, nós argumentamos que mesmo um foco parcial na cotidianidade de um local específico oferece oportunidade tanto de trazer à tona o poder de ações e redes pequenas, hiperlocais e, às vezes, fugazes, quanto de mapear e arquivar o impacto contínuo, cumulativo e coletivo dessas (geralmente minúsculas) formações. Dedicando atenção a organizações já extintas, campanhas amplamente esquecidas, eventos altamente locais e pequenos coletivos, este capítulo ilumina o rico movimento histórico do feminismo abolicionista como método.

As práticas e análises do feminismo abolicionista não cresceram pela ampliação ou por meio de formas institucionalizadas de poder. Predicado na mesmice, e com frequência erradicando a diferença, o escalonamento pode encerrar a transformação.[5] O envolvimento próximo com um local sugere que uma ecologia feminista abolicionista emerge de práticas cotidianas, experimentos coletivos movidos por necessidade, prática e reflexão, e em redes vigorosas que cruzam o tempo e o espaço. Longe de ser utópico, este mundo está à mão, já em andamento. Como o advogado e or-

Sounds of Abolition, *por Monica Trinidad, criado em colaboração com pessoas encarceradas, por meio da People's Paper Co-op, em 2021.* [*No cartaz, lê-se: Em um mundo onde nenhuma mulher está trancafiada, o som da música, da risada, dos desfiles e o som de pipoca estourando preencherão as ruas. #LibertemNossasMães #PeloFimDaFiançaEmDinheiro.*]

ganizador Bryan Stevenson afirmou em uma série de compromissos artísticos e políticos virtuais entre 2020 e 2021 intitulada Visualizing Abolition, a presença de algo diferente é palpável: "Eu simplesmente acredito que há algo melhor esperando por nós. Eu realmente acredito que há algo que parece mais livre, mais igualitário, mais justo esperando por nós. Por todos nós".[6] Como uma história do presente de Chicago, e com um ouvido atento às notas nas margens, este capítulo tem como objetivo narrar e promover práticas locais que não apenas demandem, mas mobilizem algo melhor. *Já* é a hora de construir, de praticar e, sim, de estudar. *Já* é imperativo nomear como o feminismo é central para o abolicionismo e o abolicionismo é indivisível de nosso feminismo.

VIOLÊNCIA DO POLICIAMENTO

Em 24 de novembro de 2015, Chicago estava novamente nas ruas por causa da morte de outro jovem negro, Laquan McDonald, de dezessete anos, pelas mãos de um policial branco. Mais de um ano antes, Laquan McDonald havia sido baleado dezesseis vezes por Jason Van Dyke. Inicialmente julgado como um "homicídio justificável", a filmagem de todo o incidente, suprimida tanto pela parede azul do silêncio* quanto por funcionários cúmplices da cidade, foi lançada somente após treze meses de pressão implacável de jornalistas independentes, da família de Laquan McDonald e de uma rede de pequenas organizações comunitárias. A gravação foi devastadora: trinta segundos depois de chegar ao local, Van

---

* A parede azul do silêncio (*blue wall of silence*) é uma expressão usada para denotar o suposto código informal de silêncio entre policiais nos Estados Unidos para não relatar erros, má conduta ou crimes de um colega, especialmente relacionados à brutalidade policial.

Dyke disparou sua arma contra McDonald, que não estava investindo contra a polícia, mas fugindo.

Até recentemente, as várias formas de violência policial e seus já conhecidos alvos — negros e pardos, pessoas pobres, queers, sindicalistas, profissionais do sexo e migrantes — raramente chegavam às manchetes. Os assassinatos de indígenas pela polícia, os mais prováveis de qualquer grupo racial ou étnico de serem mortos pelas forças de segurança dos Estados Unidos, ainda raramente recebem cobertura da mídia convencional.[7] A pesquisa sobre transgêneros estadunidenses, do National Center for Transgender Equality [Centro Nacional pela Igualdade Transgênero], relatou em 2015 que 58% dos entrevistados que tiveram contato com a polícia ou policiais descreveram alguma forma de maus-tratos.[8] Também tornada invisível é a "violência lenta" de como outras entidades carcerárias, como órgãos policiais de serviços sociais, visando a mulheres pobres que são predominantemente negras e indígenas — por exemplo, em testes toxicológicos obrigatórios e aleatórios para escassos benefícios de assistência social, como a assistência temporária para famílias carentes. O policiamento — nas mais variadas formas — sempre foi uma pandemia.

Chicago tem histórias profundas de resistência a essa contínua violência da polícia.[9] Poucos anos antes da morte de Laquan McDonald, em 2012, a rede We Charge Genocide [Nós Cobramos pelo Genocídio] aumentou a visibilidade de outra jovem negra morta por um policial branco, Rekia Boyd, de 22 anos. O grupo exigiu medidas de responsabilização além da acusação e, em 2014, a We Charge Genocide apresentou um relatório oculto ou não oficial às Nações Unidas, Police Violence Against Chicago's Youth of Color [Violência Policial Contra a Juventude de Cor de Chicago], documentando o fato de que policiais regularmente praticavam tortura.[10] Entre suas vinte recomendações, We Charge Genocide insistiu na definição e na criação de segurança fora de uma estrutura carcerária e na construção de alternativas ao policiamento e à prisão. Em 2015, a reação à morte de Laquan McDonald e o encobrimento policial pareceram diferentes dos levantes anteriores em resposta à violência da polícia. Embora os apelos para processar Jason Van Dyke surgissem imediatamente e os gritos nas ruas fossem familiares, "Sem Justiça, Sem Paz, Sem Polícia Racista", diferentes estratégias e demandas por responsabilização e transformação ganharam força. Com quase 40% do orçamento operacional de Chicago já destinado ao policiamento (15% do orçamento total da cidade incluindo concessões), em um momento político em que a lógica de austeridade justificava o fechamento de escolas públicas e centros de saúde mental públicos nos bairros majoritariamente negros e brown, uma rede de ativistas pressionou não para processar, mas para encolher os vestígios do policiamento.[11] No rastro da morte de Laquan McDonald, a demanda para financiar o Black Futures e desinvestir o policiamento como caminho para a segurança e a responsabilização ressoou em novos públicos. Foi o feminismo abolicionista na prática.

A indignação em Chicago pelo assassinato de Laquan McDonald ecoou por todo o país, acentuando o fato de que em todos os lugares, de Nova York a Ferguson e até Minneapolis, a polícia mata de modo impune. A violência do Estado também se manifesta de outras maneiras, visando a mulheres, pessoas trans e pessoas com inconformidade de gênero. Nos raros casos em que a violência do Estado se torna visível, a responsabilização é pouco individualizada: o problema é um incidente distinto, um policial específico. Em 2015, o ex-policial de Oklahoma Daniel Holtzclaw foi condenado por estuprar treze mulheres negras. Em 2020, dois policiais em Kansas, Missouri, foram indiciados após agredirem Briana (BB) Hill em uma calçada da cidade.[12] Embora esses processos sejam raros e as condenações sejam ainda mais raras, o policiamento é um mecanismo-chave da violência do Estado: os assassinatos de Breonna Taylor, Tony McDade, Sandra Bland e milhares de outras mulheres negras e indígenas e pessoas queer e trans são uma evidência sombria do caráter misógino e transfóbico do policiamento, que, ao lado do racismo, se expressa no assassinato de homens cisgêneros de cor.[13] Diante desse cenário, os articuladores e acadêmicos antiviolência trabalharam para examinar criticamente as dimensões gendradas e heterossexistas da violência do policiamento.

Vale ressaltar que há, em meio a esses esforços, a campanha #SayHerName [Diga o Nome Dela], organizada e liderada pela professora Kimberlé Crenshaw, do African American Policy Forum. Desde o lançamento do relatório "Say Her Name: Resisting Police Brutality against Black Women" [Diga o nome dela: Resistindo à brutalidade policial contra mulheres negras], em maio de 2015, o fórum vem documentando formas específicas como mulheres, meninas, fêmeas e pessoas trans negras são alvo de um policiamento violento e como o silêncio cria mais perigos para mulheres que estão fora do olhar da maioria dos ativistas antiviolência e de justiça racial. Da realização de tribunais públicos à coprodução de uma música de Janelle Monáe, o fórum tem desafiado o movimento a incluir nomes — e portanto nunca esquecer as vidas — de mulheres negras mortas pela polícia.

Uma diferença fundamental neste momento de violência policial é que os celulares com câmera e as mídias sociais agora documentam e amplificam alguns dos casos mais recentes e flagrantes de violência do Estado. A poetisa Elizabeth Alexander descreve a "Geração Trayvon", os jovens que estão crescendo assistindo a esses clipes de assassinato em seus celulares, "no ônibus escolar", "escondidos", "entrecruzados e concentrados".[14] Esses ataques explícitos em tempo real, juntamente com os crescentes pedidos de responsabilização da polícia, às vezes se traduzem em tentativas de sancionar as forças de segurança ou implementar "novas" medidas de vigilância policial, incluindo câmeras corporais.[15] No entanto, as demandas de responsabilização da polícia decorrentes dos levantes de 2020 dependeram cada vez mais não de reformas, mas de apelos abolicionistas para pôr fim ao Estado punitivo por meio de um diálogo crítico: embora saibamos que a promotoria e o Estado não nos protegerão, o que fazemos com policiais assassinos, policiais estupradores e policiais transfóbicos que a supremacia branca e o heteropatriarcado produzem e protegem? Jason Van Dyke foi acusado de homicídio qualificado em Chicago no dia em que o vídeo foi finalmente divulgado. Três outros policiais, incluindo seu parceiro, também foram acusados de conspiração para encobrir o assassinato de Laquan McDonald.

Embora haja, sem dúvida, policiais que são racistas e transfóbicos como indivíduo, os sistemas e as instituições capacitam, educam, reproduzem, validam e armam esses atores individuais. No entanto, se o sistema jurídico-criminal mal está equipado para indiciar os próprios funcionários, é completamente incapaz de examinar criticamente e indiciar a própria estrutura. Com aproximadamente vinte queixas civis em sua ficha criminal, em grande parte relacionadas ao uso excessivo de força — número ligeiramente acima da média de queixas para um policial de Chicago —, nenhuma resultou em qualquer ação disciplinar a Van Dyke. Por outra perspectiva, Van Dyke não era nem particularmente excepcional nem um estranho. Ele simplesmente foi pego.

GENEALOGIAS FEMINISTAS

Dezessete anos antes de Laquan McDonald ser assassinado e uma década antes de Rekia Boyd ser morta, as comunidades em Chicago estavam se articulando — por necessidade — para construir e definir uma segurança fora do policiamento. Chamamos a atenção para o Young Women's Empowerment Project [Projeto de Empoderamento de Mulheres Jovens] (YWEP), iniciado em 2002 e encerrado em 2013, como um "projeto de articulação de justiça social que se autodenomina e é dirigido por e para jovens negros com experiência atual ou anterior no trabalho sexual e economias de rua".[16] Com o mantra "nós não somos o problema — nós somos a solução" e a prática de ajuda mútua e redução de danos, a articulação altamente local do YWEP destacou como as entidades estaduais encarregadas de proteger os jovens, incluindo assistentes sociais e policiais, são a principal fonte de perigo e dano para os jovens em situação de rua. As campanhas de educação popular do YWEP focaram sexo seguro, troca de agulhas/seringas, assistência médica gratuita e afirmativa, apoio jurídico nos moldes do "faça você mesmo" e acesso a alimentos e tecnologia gratuitos. Desde o início, seus materiais de educação política, campanhas e eventos públicos funcionaram para educar (e muitas vezes alarmar) outros grupos que trabalhavam com jovens na economia de rua.

O YWEP foi precedido e às vezes sobreposto por um grupo de redes feministas antiviolência locais que se uniram em resposta às formas cotidianas de violência sexual e de gênero. Essas organizações, incluindo A Long Walk Home, Mango Tribe, AquaMoon, GABRIELA Network Chicago, Females United for Action, Girl Talk, Women and Girls Collective Action Network, Female Storytellers Igniting Revolution to End Violence e Rogers Park Young Women's Action Team, centraram-se na violência vivida por mulheres jovens de cor, incluindo assédio nas ruas, agressão sexual, racismo, transfobia e homofobia.[17] Reconhecendo que famílias, escolas e a polícia não oferecem apoio ou proteção, e que o dano não é individual e privado, mas endêmico e ideologicamente sustentado, essas redes (tanto com esse propósito quanto formais, autônomas e vinculadas a organizações maiores existentes) exigiam não simplesmente serviços ou reconhecimento, mas mudança estrutural e sistêmica. Em conjunto com os diálogos nacionais em curso descritos no segundo capítulo, essas formas de articulação e ação direta muitas vezes vinculavam o racismo, a capacidade e o capitalismo à violência sexual e de gênero, e iam além de simplesmente indiciar perpetradores individuais, oferecendo caminhos para as comunidades e os bairros imaginarem e desenvolverem respostas coletivas à violência sexual e de gênero. Embora pouquíssimos desses grupos antiviolência em Chicago tenham sido explicitamente identificados como abolicionistas ou mesmo feministas durante o início dos anos 2000, seus zines, recitais, ações de rua e oficinas de educação popular rejeitaram a resposta ineficaz do sistema jurídico-criminal. Seu trabalho destacou a incapacidade do Estado em reconhecer a violência sexual e de gênero como dano, especialmente quando vivenciada por jovens de cor, incluindo e especialmente aqueles que são queer.[18]

Chicago estava preparada para criar demandas diferentes após o assassinato de Laquan McDonald, em parte por causa do trabalho e da análise dessas redes antiviolência anteriores. Uma camada fundamental foi a coalizão em Chicago, que construiu estruturas colaborativas tendo em vista a justiça restaurativa e o fim das políticas e práticas disciplinares racistas, capacitistas e heterogendradas nas escolas. Os jovens negros se reuniram em formações culturais e políticas, incluindo Blocks Together, Southside Together Organizing for Power, Southwest Youth Collaborative e Batey Urbano, para forçar os formuladores de políticas a prestar atenção à evasão escolar, causada por políticas e práticas que tornam impossível jovens permanecerem na escola. Em 2006, dois advogados, Ora Schub e Cheryl Graves, fundaram o Community Justice for Youth Institute para gerar práticas de justiça restaurativa em toda a cidade. Schub e Graves são quase os únicos responsáveis por treinar uma geração inteira de praticantes de justiça restaurativa em Chicago, e por criar oportunidades para uma ampla gama de pessoas, em contextos íntimos, por dialogar coletivamente e lutar em torno de conceitos difíceis, como responsabilização e transformação.[19] Em 2005, a Community Organizing and Family Issues, uma organização do South Side, bairro de Chicago, por e para cuidadores familiares negros, em sua maioria mulheres, se reuniu para desafiar as políticas de suspensão e punição nas escolas de seus bairros.[20] Criaram recursos e treinamentos para adultos construírem práticas de justiça restaurativa gratuitas ou de baixo custo em escolas que funcionavam para conter a entrada de jovens negros no sistema jurídico-criminal.[21] Embora essas organizações ainda treinem as comunidades com ideias e práticas "alternativas" radicais de segurança, responsabilização e transformação, o cenário que molda e define a justiça restaurativa mudou. Conforme observado no capítulo anterior, o sistema carcerário cooptou a linguagem e algumas das práticas de justiça restaurativa, desconectando tal trabalho de suas origens como uma prática comunitária de responsabilização e transformação.

Essas práticas do feminismo abolicionista tornaram visíveis e desafiaram tanto o fracasso do Estado em apoiar as mulheres e outras pessoas estruturalmente vulneráveis quanto a violência inerente aos sistemas e instituições administrados por ele (ou declarados apoiados) e para todos os efeitos projetados para proteger. Em 2013, depois de anos organizando-se com jovens iguais a ela no sistema de adoção, Charity Tolliver fundou o Black on Both Sides (BOBS), de Chicago, e trabalhou para "destacar a vozes e as experiências de jovens adotivos negros/afro-americanos, ao mesmo tempo que articulou uma campanha de ação direta para abordar as causas básicas da saída deles dos lares adotivos direto para as prisões". Por meio do suporte direto a esses jovens, às mães e aos cuidadores com risco de perder os filhos, o BOBS apoiou campanhas e facilitou debates e eventos para aumentar a visibilidade da natureza predatória do sistema de regulação familiar e construir estratégias de sobrevivência para mulheres e jovens afetados diretamente. O BOBS deu grande suporte a duas campanhas nacionais e locais contra a expansão dos relatórios obrigatórios e contra as leis que criminalizam o coleito (quando um cuidador, geralmente uma mãe, divide a cama com o bebê/a criança). Esses são apenas dois exemplos do que Dorothy Roberts chamou anteriormente de sistema de regulação familiar, o agora também sistema de policiamento familiar, que supervisiona e coage os cuidadores e tem como alvo as mães de cor de baixa renda.[22] Esse sistema usa a linguagem da proteção infantil, mas na realidade pouco faz para ajudar famílias vulneráveis com crianças, para reduzir ou erradicar a violência contra crianças ou para criar diálogos públicos sobre os contextos estruturais que facilitam o dano.

O feminismo abolicionista se enraizou nessas organizações de Chicago, desafiando o sistema de policiamento familiar, mas também em movimentos que trabalhavam para repensar as limitadas demandas reformistas dos movimentos de imigração convencionais. Organizações locais de justiça para imigrantes, especialmente a Immigrant Youth Justice League, criada em 2009, se uniram para se opor à criminalização e à deportação de imigrantes durante os governos Bush e Obama.[23] Moldados por suas próprias experiências, bem como por contextos nacionais e locais emergentes, muitos articuladores começaram a rejeitar as estruturas legislativas mesquinhas que tornavam a maioria das pessoas fora da proteção contra deportação proporcionada pela Lei DREAM.[24] Os articuladores começaram a centrar uma análise que não separava o departamento de imigração e alfândega do complexo industrial prisional (como exemplificado pelos gritos populares nas marchas pela justiça de imigrantes de 2006 em Chicago e demais partes dos Estados Unidos, "*Yo no soy criminal*"). Surgiram novas organizações, como a Organized Communities Against Deportations, com estrutura explicitamente interseccional que centrou a não descartabilidade de todas as pessoas imigrantes.[25]

Enquanto Chicago cultivava um cenário pequeno mas próspero de organizações que começavam a se identificar como abolicionistas, a linguagem e a análise do feminismo abolicionista proliferaram e se aprofundaram, influenciadas pelo trabalho nacional (e cada vez mais local) da INCITE! e da Critical Resistance. Departamentos da INCITE! e da Critical Resistance desenvolveram convocações, ações em suas sedes, declarações públicas, campanhas e seus materiais junto com o Chicago Legal Advocacy for Incarcerated Mothers, particularmente no projeto Visible Voices, que centrou a liderança, a análise e a voz pública de mulheres impactadas pelo encarceramento.[26] Grupos estruturados como o Queer to the Left e o GenderJUST desenvolveram ações diretas antipoliciais criativas e o Nia Project criou e distribuiu materiais educacionais que desafiavam o complexo industrial prisional e forneceu uma ampla gama de workshops. O Chicago Dyke March Collective planejou celebrações radicais sem a polícia. Mulheres ligadas a pessoas confinadas na prisão de segurança máxima de Illinois, em Tamms, agitaram-se e conseguiram fechar aquela prisão. Jovens dentro e fora do Cook County Juvenile Temporary Detention Center organizaram a Girl Talk Collective. O Transformative Justice Law Project ofereceu mobilizações do tipo "faça você mesmo" e ajuda mútua para mudança de nome, bem como apoio jurídico por e para pessoas trans impactadas pelo sistema jurídico-criminal. As Organized Communities Against Deportation geraram campanhas militantes e públicas de autodefesa para as pessoas ameaçadas de deportação.

Essas correntes de articulação feminista e abolicionista tanto impulsionaram novas linhas de investigação quanto deram novo impulso às velhas demandas. Por exemplo, essa rede insistiu no reconhecimento do Estado como um perpetrador-chave da violência e apoiou uma articulação que possibilitou novas formas de visibilidade para a violência policial racista. Durante décadas, grupos pressionaram para que a cidade fosse responsável pela violência da polícia: entre 1972 e 1991, mais de cem homens negros e pelo menos uma mulher foram submetidos à tortura sob ordem do comandante da polícia de Chicago, Jon Burge. Um relato do Comitê para a Eliminação da Discriminação Racial, da ONU, detalhou:

A tortura foi infligida intencionalmente para extrair confissões, e as técnicas incluíam choque elétrico nos genitais, nas orelhas e nos lábios de homens com aguilhões de gado ou uma caixa de choque elétrico, estupro anal de homens com aguilhões de gado, sufocamento de indivíduos com sacos plásticos, execuções simuladas e espancamentos com listas telefônicas e mangueiras de borracha.[27]

Por décadas, muitos sobreviventes de tortura, junto com seus entes queridos e organizações afiliadas de Chicago, trabalharam incansavelmente para expor a violência e os encobrimentos subsequentes e para libertar os condenados por falsas confissões. Essa rede incluiu o People's Law Office [Escritório de Advocacia Popular], o Citizen's Alert [Alerta do Cidadão], a Task Force to Confront Police Violence [Força-Tarefa para Enfrentar a Violência Policial], o Aaron Patterson Defense Committee [Comitê de Defesa Aaron Patterson], a Campaign to End Death Penalty [Campanha para Acabar com a Pena de Morte] e a Black People Against Torture [Pessoas Negras Contra a Tortura].

Essa articulação de longa data recebeu energia e ferramentas renovadas dos ecossistemas feministas abolicionistas do We Charge Genocide, do Nia Project e de outras redes. Seus trabalhos, análises e intervenções ajudaram a estruturar a vitória mais importante nesse movimento: a não condenação de Burge sob as acusações de perjúrio e obstrução de justiça no tribunal federal, mas a aprovação unânime da legislação de reparações pelo Conselho da Cidade de Chicago em 2015, no auge da articulação do Black Lives

Matter. Essa legislação marcou a primeira vez que um município votou explicitamente para fornecer reparações a casos envolvendo violência policial racista. Além disso, a impressionante articulação em torno da tortura policial levou ao engajamento de muitos artistas em um concurso para um memorial público. O Chicago Torture Justice Memorials continua pressionando o atual prefeito, Lori Lightfoot, a usar a legislação de reparações para financiar a construção do memorial. Essa articulação relacionada à "tortura policial" expandiu nossa análise para reconhecer e centrar a "violência do policiamento" — longe de ser excepcional, como muitas comunidades marginalizadas, incluindo profissionais do sexo, pessoas sem moradia e jovens, reconhecem intimamente, o trabalho diário de policiamento é de regulação, coerção e violência.

Surgindo dessa análise aprofundada da supercriminalização como um artefato da violência do Estado, estava a ideia de que a tortura e o uso excessivo de força devem ser mapeados em um continuum que inclua a criminalização de sobreviventes de violência de gênero. Fundações mais recentes, como o grupo ativista de Chicago Love & Protect (e sua contraparte nacional Survived & Punished), existem resolutamente ao longo desse continuum, apoiando sobreviventes da violência de gênero e pressionando por engajamentos abolicionistas. O Love & Protect descreve sua missão como

> apoiar aqueles que se identificam como mulheres e pessoas de cor com inconformidade de gênero que são criminalizadas ou prejudicadas pela violência estatal e interpessoal. Por meio do amor, trabalhamos para a cura e a transformação dessas pessoas e suas famílias. Por meio da resistência, buscamos proteger o direito de se defenderem.[28]

O Love & Protect redefine a segurança, proclamando que "através do amor, através da resistência, protegemos!". Ao mudar

Logo da Love & Protect, por Monica Trinidad.

a narrativa, o Love & Protect argumenta que os sobreviventes só podem ser defendidos pelo corte de recursos da polícia: "Prisões não apoiam sobreviventes, punem sobreviventes" — porque o encarceramento não é protetor, e, como Monica Cosby e outros sugerem, prisões e centros de detenção são locais centralizados de violência física, sexual e abuso emocional. É importante ressaltar que o Love & Protect não funciona apenas para casos individuais, para libertar sobreviventes criminalizados; também produz materiais de educação política destinados a educar o público sobre o que muitos sobreviventes querem e precisam: construir uma cultura (e uma definição) de segurança que não depende do encarceramento.[29]

Enfrentando a violência íntima e cotidiana vivida por aqueles marcados como descartáveis pelo Estado, essas organizações — formando uma ecologia do feminismo abolicionista — continuam a construir ferramentas essenciais, práticas, linguagens, análises e redes de ajuda mútua por raiva, amor e necessidade. A educação política acessível, gratuita e horizontal realizada por esses grupos, muitas vezes com poucos ou nenhum integrante remunerado e com poucos recursos, continua a ser de tirar o fôlego: as reuniões públicas em que as pessoas que são diretamente impactadas compartilham análises sobre como intervir e interromper a violência infligida pelo Estado; os muitos materiais de campanha, laboratórios de segurança e workshops focados em como lidar com danos interpessoais sem policiamento; os recursos, serviços e o suporte para sobreviventes, amplamente concebidos; as iniciativas de ajuda mútua para reunir recursos para aluguel, cirurgias de afirmação de gênero, fianças, alimentos e festas; e os ensaios, os livros, os artigos e as postagens no blog que mostram como as pessoas promovem a responsabilização, a cura e a transformação fora de uma estrutura carcerária. A lista de eventos, campanhas, recursos e workshops é interminável: oficinas de justiça transformadora e abolicionista, uma "universidade comunitária" de verão no complexo industrial prisional, encontros de amigos por correspondência, grupos de leitura e estudo, rodas de conversa nas manhãs de sábado para pessoas anteriormente encarceradas, exibições dos filmes *Visions of Abolition*, *Out in the Night* e *Southwest of Salem* e laboratórios de segurança que oferecem a oportunidade de dramatizar como intervir nas experiências cotidianas de dano interpessoal sem a polícia. Às vezes alegres, sempre imperfeitos e com a expectativa de que a mudança seja relacional e raramente imediata, esses eventos e grupos criam as condições necessárias para imaginar, praticar e fortalecer o feminismo abolicionista. A linhagem e a prática desse ecossistema feminista de base constroem responsabilização e segurança fora da lei e da ordem.

Às vezes, esse lento trabalho de construir nossa capacidade coletiva de imaginar e agir de maneira que não expanda o complexo industrial prisional pareceu e continua a parecer interminável. Confuso. Uma espécie de beleza familiar, mas caótica, de uma reunião de duas horas que se estende em três. Ou uma roda de conversa em que as apresentações demoram muito. Mais um re-

cital. Uma versão da mesma pergunta crucial de um participante
— *e as "pessoas realmente más"*? E, apesar desse ecossistema, muitas vezes as práticas não são suficientes: por exemplo, quando um
articulador fere sexualmente outro articulador. Persistindo mesmo em face dessas contradições urgentes e comoventes, nas primeiras duas décadas do novo milênio, Chicago ensaiou e fortaleceu músculos e ferramentas para o futuro. Sonhado e executado
por mulheres, não binários e outras pessoas queer, este é o sempre urgente e *lento tempo* do abolicionismo.

FICAR COM O PROBLEMA

Essas formas de experimentação não são isentas de conflito
e sempre envolvem riscos. Investir contra narrativas dominantes
e instituições poderosas incorre em reação. As pessoas se organizam sem assistência médica nem um salário mínimo. Pessoas se
inflamam. Muitas pessoas lutam ao enfrentar as próprias experiências de violência e trauma. O que aprendemos, no entanto, é que
nenhum momento é o momento errado para se articular, avaliar
movimentos, bem como levantar questões críticas e desafiadoras.
Essa articulação, que muitas vezes é liderada por jovens feministas de cor, frequentemente empurra "outras questões" necessárias
para a linha de frente dos movimentos abolicionistas.

Em 1º de abril de 2016, diante dos protestos contra o assassinato de Laquan McDonald e antes de uma carreata ao redor de
uma prisão ser necessária para aumentar a visibilidade das pessoas que morriam de covid, muitos estavam nas ruas para resistir
a outra crise. Uma marcha em toda a cidade condenando a crise
orçamentária de dois anos engendrada por um governador republicano conseguiu fechar Chicago. No ato culminante, representantes de muitas das principais organizações de justiça social de

esquerda de Chicago — sindicatos, grupos antipobreza e redes de justiça pró-imigrantes — falaram sobre sua visão para uma Chicago florescente. Perto do fim da manifestação, Page May, articuladora de jovens adultos da rede juvenil Assata's Daughters, lembrou ao público que, embora o impasse orçamentário devastasse comunidades, o mesmo acontecia com o espetáculo contínuo da morte negra orquestrada pelo policiamento. Do palco, ela proclamou: "Foda-se a polícia, foda-se o CPD [Departamento de Polícia de Chicago], foda-se a FOP [Fraternal Order of Police]... Foda-se a polícia e que todo mundo se foda com eles".[30] A fala de May imediatamente provocou vaias e gritos espalhados; apesar da longa história de violência e racismo do CPD, e apesar do fato de a frase ter sido popularizada 28 anos antes pela canção de mesmo nome de autoria do grupo de hip hop N.W.A., ela surpreendeu muitos no estrado, incluindo os articuladores da ação, a liderança do Chicago Teachers Union (CTU).[31] A reação adversa foi rápida. Muitos atacaram May pessoalmente, alguns com ameaças de morte, através das redes sociais e dos principais meios de comunicação. Alguns participantes da manifestação se distanciaram imediatamente dos comentários dela, e outros, como o Chicago Teachers Union, se equivocaram. O que ficou obscurecido na mídia foi a assimetria entre o imenso poder dos sindicatos de policiais e uma pessoa gritando *Foda-se a polícia!*.

A reação a esse comentário revelou a necessidade de desafiar o poder dos sindicatos carcerários, particularmente dentro dos movimentos sindicais e de esquerda. Os sindicatos da polícia exercem um poder enorme, e, como Kristian Williams documenta em *Our Enemies in Blue*, a polícia "se organiza como *polícia*, não como trabalhadores".[32] Da mesma forma, quando os agentes penitenciários se mobilizam politicamente, é invariavelmente para a legislação ou em apoio aos formuladores de políticas que promovem agendas "duras contra o crime". Seu poder não é irrelevante:

a California Correctional Peace Officers Association é um dos comitês de ação política mais influentes do estado.[33] O maior sindicato da polícia municipal do país é a Police Benevolent Association of New York, com 24 mil membros.

O movimento sindical mais amplo raramente desafiou diretamente o poder dos sindicatos carcerários, com poucas exceções: na Califórnia, o Service Employees International Union (SEIU) foi finalmente persuadido a se juntar à Coalition for Effective Public Safety (CEPS), uma coalizão estadual formada em 2003 para conter gastos e outros investimentos em correções. Embora o SEIU tenha membros que trabalham nas prisões da Califórnia, a educação política abolicionista em curso por membros do CEPS — incluindo Critical Resistance, Justice Now e A New Way of Life — convenceu a liderança e as bases do SEIU de que sua sobrevivência e crescimento não podiam, e não deveriam, ser baseados na carceralidade. Ao apoiar o CEPS, o SEIU sinalizou que entendia que o futuro de seus trabalhadores não dependia do trabalho na prisão. Em 2020, a AFL-CIO* iniciou discussões cautelosas sobre o papel do trabalho de desafiar o "encarceramento em massa", mas não encerrou sua afiliação com a International Union of Police Associations ou rejeitou a adesão, ou as taxas, de policiamento e sindicatos de correções.[34] A International Longshore and Warehouse Union também deve ser reconhecida por seu trabalho consistente ao longo dos anos em apoio ao prisioneiro político Mumia Abu-Jamal e por outros desafios aos sistemas carcerários nos Estados Unidos, na África do Sul e na Palestina ocupada. Mais do que qualquer outro sindicato, ele abraçou causas antirracistas e abolicionistas.

Alguns sindicatos de professores, impulsionados por décadas de austeridade planejada e articulação de base para a justiça res-

---

* American Federation of Labor and Congress of Industrial Organizations [Federação Americana do Trabalho e Congresso de Organizações Industriais].

taurativa, estão começando a se engajar no abolicionismo. Em Chicago, um distrito onde 90% dos alunos são negros e 75% das escolas não têm biblioteca, o Caucus of Rank and File Educators (CORE) trouxe um novo vigor ao Chicago Teachers Union (CTU) em 2010, centralizando a liderança e a análise de um grupo intergeracional de mulheres de cor, incluindo a falecida e muito amada Karen Lewis, que iniciou o processo de redefinição do sindicato como uma força de justiça social coletiva. Na última década, a CTU fortaleceu consistentemente os laços de solidariedade com as comunidades negra e brown, criou uma cultura de educação política interna e externa, rejeitou a privatização e centrou as necessidades e perspectivas dos trabalhadores e das comunidades de cor. No processo de negociação de contrato mais recente, a CTU se envolveu no que a administração municipal tentou rebaixar e banalizar como "barganha para o bem público" — escolas de abrigo exigentes (sem presença da ICE), moradia acessível e enfermeiras e bibliotecas em todas as escolas públicas. A visão da CTU repercutiu nas famílias, nas comunidades e nos trabalhadores, levando a duas greves bem-sucedidas em 2012 e 2019.

Enquanto as demandas da CTU colocaram em primeiro plano aspectos do que poderíamos chamar de agenda abolicionista, embora o sindicato não se descreva nesses termos, os comentários de May trouxeram questões-chave à tona. No entanto, a cobertura da mídia convencional se concentrou principalmente na raiva de May. Por que ela teve que dizer "Foda-se a polícia"? Essa virada para a política de respeitabilidade para desqualificar pontos de vista dissonantes, radicais e críticos não é nova.[35] Demonstrações de raiva e outras "emoções fora da lei", como Audre Lorde as descreveu, são frequentemente usadas contra ativistas radicais, particularmente mulheres de cor.[36] Esse foco no afeto justifica o apagamento da mensagem central ao se concentrar no tom ou modo de transmissão. Como Lorde observou,

Tenho visto situações em que mulheres brancas ouvem uma observação racista, se ressentem do que foi dito, ficam cheias de fúria e permanecem em silêncio porque têm medo. Essa raiva não expressa está dentro delas como um dispositivo não detonado, geralmente para ser lançado contra a primeira mulher de cor que fala sobre racismo.

Mas a raiva expressa e traduzida em ação a serviço de nossa visão e de nosso futuro é um ato de esclarecimento libertador e fortalecedor, pois é no doloroso processo dessa tradução que identificamos quem são nossos aliados com quem temos graves diferenças e quem são nossos verdadeiros inimigos.[37]

Esse momento oferece outro lembrete de que nossa articulação deve assumir questões que alguns percebem como incômodas e também que nosso trabalho deve abrir caminhos para que as pessoas floresçam. Prisões, cadeias e policiais estão sempre contratando ainda que Chicago despeça professores (desproporcionalmente educadores negros) e feche escolas públicas nos bairros de pessoas negras e brown.[38] Ninguém contrata poetas e artistas, no entanto os recursos estão aparentemente sempre disponíveis para câmeras de vigilância e policiais escolares. Essa forma de *abandono organizado*, para usar o termo cunhado por David Harvey, e extensivamente desenvolvido por Ruth Wilson Gilmore mapeia como os ambientes são moldados para criar condições ótimas e flexíveis para o capital e são intencionalmente desafiadores para reconhecer.[39] Liderada por mulheres de cor, a convenção política CORE da Chicago Teachers Union está começando a enfrentar essas questões e, pelo exemplo, a pressionar os sindicatos a desafiar a naturalização do policiamento em nossas comunidades. Criar oportunidades para um engajamento crítico, "fazendo a outra pergunta", é parte do trabalho do feminismo abolicionista.

O QUE A LUTA ENSINA

À medida que o julgamento de Van Dyke se aproximava em 2018, os diálogos críticos das redes de base às vezes se infiltravam nos principais meios de comunicação em torno de questões como: *O processo contra um policial realmente ajudará a acabar com a violência policial racista?*. Isso estimulou, por sua vez, o diálogo: *Mas não é importante que as pessoas vejam que a polícia não está acima da lei? Se não processarmos, de que outras maneiras temos de responsabilizá-lo e à polícia?*. As tensões sobre táticas de responsabilidade aumentaram, particularmente entre comunidades mais jovens e queer que exigiam mudanças além da condenação de um oficial como indivíduo e organizações de direitos civis, religiosos e legais mais antigas e estabelecidas, que viam a condenação como conquista importante.[40] Jovens do Black Youth Project 100 interromperam muitos dos eventos públicos do então prefeito de Chicago, Rahm Emmanuel, vestindo camisetas com a inscrição "Fund Black Futures" e gritando "Dezesseis tiros e um acobertamento". A demanda do Fund Black Futures funcionou para imaginar e promulgar formas de responsabilização além das policiais, diversificando as forças policiais ou investindo em novos treinamentos para elas, e expandiu a consciência e o debate sobre quais soluções e respostas podem produzir segurança e responsabilização reais. Embora algumas organizações reformistas tradicionais tenham recuado ativamente, argumentando que a condenação era a única maneira de enviar uma mensagem clara contra a violência policial, era tarde demais: a articulação popular alterou o terreno, insistindo na viabilidade de demandas radicais.

Essa sensação de poder coletivo na luta pública pela responsabilização policial levou uma rede de articuladores da justiça de imigração a se unir em 2018 para desafiar, com sucesso, o Gang Database, rede de bancos de dados e compartilhamento de infor-

Capa feita por Jett George para um folheto distribuído pelo grupo Survived & Punished em 2021. [No cartaz, lê-se: Não há — nem houve — bons promotores. Libertem todos os sobreviventes. Como a promotoria distrital de Manhattan enriquece, perpetua o abuso de sobreviventes e amordaça seus advogados.]

mações, em níveis de condado e estadual, que supostamente rastreia filiações de gangues e outras informações demográficas com algoritmos preditivos a fim de identificar aqueles com maior probabilidade de estarem envolvidos em um crime. Usando processos judiciais, relatórios, ação direta e cobertura da mídia, a Organized Communities Against Deportations e a Mijente (em conjunto com outras organizações) desenvolveram a campanha #ErasetheDatabase [Apague o Banco de Dados], que destacou a escala, os erros e as implicações prejudiciais desse banco de dados. Uma campanha contra a reforma, a #ErasetheDatabase insistiu que a única resposta eficaz ao banco de dados era encerrá-lo, e essa luta mostrou que uma postura radical era uma demanda "vencível".[41]

Uma característica distintiva entre o ativismo antipolicial de eras anteriores e a era contemporânea do Black Lives Matter é que não estamos satisfeitos com a demanda de que policiais como indivíduos sejam processados por cometer atos de violência racista. Também clamamos por mudanças estruturais. Nem o fato de o policial Darren Wilson não ter sido indiciado por um grande júri pela morte de Mike Brown em Ferguson, Missouri, nem a acusação do policial Brett Hankison sob a alegação de "perigo arbitrário" pela morte de Breonna Taylor atrasaram as demandas pelo corte de recursos da polícia. No entanto, os recursos e os anos — séculos acumulados — que muitos gastaram tentando tornar o sistema jurídico-criminal, incluindo o policiamento, responsável, não precipitaram sua ruína. Várias campanhas para condenar policiais como indivíduos por supremacia branca, misógina e "atos ruins" transfóbicos não resultaram na redução do poder de policiamento ou em torná-lo menos repressivo. As organizações civis e outras de vigilância tiveram, na melhor das hipóteses, impacto insignificante na redução da violência da polícia.[42] Embora essas estratégias possam resultar na possibilidade de um policial perder o emprego ou ser punido, o processo contra um policial não desfaz o sistema nem expõe as lógicas e as estruturas subjacentes que perpetuam o dano. Da mesma forma, processar indivíduos civis que cometem violência sexual e de gênero (ou colocar seu nome em fichas criminais) não reduziu a violência sexual e de gênero.[43]

As redes e organizações comunitárias lutam para saber como responder à violência contínua do policiamento, assim como também lutamos de forma colaborativa para tentar abordar a violência sexual e de gênero fora da prisão, dos processos e do aprisionamento individual de homens. Precisamos de um debate e uma discussão crítica sobre como construir o mundo que sabemos que precisamos. Centralizar o valor da abertura crítica produtiva, da reflexividade engajada e das condições diárias contínuas de ação, entretanto, não deve esvaziar o feminismo ou o abolicionismo do rigor ou de seu significado. Treinar policiais para fazer trabalho de justiça restaurativa não é abolicionista. Contratar mais mulheres para serem guardas prisionais não é feminista. Construir uma nova ala de transgêneros em uma prisão de imigração não é abolicionista.

Esses tipos de reformas reforçam o orçamento, o escopo e a lógica subjacente dos sistemas carcerários. "Celas mais amáveis, mais gentis" ainda são prisões, como escreveu a cofundadora da Critical Resistance Rose Braz, em 2006, em resposta pública à proposta de "prisões sensíveis às questões de gênero" da Califórnia, um plano para construir de trinta a cinquenta "miniprisões" em comunidades por todo o estado.[44] A construção de quatro novas prisões menores em Manhattan, Bronx, Brooklyn e Queens para substituir a de Rikers (conforme discutido no segundo capítulo) aprofunda os próprios problemas carcerários que o fechamento foi projetado para resolver. Nenhuma dessas reformas funciona para desmantelar, ou mesmo resolver, os danos que são usados para reforçar o Estado punitivo, incluindo formas de violência sexual e de gênero. Como o Estado absorve ou coopta ferramentas e linguagens aparentemente radicais, e às vezes organizações inteiras, a serviço da legitimação de sua violência, o feminismo abolicionista concentra uma flexibilidade crítica e produtiva e uma cultura de educação política que está intimamente ligada aos movimentos sociais e políticos de base.

Às vezes, os sinais entre as reformas que funcionam para reduzir e acabar com a nossa dependência da carceralidade e aquelas que aprofundam e aumentam seu alcance não são tão óbvios. Frequentemente, as táticas não são inerentemente abolicionistas, em vez disso o potencial radical reside na maneira como o trabalho se desenvolve e a análise e a linguagem que formam e crescem como alicerces de campanhas ou estratégias. Amarrar objetivos de campanha de curto prazo a lutas de longo prazo por mudanças de paradigma e, ao mesmo tempo, garantir que os participantes entendam as conexões sempre foi o trabalho de algumas feministas anticapitalistas, queer e mulheres de cor. Embora as apostas — muitas vezes nossa vida — criem linhas brilhantes, de acordo com Naomi Murakawa, "permanecer modal e interseccional é a melhor maneira de nos proteger de melhorias reformistas e avançar em direção a mudanças transformadoras".[45] Essa politização de métodos e estratégia — uma atenção a como a articulação e o trabalho se desdobram — é importante para reconhecer as tensões e os custos inerentes aos movimentos sociais: a necessidade de sempre substituir o ou/ou pelo tanto/quanto e de mudar as regras do jogo enquanto trabalha para garantir que as pessoas façam mais do que simplesmente permanecer vivas. Essa prática do tanto/quanto requer disposição para habitar as contradições, evitar a pureza e abraçar as tensões e contradições inerentes aos movimentos políticos e sociais que buscam mudanças radicais e sistêmicas. Por necessidade e visão, o feminismo abolicionista sempre abraçou pelo menos uma prática dupla: como Mari Matsuda nos lembra, trabalhamos para "fazer a outra pergunta".

O LONGO PERCURSO

Em outubro de 2018, em um tribunal lotado de policiais uniformizados e cercado por manifestantes, Van Dyke foi condenado por homicídio simples e recebeu a sentença de 81 meses de reclusão. Por ser o primeiro policial da cidade condenado por assassinato em quase cinquenta anos, ninguém ficou satisfeito com a sentença. A Illinois Fraternal Order of Police protestou contra o "julgamento falso" e o "veredicto vergonhoso".[46] Alguns líderes comunitários negros ficaram indignados com a indulgência do tribunal quando as prisões de Illinois transbordaram de pessoas cumprindo pena de morte por homicídio em vez dos meses sentenciados. No momento em que escrevemos este livro, o procurador-geral de Illinois e o promotor do caso estão apelando para alongar a sentença de Van Dyke. À medida que o diálogo sobre como responsabilizar esse policial e o Departamento de Polícia de Chicago continua, novos pontos de partida para a luta emergem.

Pouco depois da conclusão do julgamento e do maior fechamento de escolas públicas em qualquer distrito do mundo, Chicago acelerou o plano de construir uma nova academia de treinamento policial de 95 milhões de dólares.[47] No rastro desse veredicto, quando a visão e a prática da segurança estavam sendo ativamente repensadas e o policiamento desnaturalizado, a campanha e coalizão #nocopacademy [não à academia policial] surgiu para desafiar a construção dessa academia de treinamento de última geração. A campanha #nocopacademy produziu materiais educacionais políticos inteligentes, orquestrou ações diretas criativas e fez o árduo trabalho diário de educação política — no transporte público, nos bairros e nas redes sociais — sobre como poderiam ser se os 95 milhões de dólares reservados para a nova academia fossem investidos para tornar as comunidades — especialmente os bairros negros e brown — mais seguras. O material

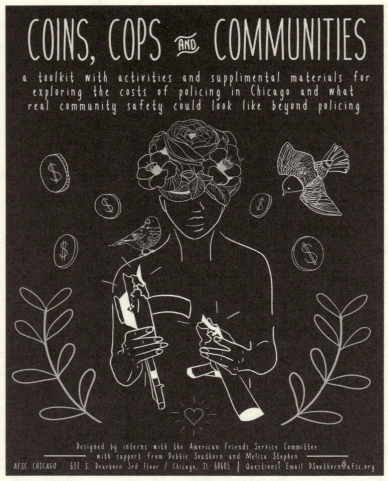

Capa do Coins, Cops, and Communities Toolkit, *da AFSC, criada por Nicole Trinidad em 2016.* [No cartaz, lê-se: Moedas, Policiais e Comunidades. Um guia com atividades e materiais complementares para explorar os custos do policiamento em Chicago e como comunidades poderiam ser realmente seguras para além do policiamento.]

Coins, Cops, and Communities produzido por essa campanha tornou visíveis as profundas assimetrias e dimensões éticas do orçamento de uma cidade. Por exemplo, o orçamento anual de Chicago contra o abuso de substâncias químicas (2 581 272 dólares) equivale ao que a cidade gasta em meio dia de policiamento.

Enquanto a cidade votava para aprovar a construção da nova academia de polícia no fim de 2019, a #nocopacademy expandiu a consciência política e traduziu as visões abolicionistas em uma demanda prática: mais de 120 organizações assinaram e concordaram que a contratação do poder e do escopo do policiamento é comum e uma meta alcançável. Essa é uma vitória enorme. Como observou o articulador de Chicago, Benji Hart, "A coalizão perdeu a votação, mas mudou a narrativa sobre os gastos da polícia".[48] A campanha #nocopacademy moveu uma ampla gama de organizações, muitas das quais não tinham centrado o policiamento ou o abolicionismo, para criar novos pontos de partida para lutas sempre emergentes. Por exemplo, em agosto de 2020, quando o Chicago Board of Education votou, após um longo debate, para não revogar seu contrato com o Departamento de Polícia de Chicago, uma campanha emergente, a #Copsoutofcps, se baseou em conversas anteriores sobre abolicionismo e sindicatos para organizar rapidamente as aulas via Zoom e ações diretas que visavam à diretoria de educação.

Enfatizando que os orçamentos são indicadores de prioridades e valores, as campanhas #nocopacademy e #Copsoutofcps se basearam no trabalho anterior das articuladoras feministas abolicionistas para separar a segurança pública do policiamento. Esse trabalho foi alinhado a uma pesquisa que ilustra que a maioria dos chamados que a polícia recebe não é sobre "crimes", mas sim a necessidade de apoio ou serviços. Como documenta a historiadora, acadêmica e ativista Micol Seigel, a polícia gasta pouquíssimo tempo lidando com a categoria inventada de crime:

As coisas que a polícia faz que não têm a ver com o "crime" podem — e devem — ser feitas por outros órgãos: assistentes sociais, paramédicos, bombeiros, diretores de tráfego, coletores de lixo, conselheiros, associações de bairro, amigos, entre outros. Esse, não tão incidental, é o cerne de um processo prático e gradual de abolicionismo policial: começar a dar às agências não violentas, peça por peça, as tarefas atualmente atribuídas a homens e mulheres uniformizados.[49]

Essa pesquisa fundamentou uma plataforma de ações de abolicionismo policial em nível nacional, incluindo campanhas para reduzir as ligações para o 911 e desvincular ou separar os serviços de saúde das forças de segurança.

O feminismo abolicionista ajudou a semear o solo que tornou esse trabalho imaginável. Esse trabalho lento de educação política contínua e de construção de coalizões pode ser árduo por causa do modo como os espaços de coalizão muitas vezes não são o lar de ninguém, como a articuladora de direitos civis e musicista Bernice Johnson Reagon nos lembrou em 1981.[50] Detalhado e relacional, esse trabalho necessário, quase nunca remunerado ou reconhecido e que muitas vezes sobra para feministas, especialmente mulheres de cor, demonstra também que construir uma comunidade radical pode ser contagiante, alegre e "a beleza que impulsiona as experiências para viver de outra forma".[51]

ALÉM DO SUCESSO/FRACASSO

Essas pequenas campanhas e organizações espalhadas em uma única cidade são apenas uma parte da história do feminismo abolicionista em Chicago. Se forem conhecidas, provavelmente são vistas como desconectadas, até mesmo como projetos fracassados, uma lista de pequenas organizações que fracassaram *sem aprovar legislação* ou *alcançar qualquer coisa*. A lista de fracassos só aumenta: apesar de uma campanha poderosa liderada em parte pela INCITE!, em 2017, o ativista americano-palestino da região de Chicago Rasmea Odeh foi deportado.[52] Muitos dos pequenos grupos descritos neste capítulo se encerraram e não estão mais em operação. Algumas das campanhas envolveram apenas um punhado de pessoas. A maior parte de seu trabalho nunca chegou aos principais meios de comunicação. Sob certa óptica, a lista de nossos fracassos é longa: um evento que teve pequena participação; o único colaborador carismático da equipe, de meio período, foi demitido; um projeto ficou sem recursos e força, então desapareceu sem deixar vestígios. As tensões causaram a fratura do grupo; ninguém queria mais trabalhar como coletivo. No contexto das revoltas de 2020, a maioria desses pequenos grupos, campanhas e eventos foi esquecida ou permaneceu invisível. Eles não apenas merecem ser reconhecidos como arautos de uma mudança radical, mas, de forma mais crítica, seu apagamento enfraquece nossa capacidade de lutar, coletivamente, a longo prazo.

Essas formas de apagamento estrutural, uma epistemologia aprendida e organizada da ignorância, está longe de ser arbitrária: nossas histórias de resistência e articulação feministas/queer/de mulheres de cor são empobrecidas pela intenção — muitas vezes letal —, e poucos vestígios permanecem dessas poderosas e, muitas vezes altamente locais, campanhas que construíram coalizões além das fronteiras, reprimindo as formas letais de violência do Estado, expandindo a imaginação sobre segurança e comunidade e semeando mudanças na linguagem e na cultura.[53] Esse apagamento é facilitado pelas métricas dominantes de sucesso e fracasso criadas pelos próprios sistemas e instituições que reproduzem e naturalizam a violência racista e heteropatriarcal. Por exemplo, os três departamentos da Critical Resistance que operavam em

Chicago entre 2005 e 2012 tendem a ser esquecidos porque *não tiveram resultados tangíveis* em suas campanhas audaciosas, incluindo a demanda de 2011, "nenhuma criança atrás da grades", para fechar a maior prisão juvenil de Chicago.[54] Lógicas avaliativas e normativas de sucesso — uma vitória é aprovar uma legislação, criar uma política ou uma articulação grande e permanente, algo tangível ou entregável — são internalizadas e às vezes produzem vergonha: *O que nós fizemos? Falhamos*. Mas, como o feminismo abolicionista nos lembra, embora mudanças nas leis e políticas possam ser necessárias, isso nunca é suficiente.

Nessa ecologia do feminismo abolicionista, o tempo lento e urgente dos movimentos significa que algumas das relações e mudanças mais críticas são muitas vezes irreconhecíveis como "vitórias", mas essas genealogias raramente reconhecidas e vigorosas que amarram movimentos e campanhas através do tempo e do espaço continuam a despertar liberdade. Unidas em relacionamentos delicados, essas organizações estão mudando o poder, construindo novas linguagens e trabalhando duro para criar possibilidades radicais. O Fund Black Futures, da BYP, não teria sido possível sem a INCITE! ou o YWEP ou o departamento de Chicago das Women of All Red Nations. Os departamentos da Critical Resistance de Chicago aprofundaram as conversas sobre o abolicionismo que reverberaram ao longo de 2020. A Chicago Freedom School é possível por causa do Batey Urbano. A Chicago Legal Advocacy for Incarcerated Mothers viabilizou redes organizadas como o Prison + Neighborhood Arts / Education Project. Em 2019, o Chicago Community Bond Fund (CCBF) começou a se reunir com a Resilience, uma organização em Chicago que presta assistência em casos de agressão sexual. A Resilience e o CCBF se juntaram para conectar a fiança com dinheiro em espécie ao imperativo de apoiar sobreviventes de agressão sexual. Essas ligações tênues, raramente visíveis, são cruciais. Ainda assim, a compreensão dominante e convencional da história, da ecologia da mudança social e política é intencionalmente estreitada, branqueada e endireitada, e busca sempre indivíduos e não coletivos, vitórias políticas/jurídicas/legislativas e não processos, ações, e certamente não educação política ou culturas que criam uma nova capacidade para a consciência política radical.

O esquecimento e o apagamento articulados não são o único desafio. Muitas dessas pequenas redes se rompem como resultado da pressão de financiadores e outros para expandir, "aumentar", "agilizar" ou "marcar", ou para fornecer um serviço em vez de articular, focar o trabalho político e não a construção de base, elevar um único líder/diretor carismático em vez de uma rede coletiva com legisladores e não pessoas comuns. A articulação bem-sucedida, que mobiliza as pessoas e faz demandas efetivas ao Estado, às vezes é cooptada e absorvida por causa da capacidade do Estado punitivo de "acenar para acomodação ou evocar o desaparecimento de cada impulso progressivo".[55] O Departamento de Polícia de Chicago tem até um escritório de estratégias de justiça restaurativa completo, inclusive com seu próprio perfil no Twitter.[56] Cooptação pode significar profissionalização, intimamente atrelada à branquitude, e a desqualificação de quem tem feito esse trabalho sem credenciais ou remuneração e a reforma de movimentos e ajuda mútua em agências de serviço social e instituições de caridade. A profissionalização também pode individualizar, rejeitando coletivos e comunidades, mercantilizando e privatizando habilidades, conhecimentos e, às vezes, histórias. Por exemplo, desde que o emprego remunerado se abriu para profissionais e especialistas da justiça restaurativa, muitos desses cargos agora só podem ser preenchidos por alguém com certificações e credenciais caras. Essas formas de cooptação, atenção e pressão da grande filantropia impulsionam uma narrativa de fracasso: tentamos isso; não funcionou. O desaparecimento organizado persiste.

No entanto, essas formas de cooptação também são outra indicação de nosso poder: é inevitável que as principais respostas

Cartaz ilustrado por Monica Trinidad, anunciando uma série de eventos abolicionistas em Chicago em 2017.

políticas aos movimentos tentem rejeitar entendimentos radicais de problemas sociais como a crise carcerária e a pandemia de violência de gênero. Apesar disso, é precisamente nosso próprio envolvimento tenaz em campanhas que empurra outros nessa direção. Longe de ser um fracasso, um ecossistema feminista abolicionista — materiais de campanha perdidos na internet; grupos de estudo e ação que se inclinaram para o passado e esqueceram o depois; exibições de documentários independentes; pequenos grupos de piquetes militantes; grupos universitários que irrompem e se dissipam — gerou uma ecologia que sustentava a ideia de que processar qualquer policial não poderia ser a solução.

Após a sentença, Jason Van Dyke não se tornou imediatamente uma das quase 40 mil pessoas no departamento de correção de Illinois: os brancos representam 65% da população do estado e 30% de sua população carcerária.[57] Como é típico nos raros casos em que a polícia é realmente condenada e sentenciada, ele foi inicialmente transferido para Connecticut para cumprir pena em uma prisão federal. Meses depois de sua sentença, sua esposa, Tiffany, anunciou que o marido havia sido agredido na prisão. Ela implorou por informações sobre seu paradeiro e condição: "Não sei se ele está seguro neste momento ou a gravidade de seus ferimentos".[58] Apesar dos pedidos de informação visando à proteção de seu marido, o departamento de prisões se recusou a fornecer qualquer informação adicional além de reconhecer que um ataque havia ocorrido e que o procedimento-padrão exigia a segregação de Van Dyke na SHU, ou unidade de habitação segura. Uma manchete do *Chicago Tribune* parecia resumir o momento: "Não podemos culpar Tiffany Van Dyke por questionar, mas seu marido é apenas mais um criminoso condenado".[59] Mesmo assim, para algumas pessoas, Van Dyke passou de policial a criminoso. Talvez ele esteja em uma prisão onde uma articulação ativa está em andamento para aumentar a visibilidade das mortes sob custódia; talvez seus entes queridos tenham se juntado às brigadas de pessoas em carreatas que compravam e entregavam máscaras e suprimentos médicos para as pessoas lá dentro durante a covid. Talvez.

O trabalho em Chicago aqui destacado é dinâmico e contínuo. E nossos antecedentes vão além da temporalidade artificial deste capítulo. Da jornalista e organizadora antilinchamento Ida B. Wells à articuladora comunista do trabalho e da justiça Lucy Parsons, do Jane Collective às Amigas Latinas, Chicago está enraizada em mudanças radicais.[60] As mobilizações feministas abolicionistas emergem de e com as estratégias e análises de trabalhos anteriores. Por necessidade, as pessoas experimentam e praticam as ferramentas disponíveis. À medida que a pandemia de covid-19 diminui e se aprofunda em todo o mundo, a pandemia do complexo industrial prisional coexiste com a pandemia da violência de gênero. À medida que as pessoas se esforçam para apoiar seus entes queridos, enquanto articuladores criam estratégias ao lado de pessoas que sobrevivem às pandemias de covid e à criminalização e à violência de gênero, e à medida que grupos, campanhas e formações políticas continuam a exigir a libertação das injustiças que reverberam da prisão de Stateville à Palestina, somos energizados pelo compromisso apaixonado das já feministas abolicionistas.

Apesar do que alguns possam desejar — incluindo nós, em alguns dias —, não há linha de chegada, nenhum fim firme e decidido. E, no entanto, é difícil não ler isso e querer resultados concretos, checklists. Algumas garantias. Um mapa rodoviário. Reconhecemos esse desejo. Ainda assim — como este capítulo sobre Chicago lembra, e como a poetisa e educadora de Chicago Gwendolyn Brooks lindamente observa, nós somos o nosso mapa: "Nós somos a colheita uns dos outros; somos da conta uns dos outros; nós somos a magnitude e o vínculo um do outro".[61] Este arquivo parcial de Chicago oferece uma resposta robusta à pergunta mais importante: O que fazemos *já* para construir o feminismo abolicionista?

Epílogo

Como traçar um limite quando a obra está se desdobrando e inacabada?

Ninguém queria terminar este projeto. Como articuladoras e escritoras, isso nos causou ansiedade — enviar este livro para impressão cimentará o que são conversas fluidas e ideias em andamento. Em campanhas e projetos locais, uma complexidade do "fazer" ou "esforço" coletivo não é totalmente documentável. Sim, podemos fazer entrevistas com participantes, atas de reuniões e cartazes de eventos — ou materiais adicionais — muitas vezes emoldurados como evidências ou coisas efêmeras. No entanto, as lacunas, a confusão e o sofrimento que fazem um tipo peculiar de sentido nos compromissos não se traduzem necessariamente bem em palavras escritas, e sua omissão pode ser interpretada como erro em um projeto textual.

Como estudiosas, embora saibamos que as histórias são incompletas e passíveis de contestação — e pretendemos que este livro não registre nenhuma "história completa"—, ainda nos sentimos impelidas a continuar a adicionar, a expandir exemplos e momentos, a contextualizar e aprofundar como o mundo ao nosso redor muda tão rapidamente: há muitos tópicos neste projeto que dariam um livro à parte! Para nós, parece bastante audacioso parar. Em qualquer lugar. Aqui. Particularmente em um momento político em que o mundo virtual está explodindo, diariamente, com um abolicionismo brilhante e ferramentas, recursos e demandas feministas. No entanto, ao mesmo tempo, sabemos que genealogias explicitamente parciais são úteis não só porque nos lembram da essência da ficção de qualquer crônica que passa por completa, mas também porque podem interromper o desejo de ler movimentos sociais, organizações e pessoas hagiograficamente. Nosso trabalho, e o trabalho que o precede, não é perfeito nem acabado, nem os movimentos, as articulações, as análises, as campanhas e as redes que estão por vir. Nossos retratos instantâneos visam oferecer pinceladas — uma pluralidade de lugares para conhecer melhor, um apelo para estudar rigorosamente e engajar-se no presente, no passado (e no trabalho futuro) de coletivos e campanhas — em vez de pontos fixos de partida ou dogmas.

Apesar de nosso objetivo não fazer deste um relato histórico abrangente, mas uma provocação — *o abolicionismo é impensável sem o feminismo e o nosso feminismo inimaginável sem o abolicionismo* —, reconhecemos que muitas pessoas podem ler este projeto e querer modelos, cronologias detalhadas e definições. Na verdade, embora possamos nos sentir pressionadas a desejar isso, entendemos que são as formas da lógica carcerária que nos convencem desse modo. Há uma velha conhecida certeza — embora muitas vezes falsa — nessa fixação, e reconhecemos que o feminismo abolicionista que esperamos avançar por meio deste livro necessita de nossa libertação da tendência de chegar à resposta rapidamente.

O *Já* no título deste livro denota nosso sentimento de urgência e tem como objetivo encorajar ações ponderadas e baseadas em princípios; não pretende sugerir que haja uma resposta ao alcance neste momento. Queremos dizer: faça perguntas diferentes *já*; considere ações alternativas *já*; envolva-se com mais pessoas *já*; complique a análise *já*; mude de ideia, peça desculpas, recalcule e tente novamente *já*. *Já* é o momento de ajuda mútua e autocuidado. *Já* é o momento da raiva justificada e de resolução na dolorosa realidade da carnificina que as prisões, o policiamento e a detenção — todos confinamentos forçados — criaram para nós. Devemos ser lembrados *já* de como estupro, espancamento, perseguição, trabalho sexual criminalizado, violência dirigida a pessoas trans e remoção de crianças de suas famílias estão arruinando vidas. E *já* é a hora de lamentar as vidas perdidas em várias pandemias, incêndios descontrolados, furacões e terremotos, guerras sem fim, exploração capitalista e racial e ocupações. Em vez de oferecer o já como o ponto-final — como em "afinal" —, nós o oferecemos como um ponto de partida crítico e alegre.

Conforme trabalhávamos nos capítulos — adicionando e refinando palavras e exemplos, lembrando nomes e eventos, aprendendo sobre outras campanhas e organizações e solicitando feedback de camaradas valiosos (gratidão a Rachel Caidor, Mimi Kim e Asha Ransby-Sporn; reconhecimento a Erin Eife, Sangeeta Ravichandran e também Mariana Green; profundo apreço a Sara M. Benson; e nosso agradecimento a muitos, muitos outros, nomeados e não nomeados, cujo pensamento e prática informam este livro) — em nossas mãos, o cenário continuou mudando. Ao longo dos dois anos, trabalhamos diretamente neste projeto — tanto o feminismo quanto o abolicionismo assumiram novos pontos de vista políticos. O #metoo/Time's Up e #DefundPolice impulsionaram mudanças culturais e políticas enormes e amplamente divergentes. À medida que os contextos se transformavam, as apostas e o público deste livro aumentaram e se transformaram.

Como *Abolicionismo. Feminismo. Já.* documenta, nossos movimentos são os responsáveis diretos por esse cenário em transformação. Nosso trabalho coletivo está construindo essas mudanças culturais e políticas. Nossas campanhas, nossas demandas e nossa articulação — cartazes, workshops, marchas, memes, tuítes, webinars, bolsas de estudo, ações, manifestos, entre outros (a maioria produzida e divulgada fora do mercado formal). Estamos particularmente entusiasmadas com a proliferação em um mundo virtual em expansão que nos cercou enquanto escrevíamos este livro — chamadas de Zoom com pessoas na prisão, reuniões virtuais e webinars, tópicos no Snapchat, Facetimes ao longo de viagens em carros e no transporte público. Esse aumento de conectividade (acessível a alguns, não a todos) continua a criar e fortalecer as modalidades feministas abolicionistas da força rebelde dentro e fora do movimento: internacionalista, interdisciplinar e muito mais.

Reconhecemos e sentimos o impacto desse crescente corpo de trabalho todos os dias. A articulação de reuniões começa em novos lugares: por exemplo, em vez de simplesmente aceitar "exclusões" na legislação, como um projeto de lei de alívio pós-condenação que não se aplica a pessoas com prisão perpétua ou a pessoas condenadas por crimes sexuais, as campanhas estão recuando e recusando-se a assinar, a menos que esses "entalhes" sejam removidos. Funcionários de organizações antiviolência estão pedindo, e frequentemente recebendo, desenvolvimento profissional interno centrado no abolicionismo por meio de análises e práticas transformadoras. As redes estão produzindo rapidamente ferramentas e workshops em resposta às "perguntas frequentes" que os abolicionistas muitas vezes recebem — como o material de campanha *On the Road to Freedom: An Abolitionist Assessment of Pretrial and Bail Reforms* [Na estrada para a liberdade: Uma avaliação abolicionista das reformas pré-julgamento e de fiança].[1] Algum desses recursos ou ações individuais são *a* solução? Não, mas coletivamente moldam, aprofundam e expandem o ecossis-

Networkers, *por Molly Costello, 2021.*

tema. E, embora nem todas essas redes e ferramentas em circulação sejam necessariamente abolicionistas ou feministas, suas invocações, práticas e questões/tensões emergentes — e, sim, até anseios — semeiam e fortalecem o solo para esse crescimento. A revolução não é um evento único, como Audre Lorde nos lembra, e essas redes estão criando o mundo de que precisamos, já.[2]

À medida que novas formulações surgem, outras desaparecem; redes e grupos se identificam orgulhosamente como feministas, queer, *crip*, negros e/ou abolicionistas. Aturdidas por suas demandas e às vezes simplesmente por sua formação, as instituições dominantes lutam para conter e administrar esses movimentos. Todavia, mais um "comitê de diversidade" ou outro "oficial de equidade" são esforços inevitavelmente fracassados para conter essas demandas insurgentes.

Sim, em parte, a identificação visível das redes como feministas ou abolicionistas poderia representar uma fachada. Não estamos interessados em que o feminismo abolicionista se torne outro significante vazio. Mas, ao mesmo tempo, essas manifestações também são fissuras radicais — aberturas insurgentes — que não podem ser simplesmente encaixotadas em um comitê de diversidade ou descartadas como ultrapassadas. Enquanto lutamos para escrever e finalizar este projeto, os principais meios de comunicação já estão prevendo o fim do movimento pelo corte de recursos da polícia (curiosamente, a cumplicidade do feminismo dominante com a violência sexual e de gênero — as líderes feministas e chefes de organizações feministas que protegiam e orientavam Andrew Cuomo, por exemplo — não impulsionou nenhuma sentença de morte para o #MeToo e o #Time's Up).[3] Mas a pressa com que essas estruturas de poder dominantes se mobilizaram para proclamar o fim da #DefundPolice ilumina precisamente o poder dessa demanda.

Novamente, este é o imperativo feminista abolicionista do tanto/quanto: a necessidade de prestar atenção rigorosa no que veio antes, mas também de se mover de forma expansiva e produtiva e estar disposto a aprender e desaprender. O imperativo de reconhecer que as estruturas de poder dominantes tentarão — muitas vezes com sucesso — absorver nosso trabalho e demandas, e ainda assim forjaremos uma nova linguagem e práticas, e trabalharemos, de qualquer maneira. Em vez de contraditórias, essas tensões — dolorosas e prazerosas — *são* o trabalho. Este livro é um convite aos leitores a escrever e se articular para criar outras formas de abordar *Abolicionismo. Feminismo. Já.*, por textos, filmes, zines, coletivos, grupos de estudo, festas, entre outros: a liberdade é uma luta constante. Somos um coletivo que tem trabalhado para impulsionar essas conexões entre o abolicionismo e o feminismo — e todo o nosso trabalho nos lembra, diariamente, a vibração desse cenário, os riscos desse trabalho e o imperativo de aprendermos umas com as outras. Já.

Apêndices

Violência entre parceiros íntimos e violência estatal

Roda do Poder e Controle, por Monica Cosby

VIOLÊNCIA ENTRE PARCEIROS ÍNTIMOS

Abuso emocional: faz com que se sintam mal consigo mesmas, xinga-as; faz com que achem que estão loucas, humilha

Intimidação e perseguição: faz com que sintam medo; estraga seus objetos pessoais; mostra armas

Coerção e ameaças: faz ameaças de ferir; ameaça denunciá-las às autoridades

Abuso econômico: impede que trabalhem; faz com que peçam dinheiro emprestado; toma-lhes o dinheiro

Usa privilégios: trata-as como empregadas; toma todas as decisões importantes; usa estereótipos contra elas

Minimiza, rejeita e culpa: faz pouco do abuso; transfere a culpa pelo abuso dizendo que elas é que o causaram

Isolamento: controla aonde vão, o que fazem, o que leem; limita o trabalho e as atividades

Usa os filhos: faz com que se sintam culpadas em relação aos filhos; usa as visitas para assediar; ameaça levar os filhos embora

VIOLÊNCIA ESTATAL

Abuso emocional: faz com que se sintam mal consigo mesmas, infantiliza-as, xinga-as; faz com que achem que estão loucas, humilha

Intimidação e perseguição: revista as celas, faz revista íntima, mostra armas; liberdade condicional com supervisão obrigatória e monitoramento eletrônico

Coerção e ameaças: ameaça chamar a equipe tática, ameaça com a perda de visitas ou da programação do dia, ameaça com a segregação

Abuso econômico: trabalho abusivo na prisão, preços abusivos no armazém do presídio; controla como podem gastar e quem pode lhes dar dinheiro

Usa privilégios: impõe regras arbitrárias; força a seguir toda e qualquer regra dos agentes; vigilância constante da pessoa e de seus bens

Minimiza, rejeita e culpa: retaliação quando reclamam; diz que estão na prisão "para seu próprio bem"

Isolamento: controla quem podem visitar, com quem podem falar pelo telefone, lê sua correspondência, utiliza o confinamento na solitária

Usa os filhos: ameaça eliminar as visitas; utiliza o programa do DCSF* contra elas; separação dos filhos; ameaça de separação permanente dos filhos

---

* Department for Children, Schools and Families [Departamento para Crianças, Escolas e Famílias], dos Estados Unidos. O programa a que as autoras se referem seria o equivalente ao Conselho Tutelar brasileiro.

Manifesto da INCITE! e da Critical Resistance sobre a violência de gênero e o complexo industrial prisional (2001)

Conclamamos os movimentos pela justiça social a desenvolver análises e estratégias que tratem da violência tanto estatal QUANTO interpessoal, sobretudo a violência contra as mulheres. Atualmente, ativistas/movimentos relacionados à violência estatal (como os grupos antiprisionais e contra a brutalidade policial) muitas vezes trabalham isolados dos ativistas/movimentos contra a violência doméstica e sexual. O resultado é que as mulheres de cor, que sofrem desproporcionalmente a violência tanto estatal quanto interpessoal, se tornaram marginalizadas nesses movimentos. É fundamental que desenvolvamos respostas à violência de gênero que não dependam de um sistema jurídico-criminal sexista, racista, classista e homofóbico. Também é importante que desenvolvamos estratégias que desafiem esse sistema e que, além disso, forneçam segurança para sobreviventes de violência sexual e doméstica. Para termos uma vida sem violência, precisamos desenvolver estratégias holísticas para tratar dela que considerem a intersecção de todas as formas de opressão.

O movimento antiviolência tem sido de importância fundamental para romper o silêncio em torno da violência contra mulheres e para fornecer atendimento muito necessário às sobreviventes. No entanto, o movimento antiviolência dominante tem se baseado cada vez mais no sistema jurídico-criminal como principal abordagem para o fim da violência contra mulheres de cor. É importante avaliar o impacto dessa estratégia.

1. As abordagens de aplicação da lei à violência contra mulheres PODEM prevenir algumas ações violentas a curto prazo. Todavia, como *estratégia geral para acabar com a violência, a criminalização não tem funcionado*. Com efeito, o impacto geral de leis determinando a prisão compulsória nos casos de violência doméstica foi a diminuição do número de mulheres agredidas que matam os parceiros em legítima defesa, mas não levou à redução no número de agressores que matam as parceiras. Assim, a lei protege mais os espancadores do que as sobreviventes.

2. *A abordagem criminalizadora também fez com que muitas mulheres entrassem em conflito com a lei*, especialmente profissionais do sexo, mulheres de cor, pobres, imigrantes, com deficiência e outras marginalizadas. Por exemplo, sob as leis de prisão compulsória, há inúmeros casos em que os policiais chamados para atender a incidentes domésticos prendem a mulher que está sendo espancada. Muitas mulheres sem documentos registram casos de violência sexual e doméstica, mas o único resultado é o de serem deportadas. Uma orientação jurídica e policial dura também leva a longas sentenças para mulheres condenadas por matar seus agressores. Por fim, quando se canalizam as verbas públicas para o policiamento e as prisões, o efeito colateral inevitável são cortes orçamentários em programas sociais, inclusive assistenciais, habitacionais e de acolhimento para mulheres. Com isso, elas têm menos condições de escapar de relacionamentos violentos.

3. *Prisões não funcionam.* Apesar do crescimento exponencial do número de homens nas prisões, não há nenhum aumento de se-

gurança para as mulheres, e os índices de agressão sexual e violência doméstica não diminuíram. Ao pedir maior resposta policial contra a violência de gênero e sentenças mais duras para os perpetradores, o movimento antiviolência alimentou a proliferação de prisões, e agora os Estados Unidos têm o maior índice per capita de pessoas encarceradas. Nos últimos quinze anos, disparou o número de mulheres, sobretudo de cor, na prisão. As prisões também infligem violência na quantidade crescente de mulheres atrás das grades. O ativismo antiviolência tem em larga medida fechado os olhos aos cortes, aos suicídios, à proliferação do HIV, às revistas íntimas, à negligência médica e ao estupro de prisioneiras. O sistema jurídico-criminal, uma instituição de violência, dominação e controle, tem aumentado o nível de violência na sociedade.

4. *O recurso a verbas públicas para sustentar os programas antiviolência aumentou a profissionalização do movimento antiviolência e o afastou de suas raízes de justiça social e de articulação comunitária.* Esse recurso tem isolado o movimento antiviolência de outros movimentos de justiça social que procuram erradicar a violência estatal, de modo que ele vem atuando mais em conflito do que em colaboração com essas redes.

5. *O recurso ao sistema jurídico-criminal debilitou a capacidade das mulheres de se organizarem coletivamente* para deter a violência e tem transferido esse poder para o Estado. Disso resulta que as mulheres que buscam reparação no sistema jurídico-criminal se sentem enfraquecidas e alienadas. Ele também promove uma abordagem individualista para acabar com a violência, de tal modo que as pessoas pensam que a única maneira de intervenção para detê-la é chamar a polícia. Essa dependência desviou nosso foco da elaboração de formas comunitárias de reagir coletivamente à violência.

Nos últimos anos, o movimento antiprisional dominante tem atraído importante grau de atenção ao impacto negativo da criminalização e à construção do complexo industrial prisional. Como os ativistas que procuram reverter o fluxo de criminalização e encarceramento em massa de comunidades pobres e de comunidades de cor nem sempre colocam o gênero e a sexualidade no centro de suas análises ou de seu trabalho de articulação, também nem sempre temos reagido de modo adequado às necessidades das sobreviventes de violência doméstica e sexual.

1. *Os ativistas pela responsabilização prisional e policial geralmente se articulam em torno de homens de cor, conceitualizando-os como as vítimas primárias da violência estatal.* As prisioneiras e as mulheres vítimas da brutalidade policial se tornam invisíveis devido ao foco sobre a guerra a nossos irmãos e filhos. Esse foco deixa de considerar que as mulheres são tão severamente afetadas pela violência estatal quanto os homens. A situação das mulheres que são estupradas por agentes do Serviço de Imigração e Naturalização ou por guardas prisionais, por exemplo, não tem recebido atenção suficiente. Além disso, quando membros da família e da comunidade são criminalizados e confinados, recai sobre as mulheres a incumbência de cuidar da família extensa. Foram criadas várias organizações para defender prisioneiras; no entanto, é frequente que esses grupos fiquem marginalizados no movimento antiprisional dominante.

2. *O movimento antiprisional não desenvolveu estratégias para tratar das formas de violência crescente que as mulheres enfrentam no cotidiano,* inclusive o assédio na rua, o assédio sexual no trabalho, o estupro e o abuso do parceiro íntimo. Enquanto não se desenvolverem tais estratégias, muitas mulheres se sentirão subvalorizadas pelo movimento. Além disso, o movimento antiprisional, na medida em que não procura formar alianças com o movimen-

to antiviolência, passa a mensagem de que é possível liberar as comunidades sem buscar o bem-estar e a segurança das mulheres.

3. *O movimento antiprisional não tem se organizado de modo suficiente em torno das formas de violência estatal enfrentadas pela comunidade LGBTQIA+.* Os jovens de rua LGBTQIA+ e as pessoas trans em geral são especialmente vulneráveis à criminalização e à brutalidade policial. Negam-se a prisioneires LGBTQIA+ direitos humanos básicos, como visitas familiares de parceires do mesmo sexo, e as relações homossexuais consensuais na prisão são policiadas e punidas.

4. *Embora os abolicionistas prisionais tenham apontado corretamente que os estupradores e assassinos em série correspondem a uma pequena porcentagem da população prisional, não respondemos à pergunta sobre a maneira de tratar tais casos.* A incapacidade de responder à pergunta é vista por muitos ativistas antiviolência como desinteresse pela segurança das mulheres.

5. As várias alternativas ao encarceramento que foram desenvolvidas por ativistas antiprisionais *geralmente deixam de oferecer mecanismo suficiente para responsabilização e segurança das sobreviventes de violência sexual e doméstica.* Essas alternativas muitas vezes se baseiam numa concepção romantizada das comunidades, que ainda têm de demonstrar seu compromisso e sua capacidade de manter mulheres e crianças em segurança, ou de tratar seriamente o sexismo e a homofobia que estão profundamente entranhados nelas.

Conclamamos os movimentos em prol da justiça social empenhados em acabar com a violência em todas as suas formas a:

1. *Desenvolver respostas comunitárias à violência que não se baseiem no sistema jurídico-criminal E que tenham mecanismos*

que garantam segurança e responsabilização para as sobreviventes de violência sexual e doméstica. Devem-se documentar e disseminar as práticas transformadoras nascidas nas comunidades locais para promover respostas coletivas à violência.

2. Avaliar criticamente o impacto do financiamento público das organizações de justiça social e *desenvolver estratégias alternativas de arrecadação de fundos para sustentar tais organizações.* Desenvolver estratégias coletivas de arrecadação de fundos e de trabalho articulado para as organizações antiprisionais e antiviolência. Desenvolver estratégias e análises que tenham como alvo específico as formas estatais de violência sexual.

3. *Criar conexões* entre a violência interpessoal, a violência infligida por instituições públicas nacionais (como prisões, centros de detenção, hospitais psiquiátricos e serviços de proteção infantil) e a violência internacional (como guerras, prostituição nas bases militares e testes nucleares).

4. *Desenvolver uma análise e estratégias para acabar com a violência que não retirem os atos individuais de violência (cometidos seja pelo Estado ou por indivíduos) de seus contextos mais abrangentes.* Essas estratégias precisam abordar as várias maneiras como as violências estatal e interpessoal de gênero afetam comunidades inteiras de todos os gêneros. As prisioneiras agredidas representam uma intersecção da violência estatal com a violência interpessoal e, como tais, oferecem oportunidade para que os dois movimentos formem coalizões e unam suas lutas.

5. *Colocar as mulheres de cor pobres/trabalhadoras no centro de suas análises, de suas práticas organizacionais e do desenvolvimento de lideranças.* Reconhecer o papel da opressão econômica, da "reforma" da assistência social e dos ataques aos direitos das trabalhadoras no aumento da vulnerabilidade das mulheres a todas as formas de violência, e colocar o ativismo antiviolência e antiprisional junto com os esforços de transformar o sistema econômico capitalista.

6. *Colocar os casos de violência estatal cometidos contra mulheres de cor no centro de nosso trabalho organizacional.*

7. *Opor-se a mudanças legislativas que promovam a expansão carcerária,* a criminalização das comunidades pobres e das comunidades de cor e, com isso, a violência estatal contra mulheres de cor, mesmo que tais mudanças também incorporem medidas de apoio a vítimas de violência interpessoal de gênero.

8. *Promover uma educação política holística* no cotidiano de nossas comunidades, destacando especificamente como a violência sexual ajuda a reproduzir a sociedade colonial, racista, capitalista, heterossexista e patriarcal em que vivemos, e também como a violência estatal produz violência interpessoal nas comunidades.

9. *Desenvolver estratégias de mobilização contra o sexismo e a homofobia DENTRO de nossas comunidades a fim de manter as mulheres em segurança.*

10. *Conclamar os homens de cor e todos os outros nos movimentos de justiça social a assumir responsabilidade específica em tratar da violência de gênero e desenvolver trabalho articulador em torno dela* em suas comunidades, como estratégia primária para tratar da violência e do colonialismo. Conclamamos os homens a ver como suas histórias pessoais de vitimização têm atrapalhado a capacidade de instaurar a justiça de gênero em suas comunidades.

11. *Unir as lutas pela superação e pela transformação pessoal às lutas pela justiça social.*

Procuramos construir movimentos que não só acabem com a violência, mas que criem uma sociedade baseada na liberdade radical, na responsabilização mútua e numa vigorosa reciprocidade. Nessa sociedade, a segurança não se baseará na violência ou na ameaça de violência, mas sim num compromisso coletivo de garantir a sobrevivência e o acolhimento a todas as pessoas.

APOIOS

Organizações

American Friends Service Committee
Arab Women's Solidarity Association, América do Norte
Arab Women's Solidarity Association, seção de San Francisco
Arizona Prison Moratorium Coalition
Asian Women's Shelter
Audre Lorde Project
Black Radical Congress
Break the Chains
California Coalition for Women Prisoners
CARA/ Communities Against Rape and Abuse (Seattle)
Center for Human Rights Education
Center for Immigrant Families
Center for Law and Justice
Coalition of Women from Asia and the Middle East
Colorado Progressive Alliance
Committee Against Anti-Asian Violence (Nova York)
Direct Action Against Refugee Exploitation (Vancouver)
East Asia-US-Puerto Rico Women's Network Against Militarism
Institute of Lesbian Studies
Justice Now
Korean American Coalition to End Domestic Abuse
Lavender Youth Recreation & Information Center (San Francisco)
Legal Services for Prisoners with Children
Minnesota Black Political Action Committee
National Coalition Against Domestic Violence
National Coalition of Anti-Violence Projects
National Network for Immigrant and Refugee Rights
Northwest Immigrant Rights Project (Seattle)
Pennsylvania Lesbian and Gay Task Force
Prison Activist Resource Center
Project South
San Francisco Women Against Rape
Shimtuh Korean Domestic Violence Program

Sista 2 Sista
Southwest Youth Collaborative (Chicago)
Spear and Shield Publications, Chicago
Women of All Red Nations
Women of Color Resource Center
Youth Ministries for Peace and Justice (Bronx)

Indivíduos

Debra M. Akuna
Gigi Alexander
Jiro Arase
Helen Arnold, Departamento de Educação e Prevenção de Má Conduta Sexual, Universidade Columbia
Molefe Asante, Universidade Temple
Rjoya K. Atu
Karen Baker, National Sexual Violence Resource Center
Rachel Baum, National Coalition of Anti-Violence Projects
Elham Bayour, Women's Empowerment Project (Gaza, Palestina)
Zoe Abigail Bermet
Eulynda Toledo-Benalli, Nação Dine', First Nations North & South
Diana Block, California Coalition for Women Prisoners
Marilyn Buck, prisioneira política
Lee Carroll, National Coalition Against Domestic Violence
Emma Catague, API Women & Safety Center
Ann Caton, Young Women United
mariama changamire, Departamento de Comunicação, Universidade de Massachusetts-Amherst
Eunice Cho, National Network for Immigrant and Refugee Rights
Sunjung Cho, KACEDA e Asian Community Mental Health Services
Christina Chu
Dorie D. Ciskowsky
Cori Couture, BAMM
Kimberle Crenshaw, Faculdade de Direito da UCLA
Gwen D'Arcangelis
Shamita Das Dasgupta, Manavi, Inc.
Angela Y. Davis, Universidade da Califórnia — Santa Cruz
Jason Durr, Faculdade de Assistência Social, Universidade do Havaí

Michael Eric Dyson, Universidade da Pensilvânia
Siobhan Edmondson
Michelle Erai, Santa Cruz Commission for the Prevention of Violence Against Women
Samantha Francois
Edna Frantela, National Coalition Against Domestic Violence
Loretta Frederick, Battered Women's Justice Project
Arnoldo Garcia, National Network for Immigrant and Refugee Rights
Dionne Grigsby, Universidade do Havaí
Outreach College
Lara K. Grimm
Elizabeth Harmuth, Prison Activist Resource Center
Will Harrell, ACLU do Texas
Sarah Hoagland, Instituto de Estudos Lésbicos
Katayoun Issari, Family Peace Center (Havaí)
Desa Jacobsson, ativista antiviolência (Alasca)
Joy James, Universidade Brown
Leialoha Jenkins
Jamie Jimenez, Northwestern Sexual Assault Education Prevention Program
Dorothea Kaapana
Isabel Kang, Dorean American Coalition for Ending Domestic Abuse
Valli Kanuha, Asian Pacific Islander Institute on Domestic Violence
Mimi Kim, Asian Pacific Islander Institute on Domestic Violence
Erl Kimmich
Paul Kivel, educador de prevenção da violência
M. Carmen Lane, ativista antiviolência
In Hui Lee, KACEDA
Meejeon Lee, Shimtuh & KACEDA
Patricia Manning, voluntária do Alternatives to Violence Project (AVP)
Beckie Masaki, Asian Women's Shelter
Ann Rhee Menzie, SHIMTUH & KACEDA
Sarah Kim-Merchant, KACEDA
Kristin Millikan, Chicago Metropolitan Battered Women's Network
Steven Morozumi, consultor pedagógico, Centro Multicultural da Universidade do Oregon
Soniya Munshi, Manavi
Sylvia Nam, KACEDA & KCCEB (Korean Community Center of the East Bay)
Stormy Ogden, American Indian Movement
Margo Okazawa-Rey, Mills College

Angela Naomi Paik
Ellen Pence, Praxis
Karen Porter
Trity Pourbahrami, Universidade do Havaí
Laura Pulido, Universidade do Sul da Califórnia
Bernadette Ramog
Matt Remle, Center for Community Justice
Monique Rhodes, Louisiana Foundation Against Sexual Assault
Lisa Richardson
Beth E. Richie, African American Institute on Domestic Violence
David Rider, Men Can Stop Rape
Loretta Rivera
Clarissa Rojas, Latino Alianza Against Domestic Violence
Paula X. Rojas, Refugio/Refuge (Nova York)
Alissa Rojers
Tricia Rose, Universidade da Califórnia — Santa Cruz
Katheryn Russell-Brown, Universidade de Maryland
Ann Russo, Women's Studies Program, Universidade DePaul
Anuradha Sharma, Asian & Pacific Islander Institute on Domestic Violence
David Thibault Rodriguez, colaborador da South West Youth
Roxanna San Miguel
Karen Shain, Legal Services for Prisoners with Children
Proshat Shekarloo, Oakland
Anita Sinha, advogada, Northwest Immigrant Rights Project
Wendy Simonetti
Barbara Smith, fundadora, Kitchen Table Press
Matthea Little Smith
Natalie Sokoloff, Faculdade John Jay de Justiça Penal — CUNY
Nikki Stewart
Nan Stoops
Theresa Tevaga
Kabzuag Vaj, Hmong American Women Association
Cornel West
Janelle White, Leanne Knot Violence Against Women Consortium
Laura Whitehorn, ex-prisioneira política
Sherry Wilson, Women of All Red Nations
Glenn Wong
Yon Soon Yoon, KACEDA
Mieko Yoshihama, Faculdade de Assistência Social, Universidade de Michigan
Tukufu Zuberi, Centro de Estudos Africanos, Universidade da Pensilvânia

Reformas reformistas × passos abolicionistas para acabar com o encarceramento

Este cartaz é uma ferramenta para avaliar e entender as diferenças entre reformas que reforçam o encarceramento e passos abolicionistas que reduzem seu impacto geral e oferecem outras possibilidades de bem-estar. Ao trabalharmos para desmontar o encarceramento em todas as suas formas, devemos resistir a reformas comuns que criam ou ampliam cárceres por toda parte, inclusive a título de "atender a necessidades" ou como realocações "modernizadas". As cadeias e prisões privam as comunidades de recursos, como atendimento de saúde física e mental, transportes, alimentação e moradia. Em nossas lutas, é fundamental dinamizar e contribuir estrategicamente com movimentos liderados por pessoas presas, tanto para resolver problemas prementes quanto para lutar pelo abolicionismo. Em todas as estratégias de desencarceramento, devemos utilizar táticas que melhorem a vida para os mais afetados e abram espaço para construirmos os mundos de que precisamos.

ISSO...	Reduz o número de pessoas na prisão, sob vigilância ou outras formas de controle estatal?	Reduz o alcance das cadeias, prisões e vigilância em nossa vida cotidiana?	Cria recursos e infraestruturas sólidas, preventivas e acessíveis sem contato com policiais e guardas prisionais?	Fortalece a capacidade de prevenir ou reparar danos e de criar processos de responsabilização perante a comunidade?
Construir cadeias ou prisões para lidar com a superpopulação ou o número crescente de "novos" prisioneiros (por exemplo, migrantes)	*NÃO.* Se construírem, vão lotar! Construir mais cadeias e prisões simplesmente cria mais celas, e ponto-final!	*NÃO.* Construir mais PIC cadeias e prisões aumenta o alcance do PIC (complexo industrial prisional) e das infraestruturas das prisões e cadeias. Criar mais cárceres significa construir algo que temos de destruir mais tarde.	*NÃO.* O acréscimo de novos cárceres desvia recursos e verbas estatais e locais que poderiam ser direcionados para infraestruturas geridas pela comunidade.	*NÃO.* Construir mais prisões e cadeias protege e aprofunda a lógica carcerária de responsabilização. São locais que perpetuam a violência e os agravos.

isso...	Reduz o número de pessoas na prisão etc.?	Reduz o alcance das cadeias, prisões e vigilância em nossa vida cotidiana?	Cria recursos sem contato com policiais e guardas prisionais?	Fortalece a capacidade de prevenir ou reparar agravos?
Construir "mais perto de casa" ou alternativas "mais bonitas", "modernas", "reabilitadoras" às cadeias ou prisões existentes	*NÃO*. A história da prisão é uma história de reforma. Novas prisões e cadeias que são propostas como melhorias nos locais ou edifícios existentes ampliam os argumentos em favor do aprisionamento e prolongam sua existência.	*NÃO*. Não existe cárcere "humano". A construção a pretexto de reparar os agravos do aprisionamento reforça a lógica de usar o cárcere como solução para questões sociais, econômicas e políticas.	*NÃO*. Os argumentos para cadeias "mais perto de casa" reforçam a ideia de que elas e a polícia criam "segurança", e afastam a possibilidade de construir recursos que possam criar bem-estar.	*NÃO*. Prisões e cadeias não permitem a responsabilização. São locais que perpetuam a violência e os agravos.
Construir cadeias/prisões que se concentram em "fornecer serviços" para atender às necessidades de populações "específicas"	*NÃO*. Não é possível fornecer recursos em prol da vida em espaços de aprisionamento. Esses "serviços" não diminuem a quantidade de pessoas presas — mantêm populações específicas presas.	*NÃO*. Construir cadeias e prisões que encarceram populações específicas aumenta o alcance do aprisionamento ao normalizar a ideia de que o atendimento pode e deve vir acompanhado por policiamento e aprisionamento.	*NÃO*. O argumento em favor dessas cadeias e prisões é que elas fornecem serviços especializados por meio do policiamento, do aprisionamento e do controle. Ambientes de controle e violência não são capazes de fornecer atendimento.	*NÃO*. Prisões e cadeias não permitem a responsabilização. São locais que perpetuam a violência e os agravos, e consolidam as expectativas sociais opressivas em torno de gênero, sexualidade e saúde mental.

ISSO...	Reduz o número de pessoas na prisão etc.?	Reduz o alcance das cadeias, prisões e vigilância em nossa vida cotidiana?	Cria recursos sem contato com policiais e guardas prisionais?	Fortalece a capacidade de prevenir ou reparar agravos?
Tentativas legislativas e outras de apontar algumas categorias de condenação como "exceções"	*NÃO.* Essa estratégia encerra em si a ideia de que alguém "merece" ou "precisa" ser confinado. Dar prioridade à soltura de apenas algumas pessoas justifica a expansão.	*NÃO.* Ao insistir na "necessidade" de prender algumas pessoas, essas tentativas fortalecem e ampliam o alcance das prisões, das cadeias e do PIC	*NÃO.* A criação de divisões entre pessoas aprisionadas, como mais ou menos "perigosas", limita nossa capacidade de criar apoios e recursos efetivos que sirvam a todas as pessoas.	*NÃO.* Essas tentativas reforçam a ideia de que algumas pessoas são "riscos" para a sociedade e outras "merecem outra oportunidade", fortalecendo a lógica da punição sem levar em conta o contexto em que se dão os agravos.
O uso de monitoramento eletrônico (prisão domiciliar) e outras "alternativas" utilizadas pela justiça às cadeias e prisões.	*NÃO.* O monitoramento eletrônico é uma forma de controle estatal. Ele estende a frequência de contato com o PIC a todos os membros da casa, aumentando a vulnerabilidade de pessoas já sujeitas ao policiamento e à vigilância.	*NÃO.* O monitoramento leva a prisão, a cadeia ou o centro de detenção para o lar da pessoa, transformando-o num espaço de encarceramento, que cobra um preço psicológico e financeiro.	*NÃO.* O encarceramento eletrônico significa que os movimentos diários regulares estão constantemente vinculados a ameaças de detenção. Isso não permite que as pessoas construam e mantenham uma comunidade.	*NÃO.* O encarceramento eletrônico estende a violência e os agravos do aprisionamento ao lar e à vida cotidiana das pessoas. Não há nada no monitoramento eletrônico que crie sistemas de responsabilização ou de recuperação.

isso...	Reduz o número de pessoas na prisão etc.?	Reduz o alcance das cadeias, prisões e vigilância em nossa vida cotidiana?	Cria recursos sem contato com policiais e guardas prisionais?	Fortalece a capacidade de prevenir ou reparar agravos?
"Parcerias" público-privadas para contratar serviços que reproduzem condições de aprisionamento	*NÃO.* Amplia o alcance do aprisionamento, estendendo-o ao sistema mais geral. É especialmente esse o caso quando as parcerias reproduzem e ampliam a lógica e as regras das cadeias e prisões, em vez de contestá-las deliberadamente.	*NÃO.* Ao insistir na "necessidade" de prender algumas pessoas, essas tentativas fortalecem e ampliam o alcance das prisões, das cadeias e do PIC	*NÃO.* Esses programas exigem que se passe pelos sistemas de policiamento e tribunais para ter acesso a qualquer serviço que possa estar disponível.	*NÃO.* Os processos de "justiça" comandados pelos tribunais/ conduzidos pela polícia contêm ameaças aos participantes similares aos do PIC mais amplo. Não incluem necessariamente processos significativos para criar a responsabilização ou ferramentas que impeçam agravos futuros.

isso...	Reduz o número de pessoas na prisão etc.?	Reduz o alcance das cadeias, prisões e vigilância em nossa vida cotidiana?	Cria recursos sem contato com policiais e guardas prisionais?	Fortalece a capacidade de prevenir ou reparar agravos?
Desencarceramento — ou redução do número de pessoas nas cadeias e prisões	*SIM.* O desencarceramento retira as pessoas das cadeias e prisões, e do controle estatal direto, com o objetivo de ajudá-las a continuar do lado de fora.	*SIM.* Deixando de dar prioridade e deslegitimando cadeias, prisões e sistemas correlatos, reduzimos a ideia corrente de que eles são necessários e/ou "eficientes".	*SIM.* Como parte do trabalho de articulação abolicionista, devemos nos concentrar em retirar as pessoas do encarceramento, construindo sólidas infraestruturas de apoio.	*SIM.* Quando trabalhamos para reduzir a lógica carcerária, podemos acoplar nosso trabalho pelo desencarceramento a outras formas de reação e prevenção de agravos. Investir numa aumentará nossa capacidade em relação à outra.

isso...	Reduz o número de pessoas na prisão etc.?	Reduz o alcance das cadeias, prisões e vigilância em nossa vida cotidiana?	Cria recursos sem contato com policiais e guardas prisionais?	Fortalece a capacidade de prevenir ou reparar agravos?
Não substituir, mas sim fechar cadeias e prisões	*SIM*. Ao reduzir o número de cárceres, podemos reduzir o número de ocupantes.	*SIM*. Quando fechamos uma cadeia ou prisão e não a substituímos por outros sistemas carcerários, enfraquecemos a ideia de que os cárceres resolvem problemas sociais, políticos e econômicos.	*SIM*. Quando nos articulamos para isso. Quando lutamos para fechar cadeias e prisões, podemos abrir caminho para que as verbas gastas no aprisionamento sejam investidas localmente em infraestruturas que apoiem e sustentem as pessoas. O abolicionismo é também uma estratégia de CONSTRUÇÃO.	*SIM*. Nosso trabalho para fechar cadeias e prisões e mantê-las fechadas é um passo para transferir o foco para a reparação e prevenção sem violência dos agravos e colocar recursos nesse trabalho.
Rejeitar gastos do governo na construção, reforma e expansão carcerária	*SIM*. Praticamente todos os projetos de despesas incluem destaques apoiando argumentos sobre os "benefícios" do encarceramento.	*SIM*. Rejeitando os gastos em cadeias e prisões, contrapomo-nos ao argumento corrente de que elas são necessárias e reduzem o alcance do sistema.	*SIM*. Quando rejeitamos verbas para cadeias e prisões, é possível criar oportunidades para que as verbas gastas no aprisionamento sejam investidas localmente em infraestruturas que apoiem e sustentem as pessoas.	*SIM*. Quando rejeitamos verbas para cadeias e prisões, é possível criar oportunidades para que as verbas gastas no aprisionamento sejam investidas localmente em infraestruturas que apoiem e sustentem as pessoas.

isso...	Reduz o número de pessoas na prisão etc.?	Reduz o alcance das cadeias, prisões e vigilância em nossa vida cotidiana?	Cria recursos sem contato com policiais e guardas prisionais?	Fortalece a capacidade de prevenir ou reparar agravos?
Reduzir o policiamento e o contato policial em geral e, especificamente, o policiamento da "qualidade de vida"	*SIM.* O policiamento alimenta o aprisionamento, e é uma parte importante dos sistemas de controle. Reduzir o contato policial reduz o número de pessoas apanhadas no sistema jurídico-criminal.	*SIM.* O policiamento é uma justificativa para o aprisionamento. Reduzindo o contato policial, é possível reduzir a legitimidade e o poder das cadeias e prisões.	*SIM.* Quando lutamos para reduzir o contato e o financiamento policial, podemos liberar recursos públicos. Podemos organizar a alocação em infraestruturas dirigidas pela comunidade que estão desvinculadas do policiamento. Devemos eliminar dos serviços sociais e comunitários todas as formas de policiamento.	*SIM.* O policiamento não previne o agravo, mas, na verdade, o causa. Lutar para reduzir o policiamento oferece às comunidades chances de investir em sistemas que previnam agravos e criem responsabilização.

isso...	Reduz o número de pessoas na prisão etc.?	Reduz o alcance das cadeias, prisões e vigilância em nossa vida cotidiana?	Cria recursos sem contato com policiais e guardas prisionais?	Fortalece a capacidade de prevenir ou reparar agravos?
Criar infraestruturas e serviços voluntários e acessíveis dirigidos pela comunidade	*SIM.* O acesso a serviços que atendam às necessidades expressas pelas próprias pessoas pode reduzir a vulnerabilidade ao contato policial e prevenir agravos, ao mesmo tempo construindo locais para a autodeterminação.	*SIM.* Serviços voluntários que são moldados e conduzidos pela comunidade retiram o poder das cadeias e prisões, ao deixar de enfocar o aprisionamento como solução para problemas sociais, econômicos e políticos.	*SIM.* Quando criamos infraestruturas e serviços que estão desvinculados do policiamento e do aprisionamento, desenvolvemos sistemas com potencial para lidar com as necessidades complexas das pessoas de forma metódica, coerente e confiável.	*SIM.* Quando as pessoas têm suas necessidades atendidas por meios determinados e conduzidos pela comunidade, previnem-se os agravos. Ao fortalecer recursos que reparem agravos, criamos oportunidades para a responsabilização perante a comunidade, e não a punição e o isolamento.

Referências bibliográficas

SITES

"Abolition." *Teen Vogue,* <www.teenvogue.com/tag/abolition>.

Alternative Justice in India, <www.alternativejustice.in/about>.

"Black Mamas Bail Out Action." Southerners on New Ground, <https://southernersonnewground.org/our-work/freefromfear/black-mamas-bail-out-action>.

Bronx Freedom Fund, <www.thebronxfreedomfund.org>.

Critical Resistance, "What Is the PIC? What Is Abolition?" <http://criticalresistance.org/about/not-so-common-language>.

"Embrace Supports Communities of Color." Embrace, <https://www.documentcloud.org/documents/20398151-embrace-statement-on-supporting-communities-of-color>.

Erase the Database, <http://erasethedatabase.com>.

Flat Out, <http://www.flatout.org.au>.

INCITE! Women, Gender-Nonconforming, and Trans People of Color Against Violence, <https://incite-national.org>.

Rasmea Defense Committee, <http://justice4rasmea.org>.

She Safe, We Safe, <shesafewesafe.org>.

Sisters Inside, <https://sistersinside.com.au>.

"Sisters Uncut Stands in Solidary with the Wet'suwet'en." Sisters Uncut, February 20, 2020, <www.sistersuncut.org/2020/02/20/sisters-uncut-stands-in-solidarity-with-the-wetsuweten>.

Survivors for Divestment, <www.defendsurvivorsnow.org/survivors-fordivestment>.

LIVROS E ARTIGOS

ALEXANDER, Elizabeth. "The Trayvon Generation". *New Yorker*, 15 jun. 2020.

ALEXANDER, Michelle. *The New Jim Crow: Mass Incarceration in the Age of Colorblindness*. Nova York: New Press, 2010.

ALLEN, Robert. *Black Awakening in Capitalist America*. Nova York: Doubleday, 1969.

AMERICAN Friends Service Committee Working Party. *Struggle for Justice: A Report on Crime and Punishment in America*. Nova York: Hill and Wang, 1971.

ANZALDÚA, Gloria. *Borderlands/La Frontera: The New Mestiza*. San Francisco: Aunt Lute, 1987.

BAKER, Ella; COOKE, Marvel. "Bronx Slave Market". *The Crisis*, nov. 1935, pp. 330-2.

BASSICHIS, Morgan; LEE, Alexander; SPADE, Dean. "Building an Abolitionist Trans & Queer Movement with Everything We've Got". In: *Captive Genders: Trans Embodiment and the Prison Industrial Complex*. Oakland: AK Press, 2011.

BEAL, Fran. "Double Jeopardy: To Be Black and Female". In: MORGAN, Robin (Org.). *Sisterhood Is Powerful*. Nova York: Vintage, 1970.

BEAL, Fran. "Double Jeopardy: To Be Black and Female". In: BAMBARA, Toni Cade (Org.). *The Black Woman: An Anthology*. Nova York: New American Library Publishers, 1970.

BEN-MOSHE, Liat. *Decarcerating Disability: Deinstitutionalization and Prison Abolition*. Minneapolis: University of Minnesota Press, 2020.

BENNETT, Hans. "Organizing to Abolish the Prison-Industrial Complex". *Dissident Voice*, 11 jul. 2008. Disponível em: <https://dissidentvoice.org/2008/07/organizing-to-abolish-the-prison-industrial-complex>.

BERGER, Dan; HOBSON, Emily K.. *Remaking Radicalism: A Grassroots Documentary Reader of the United States, 1973–2001*. Athens: University of Georgia Press, 2020.

BERNSTEIN, Elizabeth. "The Sexual Politics of the 'New Abolitionism'". *differences*, v. 18, n. 3, pp. 128-51, 2007.

BHATTACHARJEE, Anannya. "Whose Safety? Women of Color and the Violence of Law Enforcement". Philadelphia: American Friends Service Committee, Committee on Women, Population, and the Environment, 2001. Disponível em: <www.afsc.org/sites/default/files/documents/whose%20safety.pdf>.

BIASCO, Paul; ARMENTROUT, Mitchell. "Police Union Blasts 'Sham Trial and Shameful' Van Dyke Guilty Verdict". *Chicago Sun Times*, 5 out. 2018. Disponível em: <https://chicago.suntimes.com/2018/10/5/18460941/police-union-blasts-sham-trial-and-shameful-van-dyke-guilty-verdict>.

BINDEL, Julie. *The Pimping of Prostitution: Abolishing the Sex Work Myth*. Londres: Palgrave, 2017.

BRADEN, Anne. "Free Thomas Wansley: A Letter to White Southern Women". Louisville: SCEF Press, 1972. Disponível em: <https://newsreel.org/guides/Anne-Braden-A-Letter-to-White-Southern-Women.pdf>.

BRAZ, Rose. "Kinder, Gentler, Gender Responsive Cages: Prison Expansion Is Not Prison Reform". *Women, Girls & Criminal Justice*, out./nov. 2006, pp. 87-91.

BROWN, drienne maree. *Emergent Strategies: Shaping Change, Changing Worlds*. Chico, CA: AK Press, 2017.

BROWN, Elsa Barkley. "'What Has Happened Here': The Politics of Difference in Women's History and Feminist Politics." *Feminist Studies*, v. 18, n. 2, pp. 295-312, verão 1992.

BYRNE, John. "Mayor Rahm Emanuel Announces Next Step in Police Academy Project, a Plan That Continues to Draw Criticism". *Chicago Tribune*. 16 nov. 2018. Disponível em: <www.chicagotribune.com/politics/ct-met-rahmemanuel-police-academy-20181116-story.html>.

CAMP, Jordan T.; HEATHERTON, Christina. "How Liberals Legitimate Broken Windows: An Interview with Naomi Murakawa". In: ———. *Policing the Planet: Why the Policing Crisis Led to Black Lives Matter*. Nova York: Verso, 2016. pp. 227-36.

CHAMMAH, Maurice. "Do You Age Faster in Prison?". The Marshall Project, 24 ago. 2015. Disponível em: <www.themarshallproject.org/2015/08/24/doyou-age-faster-in-prison>.

CHEN, Ching-In; DULANI, Jai; PIEPZNA-SAMARASINHA, Leah Lakshmi. *The Revolution Starts at Home: Confronting Intimate Violence Within Activist Communities*. Brooklyn, NY: South End Press, 2016.

CHERONE, Heather. "Pritzker Unveils Plan to 'Transform' Juvenile Justice in Illinois by Closing Large Facilities". WTTW News, 31 jul. 2020. Disponível em: <https://news.wttw.com/2020/07/31/pritzker-unveils-plan-transform-juvenile-justice-illinois-closing-large-facilities>.

COMBAHEE River Collective. "Combahee River Collective Statement". In: MARABLE, Manning; MULLINGS, Leith (Org.). *Let Nobody Turn Us Around: Voices of Resistance, Reform, and Renewal*. Nova York: Rowman and Littlefield, 2000. pp. 501-6.

COMMITTEE on Domestic Violence and Incarcerated Women. "Battered Women and Criminal Justice: A Report of the Committee on Domestic Violence and Incarcerated Women", jun. 1987. Disponível em: <www.ojp.gov/pdffiles1/Digitization/107516NCJRS.pdf>.

COMMUNITY Organizing and Family Issues. "Parent-to-Parent Guide: Restorative Justice in Chicago Public Schools". Power-Pac Elementary Justice Campaign, dez. 2015. Disponível em: <www.cofionline.org/COFIwpcontent/uplaods/2016/06/COFI-P2P-guide-update-2015.pdf>.

CONGRESSIONAL Research Service. "The Violence Against Women Act (VAWA): Historical Overview, Funding, and Reauthorization", 23 abr. 2019. Disponível em: <https://fas.org/sgp/crs/misc/R45410.pdf>.

CORDOSO, Tom; HAYES, Molly. "Canadian Cities' Police Spending Ranges from One-10th to Nearly a Third of Total Budgets, Globe Analysis Finds". *Globe and Mail*, 16 ago. 2020. Disponível em: <www.theglobeandmail.com/canada/article-canadian-cities-police-spending-ranges-from-one-10th-to-nearly-a/?fbclid=IwAR01RaMqqKluvsXm-D1XJjBHnAbOHTxKDa6A-sUhVB4isjKiuP6NAXJzPD0hI>.

CREATIVE Interventions, "Creative Interventions Toolkit: A Practical Guide to Stop Interpersonal Violence", 2021. Disponível em: <www.creativeinterventions.org/toolkit>.

CRENSHAW, Kimberlé. "Mapping the Margins: Intersectionality, Identity Politics, and Violence against Women of Color". *Stanford Law Review*, v. 43, n. 6, pp. 1241-99, jul. 1991.

CRITICAL Resistance Publications Collective. "Special Edition: Critical Resistance to the Prison-Industrial Complex". *Social Justice*, v. 27, n. 3, 2000.

DAVIS, Angela Y. "Masked Racism: Reflections on the Prison Industrial Complex." Colorlines, 10 set. 1998.

————. *Freedom Is a Constant Struggle: Ferguson, Palestine, and the Foundations of a Movement*. Chicago: Haymarket Books, 2015.

DAVIS, Angela; DENT, Gina. "Prison as a Border: A Conversation on Gender, Globalization, and Punishment". *Signs*, v. 26, n. 4, pp. 1235-41. "Globalization and Gender", verão 2001.

DAVIS, Mike. "Hell Factories in the Field: A Prison-Industrial Complex". *Nation*. 20 fev. 1995.

DIXON, Ejeris; PIEPZNA-SAMARASINHA, Leah Lakshmi. *Beyond Survival: Strategies and Stories from the Transformative Justice Movement*. Chico, CA: AK Press, 2020.

DLA Piper and Association for the Prevention of Torture. "A Global Analysis of Prisoner Releases in Response to COVID-19." DLAPiper.com, dez. 2020. Disponível em: <www.dlapiper.com/~/media/files/insights/publications/2021/ 03/ dla-piper-prison-population-during-covid-19.pdf?la=en&hash=F5C1EBB-A0D3D86BDDA58FAC87DB9EF3CAE3815DF>.

DUANE, Anna Mae; MEINERS, Erica. "Working Analogies: Slavery Now and Then". In: PLILEY Jessica; LABARON, Genevieve; BLIGHT, David W. (Orgs.). *Fighting Modern Slavery and Human Trafficking: History and Contemporary Policy.* Cambridge, UK: Cambridge University Press, 2021.

DU BOIS, W. E. B. *Black Reconstruction in America: An Essay Toward a History of the Part Which Black Folk Played in the Attempt to Reconstruct Democracy in America, 1860–1880.* Nova York: The Free Press, 1998 [1935].

ELLIS, Eddie. "An Open Letter to Our Friends on the Question of Language". Center for Nuleadership on Urban Solutions, 2007. Disponível em: <https:// cmjcenter.org/wp-content/uploads/2017/07/CNUS-AppropriateLanguage. pdf>.

FAITH, Karlene. *Unruly Women: The Politics of Confinement & Resistance.* Nova York: Seven Stories Press, 2011 [1993].

GILMORE, Ruth Wilson. *Golden Gulag: Prisons, Surplus, Crisis, and Opposition in Globalizing California.* Berkeley: University of California Press, 2007.

GLANTON, Dahleen. "We can't blame Tiffany Van Dyke for trying, but Her Husband Is Just Another Convicted Felon." *Chicago Tribune.* 16 fev. 2019. Disponível em: <www.chicagotribune.com/columns/dahleen-glanton/ctmet-dahleen-glanton-jason-van-dyke-beating-20190215-story.html>.

GOLDSTEIN, Leslie F. "Early Feminist Themes in French Utopian Socialism: The Saint-Simonians and Fourier". *Journal of the History of Ideas*, v. 43, n. 1, pp. 91-108, jan. 1982.

GORZ, André. *Strategy for Labor: A Radical Proposal.* Boston: Beacon, 1967.

GRANT, Melissa Gira. "An Anti-Rape Movement Without Police". *New Republic*, 20 out. 2020. Disponível em: <https://newrepublic.com/article/159850/anti-rape-movement-without-police>.

GUSTAFSON, Kaaryn S. *Cheating Welfare: Public Assistance and the Criminalization of Poverty.* Nova York: New York University Press, 2011.

GWINN, Casey; STRACK, Gael. "Another Perspective on 'The Moment of Truth'". *Domestic Violence Report*, v. 26, n. 2, dez./jan. 2021.

HALEY, Sarah. *No Mercy Here: Gender, Punishment and Jim Crow Modernity.* Chapel Hill: University of North Carolina Press, 2016.

HALL, Stuart, et al. *Policing the Crisis: Mugging, the State, and Law and Order.* Londres: Macmillan, 1978.

HART, Benji. "Misogyny on the Mag Mile: A Turning Point". Radical Faggot, 2 dez. 2015. Disponível em: <https://radfag.com/2015/12/02/misogyny-on-themag-mile-a-turning-point/>.

———. "How #NoCopAcademy Shook the Machine." *Chicago Reader*, 26 abr. 2019. Disponível em: <www.chicagoreader.com/chicago/how-nocopacademy-shook-the-machine/Content?oid=69862164>.

HARTMAN, Saidiya. *Wayward Lives, Beautiful Experiments: Intimate Histories of Riotous Black Girls, Troublesome Women, and Queer Radicals.* Nova York: Norton, 2019.

HARVEY, David. *The Limits to Capital.* Londres: Verso, 2018.

INCITE! Women of Color Against Violence. *The Revolution Will Not Be Funded: Beyond the Non-Profit Industrial Complex.* Durham, NC: Duke University Press, 2017.

"INSIDE Prison Amid Coronavirus Pandemic: Incarcerated Journalist Says Millions Behind Bars at Risk". Interview with Juan Moreno Haines. Democracy Now!, 17 mar. 2020. Disponível em: <www.democracynow.org/2020/ 3/17/ coronavirus_prisons_san_quentin>.

JACKSON, Esther Cooper. "The Negro Domestic Worker in Relation to Trade Unionism". Master's thesis. Fisk University, 1940. Republished in Viewpoint Magazine, 21 out. 2015. Disponível em: <https://viewpointmag.com/2015/ 10/31/the-negro-woman-domestic-worker-in-relation-totrade-unionism-1940>.

JONES, Claudia. "An End to the Neglect of the Problems of the Negro Woman!". *Political Affairs*, v. 28, n. 6, pp. 51-67, 1949.

KABA, Mariame, HASSAN, Shira. *Fumbling Towards Repair: Workbook for Community Accountability Facilitators.* Project NIA, 2019.

KAEPERNICK, Colin. *Abolition for the People: The Movement for a Future Without Policing & Prisons.* Kaepernick Publishing, 2021.

KARP, Sarah. "Black Teachers Hit Harder by CPS Layoffs". Better Government Association, 2 set. 2015. Disponível em: <https://www.bettergov.org/news/ blackteachers-hit-harder-by-cps-layoffs>.

KILGORE, James. "Repackaging Mass Incarceration." Counterpunch, 6 jun. 2014. Disponível em: <https://www.counterpunch.org/2014/06/06/repackaging-mass-incarceration>.

KIM, Alice. "Breaking Walls: Lessons from Chicago". In: KIM, Alice; MEINERS, Erica R.; PETTY, Audrey; PETTY, Jill; RICHIE, Beth E.; ROSS, Sarah (Orgs.). *The Long Term: Resisting Life Sentences, Working Toward Freedom.* Chicago: Haymarket Books, 2018.

KIM, Mimi E. "Anti-Carceral Feminism: The Contradictions of Progress and the Possibilities of Counter-Hegemonic Struggle". *Affilia*, v. 35, n. 3, pp. 309-26, 2020.

———. "The Carceral Creep: Gender-Based Violence, Race and the Expansion of the Punitive State, 1973-1983". *Social Problems*, v. 67, n. 2, pp. 251-69, 2020.

———. "VAWA @ 20: The Mainstreaming of the Criminalization Critique: Reflections on VAWA 20 Years Later". *City University of New York Law Review*, v. 18, n. 1, pp. 52-7, 2014.

KING, Deborah K. "Multiple Jeopardy, Multiple Consciousness: The Context of a Black Feminist Ideology". *Signs*, v. 14, n. 1, pp. 42-72, outono 1988.

KNOPP, Fay Honey. "Radical Feminism and Abolition". *Peace Review*, v. 6, n. 2, pp. 203-8, 1994.

LANCASTER, Roger. "How to End Mass Incarceration." *Jacobin*, 18 ago. 2017. Disponível em: <https://jacobinmag.com/2017/08/mass-incarceration-prison-abolition-policing>.

LEVENSTEIN, Lisa. *They Didn't See Us Coming: The Hidden History of Feminism in the Nineties*. Nova York: Basic Books, 2020.

LOPEZ, German. "The First Step Act, Explained". Vox, 5 fev. 2019. Disponível em: <www.vox.com/future-perfect/2018/12/18/18140973/state-oftheunion-trump-first-step-act-criminal-justice-reform>.

LORDE, Audre. *Zami: A New Spelling of My Name*. Berkeley, CA: Crossing Press, 1982.

———. "Age, Race, Class and Sex: Women Redefining Difference". In: ———. *Sister Outsider: Essays and Speeches*. Berkeley, CA: Crossing Press, 1984. pp. 114-23.

———. "The Uses of Anger: Women Responding to Racism". In: ———. *Sister Outsider: Essays and Speeches*. Berkeley, CA: Crossing Press, 1984. pp. 124-33

LOWREY, Annie. "Her Only Crime Was Helping Her Kids". *Atlantic*, 13 set. 2019. Disponível em: <www.theatlantic.com/ideas/archive/2019/09/her-only-cri--me-was-helping-her-kid/597979/>.

MANSFIELD, Maureen. "What Is Abolition Feminism, and Why Does It Matter?". IPPR Progressive Review, 13 jun. 2018. Disponível em: <www.ippr.org/juncture-item/what-is-abolitionist-feminism-and-why-does-it-matter>.

MATHIESEN, Thomas. *The Politics of Abolition*. Londres: Martin Robertson and Company, 1974.

MATSUDA, Mari. "Beside My Sister, Facing the Enemy: Legal Theory Out of Coalition". *Stanford Law Review*, v. 43, n. 6, pp. 1183-92, 1991.

———. "Crime and Punishment". *Ms. Magazine*, nov./dez. 1994, pp. 86-8.

MELAMED, Jodi. "Racial Capitalism". *Critical Ethnic Studies*, v. 1, n. 1, pp. 76-85, 2015.

MILLS, Charles. *The Racial Contract*. Ithaca, NY: Cornell University Press, 1997.

"MOMENT of Truth.", jun. 2020. Disponível em: <www.violencefreecolorado.org/wp-content/uploads/2020/07/Moment-of-Truth.pdf>.

MOSER, Laura."The Awkward Radicalization of the Chicago Teacher's Union", Slate, 7 abr. 2016. Disponível em: <https://slate.com/human-interest/2016/04/chicago-teachers-union-is-going-through-an-awkward-radicalization.html>.

NATIONAL Center for Transgender Equality. "The Report of the 2015 US Transgender Survey Executive Summary", dez. 2016. Disponível em: <https://transequality.org/sites/default/files/docs/usts/USTS-Executive-Summary-Dec17.pdf>.

NESTLE, Joan. "Women's House of Detention, 1931–1974". Outhistory, 2008. Disponível em: <https://outhistory.org/exhibits/show/historical-musings/womens-house-of-detention>.

PACHECO, Antonio. "Interrogating the Impacts of NYC's Rikers Jail Replacement Plan". Archinect News, 12 dez. 2019. Disponível em: <https://archinect.com/news/article/150174335/interrogating-the-impacts-of-nyc-s-rikersjail-repla-cement-plan>.

PATTERSON, Orlando. *Slavery and Social Death: A Comparative Study*. Cambridge, MA: Harvard University Press, 1982.

PEOPLE Against Prisons Aotearoa in Aoteroa/New Zealand. "Transformative Justice Workshop: Practical Ways of Solving Interpersonal Harm and Conflict in our Communities". Disponível em: <https://papa-site-assets.ams3.cdn.digitaloceanspaces.com/publications/transformative-justice-workshop-v2.pdf>.

PERKINSON, Robert. *Texas Tough: The Rise of America's Prison Empire*. Nova York: Henry Holt, 2010.

PIERCY, Marge. "To Be of Use." From *Circles in the Water: Selected Poems of Marge Piercy*. Nova York: Alfred A. Knopf, 1982. Disponível em: <www.poetryfoundation.org/poems/57673/to-be-of-use>.

PRISON Policy Institute. "The Most Significant Criminal Justice Policy Changes from the COVID-19 Pandemic", 18 maio 2021. Disponível em: <www.prisonpolicy.org/virus/virusresponse.html>.

PRISON Research Education Action Project. *Instead of Prisons: A Handbook for Abolitionists*. Syracuse: Prison Research Education Action Project, 1976.

QUINN, Therese; MEINERS, Erica R. "Good Cop? Bad Cop? No Cop! Queer Resistance to Policing". *Windy City Times*, 29 jul. 2015.

QUINNELL, Kenneth. "Get to Know AFL-CIO's Affiliates: International Union of

Police Associations." AFL-CIO, 23 set., 2019. Disponível em: <https://aflcio. org/2019/9/23/get-know-afl-cios-affiliates-international-union-police-associations>.

REAGON, Bernice Johnson. "Coalition Politics: Turning the Century". In: SMITH, Barbara (Org.). *Home Girls: A Black Feminist Anthology*. Nova York: Kitchen Table Press, 1983. pp. 343-56.

"REIMAGINING Justice in South Africa Beyond Policing". Produzido por Cops Are Flops. Disponível em: <https://drive.google.com/file/d/1krNcg_saPFA-BqjuFkQvtVKUpIjivd8Es/view?fbclid=IwAR2ve10x0CSPi9sipQdXyD2v-dYHI_lYzu-FYMQ0PTHX26m4WfR6sz8e0nT2I>.

RICHIE, Beth E. *Arrested Justice: Black Women, Violence, and America's Prison Nation*. Nova York: New York University Press, 2016.

——. *Compelled to Crime: The Gender Entrapment of Battered Black Women*. Nova York: Routledge, 1996.

RICHIE, Beth; RODRÍGUEZ, Dylan; KABA, Mariame; BURCH, Melissa; HERZING, Rachel; AGID, Shana (Orgs.). "Problems with Community Control of Police and Proposals for Alternatives". Disponível em: <https://static1.squarespace. com/static/5ee39ec764dbd7179cf1243c/t/6008c586b43eee58a4c4b73e/ 1611187590375/Problems+with+Community+Control.pdf>.

RITCHIE, Andrea. *Invisible No More: Police Violence Against Black Women and Women of Color*. Boston: Beacon Press, 2017.

RITCHIE, Andrea J.; MOGUL, Joey L. "In the Shadows of the War on Terror: Persistent Police Brutality and Abuse of People of Color in the United States: A Report Prepared for the United Nations Committee on the Elimination of Racial Discrimination". *DePaul Journal for Social Justice*, v. 1, n. 2, pp. 175-250, 2008.

ROBERTS, Dorothy. "Abolishing Policing Also Means Abolishing Family Regulation". The Imprint, 16 jun. 2020. Disponível em: <https://imprintnews.org/ child-welfare-2/abolishing-policing-also-means-abolishing-family-regulation/44480?fbclid=IwAR1vfOAeWs9vZ1ZhAfCCyC5WPoSjPMXbQ6g8v-JkV9x7rPklfBQ-AgD1WIX4>.

——. "'Abolition Is the Only Answer': A Conversation with Dorothy Roberts". *Rise*, 20 out. 2020. Disponível em: <www.risemagazine.org/2020/10/conversation-with-dorothy-roberts>.

——. *Killing the Black Body: Race, Reproduction, and the Meaning of Liberty*. Nova York: Vintage, 1997.

ROBINSON, Cedric J. *Black Marxism: The Making of the Black Radical Tradition*. Durham, NC: University of North Carolina Press, 1983.

ROMANO, Aja. "A New Law Intended to Curb Sex Trafficking Threatens the Future of the Internet as We Know It". Vox, 2 jul. 2018. Disponível em: <www.

vox.com/culture/2018/4/13/17172762/fosta-sesta-backpage-230-internet-freedom>.

RUSSO, Ann. *Feminist Accountability: Disrupting Violence and Transforming Power*. New York University Press, 2018.

RUSSO, Ann; SPATZ, Melissa. "Communities Engaged in Resisting Violence". Women & Girls Collective Action Network, 2008. Disponível em: <https://comm-org.wisc.edu/papers2008/russo.htm#What_You_Can_Do!>.

"SANTA Cruz Women's Prison Project Newsletter, February 1974". Freedom Archives. Disponível em: <http://freedomarchives.org/Documents/Finder/DOC70_scans/70.SCWPP.Newsletter.Feb1974.pdf>.

SCHECHTER, Susan. *Women and Male Violence: The Visions and Struggles of the Battered Women's Movement*. Boston: South End Press, 1982.

SEDGWICK, Eve Kosofsky. *Epistemology of the Closet*. Cambridge, MA: Harvard University Press, 1990.

SHARPE, Cristina. *In the Wake: On Blackness and Being*. Durham, NC: Duke University Press, 2016.

SEIGEL, Micol. *Violence Work: State Power and the Limits of Police*. Durham, NC: Duke University Press, 2018.

SIMEONE-CASAS, Jenny; CONWAY, Sarah. "Grandmothers of Chicago's Restorative Justice Movement". City Bureau. 3 jan. 2018. Disponível em: <www.city-bureau.org/stories/2018/3/1/grandmothers-of-chicago-restorative-justice-movement>.

SIMMONS, Tommy. "Law Enforcement Groups Withdraw Support of Idaho Coalition Over Letter Calling for Racial Justice". *Idaho State Journal*, 21 out. 2020.

SMITH, Barbara (Org.). *Home Girls: A Black Feminist Anthology*. Nova York: Kitchen Table: Women of Color Press, 1983.

STANLEY, Eric; SMITH, Nat (Orgs.). *Captive Genders: Trans Embodiment and the Prison Industrial Complex*. Oakland, CA: AK Press, 2011.

SUDBURY, Julia (agora Chinyere Oparah) (Org.). *Global Lockdown: Race, Gender, and the Prison-Industrial Complex*. Londres: Routledge, 2005.

SWANSON, Lorraine. "Tiffany Van Dyke: 'I Can't Bury My Husband'". Patch.com, 14 fev. 2019. Disponível em: <https://patch.com/illinois/chicago/wife-says-she-waskept-dark-jason-van-dyke-s-beating>.

TAYLOR, Flint. "How Activists Won Reparations for the Survivors of Chicago Police Department Torture". *In These Times*, 26 jun. 2015. Disponível em: <http://inthesetimes.com/article/18118/jon-burge-torture-reparations>.

TAYLOR, Keeanga-Yamahtta (Org.). *How We Get Free: Black Feminism and the Combahee River Collective*. Chicago: Haymarket Books, 2017.

THOMPSON, Heather. *Blood in the Water: The Attica Prison Uprising of 1971 and Its Legacy*. Nova York: Pantheon, 2016.

TUNG, Liz. "FOSTA-SESTA Was Supposed to Thwart Sex Trafficking. Instead, It's Sparked a Movement". PBS, 10 jul. 2020. Disponível em: <https://whyy.org/segments/fosta-sesta-was-supposed-to-thwart-sex-trafficking-instead-its-sparked-amovement>.

VENTEICHER, Wes. "'No Evident Justification' for California Prison Guard Raises in Contract, Analyst Warns". *Sacramento Bee*, 17 jun. 2019. Disponível em: <www.sacbee.com/news/politics-government/the-state-worker/article23164 9048.html>.

VIOLENT Crime Control and Law Enforcement Act of 1994. US Department of Justice Fact Sheet. Disponível em: <www.ncjrs.gov/txtfiles/billfs.txt>.

VITALE, Alex. *The End of Policing*. Londres: Verso, 2017.

WAHLQUIST, Calla. "Crowdfunding Campaign to Free Indigenous Women 'Shocked' by WA Response". *Guardian*, 22 jan. 2019. Disponível em: <www.theguardian.com/australia-news/2019/jan/23/crowdfunding-campaignto-free-indigenous-women-shocked-by-wa-government-response>.

WALIA, Harsha. *Undoing Border Imperialism*. Oakland, CA: AK Press, 2013.

WALKER, Darren. "In Defense of Nuance". Ford Foundation, 19 set. 2019. Disponível em: <www.fordfoundation.org/ideas/equals-change-blog/posts/in-defense-of-nuance>.

WANG, Jackie. *Carceral Capitalism*. Cambridge, MA: MIT Press, 2018.

"WE Charge Genocide". Police Violence Against Chicago's Youth of Color: A Report Prepared for the United Nations Committee Against Torture", set. 2014. Disponível em: <http://report.wechargegenocide.org>.

WEISS, Robert P. (Org.). "Special Edition: Attica: 1971-1991 — A Commemorative Issue". *Social Justice*, v. 18, n. 3, 1991.

WILLIAMS, Kristian. *Our Enemies in Blue: Police and Power in America*. Oakland, CA: AK Press, 2015.

"WOMEN'S House of Detention Protects the First Offenders". *New York Times*, 8 mar. 1931.

WOODARD, Stephanie. "The Police Killings No One Is Talking About". *In These Times*, 17 out. 2016. Disponível em: <https://inthesetimes.com/features/native_american_police_killings_native_lives_matter.html>.

WRIGHT, Paul. "Slaves of the State". In: *The Celling of America: An Inside Look at the U.S. Prison Industry*. Monroe, ME: Common Courage, 1998. pp. 102-6.

Notas

PREFÁCIO [pp. 25-31]

1. O que então se chamava INCITE! Women of Color Against Violence agora se chama INCITE! Women, Gender-Nonconforming, and Trans People of Color Against Violence [Mulheres, Pessoas com Inconformidade de Gênero e Pessoas Trans de Cor Contra a Violência]. Ver <incite-national.org>.

2. Enquanto escrevíamos, ficamos sabendo que o Mills College, com uma população estudantil formada majoritariamente de mulheres negras e LGBTQIA+, anunciou seu fechamento e, logo depois, sua possível fusão com a Universidade Northeastern. Importante para tantos movimentos progressistas, a inviabilidade de um futuro independente para esse campus, no cerne da cidade de Oakland, é um acontecimento com inúmeros motivos.

3. Ver <teenvogue.com/tag/abolition>.

4. Ver, por exemplo, o livro de Angela Davis, *A liberdade é uma luta constante* (São Paulo: Boitempo, 2018).

5. Ver, por exemplo, o livro de Barbara Smith *Home Girls: A Black Feminist Anthology* (Nova York: Kitchen Table: Women of Color Press, 1983); a declaração do Combahee River Collective, "Combahee River Collective Statement," em *Let Nobody Turn Us Around: Voices of Resistance, Reform, and Renewal*, organizada por Manning Marable e Leith Mullings, pp. 501-6 (Rowman and Littlefield, 2000); e a antologia de Keeanga-Yamahtta Taylor, *How We Get Free: Black Feminism and the Combahee River Collective* (Chicago: Haymarket, 2017).

6. Elsa Barkley Brown, "'What Has Happened Here': The Politics of Difference in Women's History and Feminist Politics", *Feminist Studies*, v. 18, n. 2 (verão, 1992), 297 e 307. pp. 295-312.

INTRODUÇÃO [pp. 33-60]

1. Mari Matsuda, "Beside My Sister, Facing the Enemy: Legal Theory Out of Coalition", *Stanford Law Review* 43 (1991): pp. 1183, 1189.

2. Double Jeopardy: To Be Black and Female", de Fran Beal, foi inicialmente publicado como um panfleto e depois revisado e publicado em Toni Cade, *The Black Woman: An Anthology* (Nova York: New American Library Publishers, 1970). *Triple Jeopardy* era o título do jornal da Third World Women's Alliance, e "Racism, Sexism, Imperialism" aparecia no subtítulo. Ver também Deborah K. King, "Multiple Jeopardy, Multiple Consciousness: The Context of a Black Feminist Ideology". *Signs*, v. 14, n. 1, pp. 42-72, outono de 1988; e Kimberlé Crenshaw, "Mapping the Margins: Intersectionality, Identity Politics, and Violence against Women of Color," *Stanford Law Review* 43, n. 6 (julho, 1991): pp. 1241-99

3. Em *Mutual Aid: Building Solidarity during This Crisis (and the Next)*, Dean Spade sugere que "'ajuda mútua' é uma expressão usada para descrever coordenação coletiva para atender as necessidades uns dos outros, geralmente decorrente da consciência de que os sistemas em vigor não vão atendê-los" (London: Verso, 2020).

4. People Against Prisons Aotearoa em Aoteroa, Nova Zelândia, *Transformative Justice Workshop: Practical Ways of Solving Interpersonal Harm and Conflict in our Communities*. Ver: <papa-site-assets.ams3.cdn.digitaloceanspaces. com/publications/transformative-justice-workshop-v2.pdf>.

5. Mariame Kaba e Shira Hassan, *Fumbling Toward Repair: Workbook for Community Accountability Facilitators* (Project NIA, 2019).

6. Ejeris Dixon e Leah Lakshmi Piepzna-Samarasinha, *Beyond Survival: Strategies and Stories from the Transformative Justice Movement* (Chico, CA: AK Press, 2020); e Ching-In Chen, Jai Dulani e Leah Lakshmi Piepzna-Samarasinha, *The Revolution Starts at Home: Confronting Intimate Violence Within Activist Communities* (Brooklyn, NY: South End Press, 2016).

7. Ver também Colin Kaepernick (Org.), *Abolition for the People: The Movement for a Future without Policing & Prisons* (Kaepernick Publishing, 2021).

8. Nicole Fleetwood, *Marking Time: Art in the Age of Mass Incarceration*. Cambridge: Harvard University Press, 2020.

9. Para saber mais sobre projetos como o Black Youth Project 100, ver David Turner, "#ResistCapitalism to #FundBlackFutures: Black Youth, Political Econ-

omy, and the 21st Century Black Radical Imagination", 8 dez. 2016, *Abolition Journal.*

10. Assista à performance em <youtube.com/watch?v=qtAPHtG0hLQ>.

11. Ver Avery F. Gordon, especialmente *The Hawthorne Archive: Letters from the Utopian Margins.* Nova York: Fordham University Press, 2013.

12. Sobre "zelo evangélico", ver Roger Lancaster, "How to End Mass Incarceration". *Jacobin*, 18 ago. 2017. Disponível em: <https://jacobinmag.com/2017/08/mass-incarceration-prison-abolition-policing>. Sobre "extremismo", ver Darren Walker, "In Defense of Nuance", 19 set. 2019. Ver: <www.fordfoundation.org/ideas/equals-change-blog/posts/in-defense-of-nuance/>.

13. Harsha Walia, *Undoing Border Imperialism* (Oakland: AK Press, 2013).

14. Hans Bennett, "Organizing to Abolish the Prison-Industrial Complex", 11. jul. 2008, *Dissident Voice.* Ver: <dissidentvoice.org/2008/07/organizing-to-abolish-the-prison-industrial-complex/>.

15. Para uma crítica da legislação de crimes de ódio, ver Morgan Bassichis, Alexander Lee e Dean Spade, "Building an Abolitionist Trans & Queer Movement with Everything We've Got", em *Captive Genders: Trans Embodiment and the Prison Industrial Complex* (Oakland: AK Press, 2011).

16. *Reimagining Justice in South Africa Beyond Policing.* Ver: <https://drive. google.com/file/d/1krNcg_saPFABqjuFkQvtVKUpIjivd8Es/view?fbclid=I-wAR2ve10x0CSPi9sipQdXyD2vdYHI_lYzuFYMQ0PTHX26m4WfR6sz8e0n-T2I>.

17. Teóricos como Jodi Melamed, baseando-se no trabalho de Cedric Robinson em *Black Marxism* (University of North Carolina Press 1983), nos lembram que o capitalismo é sempre capitalismo racial: "O capital só pode ser capital quando está acumulando, e só pode acumular produzindo e movendo-se através de relações de grave desigualdade entre os grupos humanos". Jodi Melamed, Racial Capitalism", *Critical Ethnic Studies* 1, n. 1 (2015): p. 77.

1. ABOLICIONISMO. [pp. 63-109]

1. "Women's House of Detention Protects the First Offenders", *New York Times*, 8 mar. 1931.

2. Audre Lorde, *Zami: A New Spelling of My Name* (Berkeley: Crossing Press, 1982), p. 206.

3. Southerners On New Ground, Black Mamamas Bail Out Action. Ver: <southernersonnewground.org/our-work/freefromfear/black-mamas-bail-out-action/>.

4. O Bronx Bail Fund, fundado em 2007 e provavelmente o primeiro fundo para pagamento de fiança acessível às pessoas comuns, foi descontinuado em 2020, principalmente porque algumas reformas de títulos foram implementadas. Ver: <thebronxfreedomfund.org/>.

5. Joan Nestle, "Women's House of Detention, 19-74", *Outhistory*, 2008. Disponível em: <outhistory.org/exhibits/show/historical-musings/womens-house-of-detention>.

6. Ver edição especial de 1999 do *Social Justice* (v. 18, n. 3), organizada por Robert P. Weiss ("Attica: 1971-91 — A Commemorative Issue"). Ver também Heather Thompson, *Blood in the Water: The Attica Prison Uprising of 1971 and Its Legacy* (Nova York: Pantheon, 2016).

7. Para mais sobre essa rebelião, ver Jamie Bissonnette, Ralph Hamm, Robert Dellelo, *When the Prisoners Ran Walpole: A True Story in the Movement for Prison Abolition* (Boston: South End Press, 2008).

8. American Friends Service Committee Working Party, *Struggle for Justice: A Report on Crime and Punishment in America* (Nova York: Hill and Wang, 1971), p. 173.

9. Prison Research Education Action Project, *Instead of Prisons: A Handbook for Abolitionists* (Syracuse: Prison Research Education Action Project, 1976), p. 19.

10. Fay Honey Knopp, "Radical Feminism and Abolition," *Peace Review* 6, n. 2 (1994): pp. 203-8.

11. Ver os arquivos do Santa Cruz Women's Prison Project at Freedom Archives, disponíveis em <www.ncjrs.gov/pdffiles1/Digitization/107516NCJRS.pdf>.

12. À medida que a conversa prosseguia, juntou-se a ela a filantropa radical Gita Drury, que apresentou o emergente comitê organizador a Edwin Cohen e sua Blessing Way Foundation, que forneceu o investimento para a conferência. Para saber mais sobre a Critical Resistance e essa convocação inicial, ver a edição especial de 2000 de *Social Justice* (v. 27, n. 3), organizada pelo Critical Resistance Publications Collective ("Critical Resistance to the Prison-Industrial Complex").

13. Ver *Captive Genders: Trans Embodiment and the Prison Industrial Complex* editado por Eric Stanley and Nat Smith (2011).

14. Essa tese foi elaborada em Kaaryn S. Gustafson, *Cheating Welfare: Public Assistance and the Criminalization of Poverty* (Nova York: New York University Press, 2011).

15. Dorothy Roberts, *Killing the Black Body: Race, Reproduction, and the Meaning of Liberty* (Nova York: Vintage, 1997). Ver também o trabalho mais

recente de Robert *Torn Apart: How the Child Welfare System Destroys Black Families — And How Abolition Can Build a Safer World.* (Nova York: Basic Books, 2022).

16. "'Abolition Is the Only Answer': A Conversation with Dorothy Roberts", *Rise*, 20 out. 2020. Ver: <risemagazine.org/2020/10/conversation-with-dorothy-roberts/>.

17. Mike Davis, "Hell Factories in the Field: A Prison-Industrial Complex", *Nation*, 20 fev. 1995. Ver também Angela Y. Davis, "Masked Racism: Reflections on the Prison Industrial Complex", *Colorlines*, 10 set. 1998.

18. Critical Resistance, "What Is the PIC? What Is Abolition?". Disponível em: <http://criticalresistance.org/about/not-so-common-language/>.

19. Em 1974, o Sindicato dos Prisioneiros da Carolina do Norte, uma das muitas tentativas vibrantes de formar um sindicato na prisão na década de 1970, exigiu o fim do "complexo judicial-prisional-liberdade-condicional-industrial". Ver Dan Berger e Emily K. Hobson, *Remaking Radicalism: A Grassroots Documentary Reader of the United States, 1973-2001* (Athens: University of Georgia Press, 2020).

20. Ver o artigo de Angela Davis and Gina Dent, "Prison as a Border: A Conversation on Gender, Globalization, and Punishment", *Signs* 26, n. 4 ("Globalization and Gender") (verão, 2001): pp. 1235-41.

21. Stuart Hall et al. *Policing the Crisis: Mugging, the State, and Law and Order* (Londres: Macmillan, 1978).

22. Eddie Ellis, "An Open Letter to Our Friends on the Question of Language", Center for NuLeadership on Urban Solutions, 2007. Disponível em: <cmj-center.org/wp-content/uploads/2017/07/CNUS-AppropriateLanguage.pdf>.

23. Ver a antologia de 2005 de Julia Sudbury (agora Chinyere Oparah), *Global Lockdown: Race, Gender, and the Prison-Industrial Complex* (Londres: Routledge), que relacionou campanhas e pesquisas sobre mulheres presas em um contexto que refletia o alcance global do complexo industrial prisional e as múltiplas maneiras pelas quais ele explorou e construiu regimes de racismo e heteropatriarcado.

24. Ver o site da Sisters Inside: <//sistersinside.com.au/>.

25. "What We Do", Canadian Association of Elizabeth Fry Societies. Disponível em: <www.caefs.ca/what-we-do>.

26. Para acessar o relatório da Anistia Internacional para a campanha organizada pelos curdos revolucionários contra as prisões do tipo F. Disponível em: <refworld.org/pdfid/3b83b70ae.pdf>.

27. Critical Resistance, "What Is the PIC? What Is Abolition?".

28. André Gorz, *Strategy for Labor: A Radical Proposal* (Boston: Beacon Press, 1967) e Thomas Mathiesen, *The Politics of Abolition* (Londres: Martin Robertson and Company, 1974).

29. Ruth Wilson Gilmore, "Making and Unmaking Mass Incarceration Conference", Universidade do Mississippi, dez. 2019.

30. Orlando Patterson, no livro *Slavery and Social Death: A Comparative Study*, publicado em 1982, ofereceu uma análise da escravidão em diferentes contextos, argumentando que ela visava produzir "morte social". Outros estudiosos se basearam no trabalho de Patterson para argumentar que as comunidades criminalizadas, especificamente as afro-americanas, experimentam formas de morte civil. Por exemplo, depois de cumprirem suas sentenças, pessoas com antecedentes criminais enfrentam uma rede de formas sancionadas de discriminação que restringem seu direito à privacidade, à paternidade, ao acesso a benefícios sociais e outros direitos, ao voto, entre outros. Ver, por exemplo, Joan Dyan, "Legal Slaves and Civil Bodies", *Nepantla* 2, n. W, 2001, pp. 3-39. Ver também o livro Colin Dayan, *The Law Is a White Dog: How Legal Rituals Make and Unmake Persons* (Princeton: Princeton University Press, 2011).

31. Leslie F. Goldstein, "Early Feminist Themes in French Utopian Socialism: The Saint-Simonians and Fourier," *Journal of the History of Ideas* 43, n. 1 (1982): pp. 91-108. (janeiro, 1982). Republicado em janeiro de 2004, em *Socialism: Critical Concepts in Political Science*, organizado por Jeremy Jennings (Routledge).

32. W.E.B. Du Bois, *Black Reconstruction in America: An Essay Toward a History of the Part Which Black Folk Played in the Attempt to Reconstruct Democracy in America, 1860-80* (Nova York: Free Press, 1998 [1935]).

33. Du Bois, *Black Reconstruction*, p. 634.

34. Du Bois, *Black Reconstruction*, p. 635.

35. Cheryl I. Harris, "Whiteness as Property", *Harvard Law Journal*, 10 jun.1993. Disponível em: <harvardlawreview.org/1993/06/whiteness-as-property>.

36. Paul Wright, "Slaves of the State", em *The Ceiling of America: An Inside Look at the U.S. Prison Industry* (Monroe: Common Courage, 1998), p. 102. Essa noção deriva principalmente da opinião de Ruffin. Ver Commonwealth of Virginia, 62 Va 790 (1871).]

37. Michelle Alexander, *The New Jim Crow: Mass Incarceration in the Age of Colorblindeness* (Nova York: New Press, 2010).

38. Ver Anna Mae Duane e Erica Meiners, "Working Analogies: Slavery Now and Then" em *Fighting Modern Slavery and Human Trafficking: History and Contemporary Policy*, organizado por Jessica Pliley, Genevieve LeBaron, e David W. Blight (Cambridge: Cambridge University Press, 2021).

39. Robert Perkinson,*Texas Tough: The Rise of America's Prison Empire* (Nova York: Henry Holt, 2010).

40. Ver o Polaris Project (<polarisproject.org/>) e Julie Bindel, *The Pimping of Prostitution: Abolishing the Sex Work Myth* (Londres: Palgrave, 2017).

41. Ver Aja Romano, "A New Law Intended to Curb Sex Trafficking Threatens the Future of the Internet as We Know It," *Vox*, 2 jul. 2018. Disponível em: <www.vox.com/culture/2018/4/13/17172762/fosta-sesta-backpage-230-internet-freedom>; e Liz Tung, "FOSTA-SESTA Was Supposed to Thwart Sex Trafficking. Instead, It's Sparked a Movement", PBS, 10 jul. 2020. Disponível em: <whyy.org/segments/fosta-sesta-was-supposed-to-thwart-sex-trafficking-instead-its-sparked-a-movement/>.

42. Ver, por exemplo, Dylan Rodriguez (2018) (2016). "'Mass Incarceration' as Misnomer", *The Abolitionist*. Disponível em: <abolitionistpaper.files.wordpress.com;2017;04;the-abolitionist-issue-26.pdf>.

43. German Lopez, "The First Step Act, Explained", *Vox*, 5 fev. 2019. Disponível em: <www.vox.com/future-perfect/2018/12/18/18140973/state-of-the-union-trump-first-step act-criminal-justice-reform>.

44. Kerwin Kaye, *Enforcing Freedom: Drug Courts, Therapeutic Communities, and the Intimacies of the State* (Nova York: Columbia University Press, 2019).

45. Essa frase ressoa da obra de Saidiya Hartman. Ver *Wayward Lives, Beautiful Experiments: Intimate Histories of Riotous Black Girls, Troublesome Women, and Queer Radicals* (Nova York: Norton, 2019).

46. Liat Ben-Moshe, *Decarerating Disability: Deinstitutionalization and Prison Abolition* (Minneapolis: University of Minnesota Press, 2020).

47. Annie Lowrey, "Her Only Crime Was Helping Her Kids", *Atlantic*, 13 set. 2019. Disponivel em: <www.theatlantic.com/ideas/archive/2019/09/her-only-crime-was-helping-her-kid/597979/>.

48. Francisco Aviles Pino, "LA County Votes to Stop Construction of New Jail-Like Facility", *The Intercept*, 22 ago. 2019. Disponível em: <theintercept.com/2019/08/22/los-angeles-county-mental-health-facility-abolition/>.

49. James Kilgore, "Repackaging Mass Incarceration", *Counterpunch*, 6 jun. 2014. Disponível em: <www.counterpunch.org/2014/06/06/repackaging-mass-incarceration/>.

50. Antonio Pacheco, "Interrogating the Impacts of NYC's Rikers Jail Replacement Plan", *Archinect News*, 12 dez. 2019. Disponível em: <//archinect.com/news/article/150174335/interrogating-the-impacts-of-nyc-s-rikers-jail-replacement-plan>.

51. Jackie Wang, *Carceral Capitalism* (Cambridge: MIT Press, 2018).

52. Para saber mais dessa campanha, ver Osha Oneeka Dava Brown, Lee Doane, Sterling Fleming, Hakim Trent, Jeremy Valerio e organizadores externos com o No New Jails NYC, "$11 Billion for What? Incarcerated Organizers with No New Jails NYC explain how to shut down Rikers without Building New Jails", *CUNY Law Review*, 20 mar. 2020.

53. Em 1969, em *Black Awakening in Capitalist America* (Nova York: Doubleday, 1969), Robert Allen nomeou o papel que a filantropia branca desempenhou na gestão de insurgências políticas, particularmente em movimentos como o Black Power. Na década de 1980, a Ford Foundation, a Field Foundation e outras grandes fundações agiram agressivamente para redirecionar a articulação dos trabalhadores rurais de ações "militantes" como greves e ações diretas para projetos centrados no apoio educacional e na prestação de serviços. Em 2019, com o aumento do poder de sindicatos de professores, em grande parte te femininos e muitas vezes não brancos, as fundações Eli and Edythe Broad e Bill and Melinda Gates injetaram recursos em suas versões de cima para baixo e antitrabalho da reforma educacional K-12.

2. FEMINISMO. [pp. 110-55]

1. "Moment of Truth: Statement of Commitment to Black Lives", 30 jun. 2020. Disponível em: <wscadv.org/news/moment-of-truth>.

2. Tommy Simmons, "Law Enforcement Groups Withdraw Support of Idaho Coalition Over Letter Calling for Racial Justice", *Idaho State Journal*, 21 out. 2020. Disponível em: <www.idahostatejournal.com/news/local/law-enforcement-groups-withdraw-support-of-idaho-coalition-over-letter-calling-for- racial-justice/article_cef47a44-5de3-55f7-9998-3f17ef458777.html>.

3. Embrace, "Embrace Supports Communities of Color". Disponível em: <www.documentcloud.org/documents/20398151-embrace-statement-on-supporting-communities-of-color>.

4. Melissa Gira Grant, "An Anti-Rape Movement without Police", *New Republic*, 20 out. 2020. Disponível em: <newrepublic.com/article/159850/anti-rape-movement-without-police>.

5. Casey Gwinn e Gael Strack, "Another Perspective on 'The Moment of Truth Statement'", *Domestic Violence Report* 26, n. 2 (dezembro/janeiro, 2021: pp. 17-21.

6. Ver, por exemplo: Donna Coker, "Why Opposing Hyper-incarceration Should Be Central to the Work of Anti-Domestic Violence Movement", *Univer-*

sity of Miami Race and Social Justice Law Review 585 (2015); Mimi Kim, "Challenging the Pursuit of Criminalization in an Era of Mass Incarceration: The Limits of Social Work Response to Domestic Violence in the US". *British Journal of Social Work*, 2015.

7. As membras-fundadoras da INCITE! foram Sandra Comacho, Jamie Lee Evans, Michelle Erai, Kata Issari, Jamie Jimenez, Isabel Kang, Valli Kalei Kanuha, Mimi Kim, Kelley Mitchell-Clark, Beth E. Richie, Loretta Rivera, Ana Clarissa Rojas Durazo, Andrea Smith, Nan Stoops, Sharon Todd, Janelle White e Sherry Wilson.

8. Beth E. Richie, *Arrested Justice: Black Women, Violence, and America's Prison Nation* (Nova York: New York University Press, 2016); Susan Schechter, *Women and Male Violence: The Visions and Struggles of the Battered Women's Movement* (Boston: South End Press, 1982).

9. Lisa Levenstein, *They Didn't See Us Coming: The Hidden History of Feminism in the Nineties* (Nova York: Basic Books, 2020); Ann Russo, *Feminist Accountability: Disrupting Violence and Transforming Power* (Nova York: New York University Press, 2018); Beth Richie, Val Kalei, Kanuha, e Kayla Martensen, "Colluding With and Resisting the State: Organizing Against Gender Violence in the U.S", *Feminist Criminology*, 19 jan. 2021. Disponível em: <//journals.sagepub.com/doi/full/10.1177/1557085120987607>.

10. Robin McDuff, Deanne Pernell, Karen Saunders, "Letter to the Anti-Rape Movement". *Off Our Backs*, v. 7, n. 5, pp. 9-10, jun. 1977.

11. Se as genealogias convencionais do ativismo antiviolência estão sendo contestadas de forma produtiva, também o são os estudos das conexões históricas entre racismo e punição. Em *No Mercy Here: Gender, Punishment and Jim Crow Modernity* (Chapel Hill: University of North Carolina Press, 2016), Sarah Haley narra como as práticas de encarceramento do fim do século XIX e início do século XX moldaram as lógicas racializadas e de gênero. A obra serve como exemplo convincente do que significa desenvolver pesquisas e análises interdisciplinares ricas baseadas em teorias e práticas antirracistas e feministas. Seu livro pode ser caracterizado como o feminismo abolicionista em ação.

12. Fran Beal, "Double Jeopardy: To Be Black and Female", em Toni Cade (Org.), *The Black Woman: An Anthology* (Nova York: New American Library Publishers, 1970), e em Robin Morgan, *Sisterhood is Powerful* (Nova York: Vintage, 1970); Claudia Jones, "An End to the Neglect of the Problems of the Negro Woman!", *Political Affairs* 28, n. 6 (1949): pp. 51-67.

13. Esther Cooper Jackson, *The Negro Domestic Worker in Relation to Trade Unionism* (M.A. Thesis, Fisk University, 1940), republicado em *Viewpoint Mag-*

azine, 31 out. 2015. Disponível em: <viewpointmag.com/2015/10/31/the-negro-woman-domestic-worker-in-relation-to-trade-unionism-1940/>.

14. Ella Baker e Marvel Cooke, "Bronx Slave Market", *The Crisis*, nov. 1935: pp. 330-2.

15. Brandi Jackson, "No Ground on Which to Stand: Revise Your Stand Your Ground Laws So Survivors of Domestic Violence Are No Longer Incarcerated for Defending their Lives", *Berkeley Journal of Gender, Law and Justice* 154 (2015); Barbara L. Zust. "Assessing and Addressing Domestic Violence Experienced by Incarcerated Women", *Creative Nursing: Social Justice and Nursing*, 14, n. 2.

16. Committee on Domestic Violence and Incarcerated Women, "Battered Women and Criminal Justice: A Report of the Committee on Domestic Violence and Incarcerated Women", jun. 1987. Ver: <www.ojp.gov/pdffiles1/Digitization/107516NCJRS.pdf>.

17. Ver Santa Cruz Women's Prison Project Newsletter, fev. 1974. Disponível em: <search.freedomarchives.org/search.php?view_collection=1081>.

18. Essas organizações eram (e são) apoiadas por feministas abolicionistas, como Alisa Bierria, Kathy Boudin, Rachel Caidor, Monica Cosby, Andrea James, Mariame Kaba, Mimi Kim, Colby Lenz, Miss Major, Colette Payne, Cassandra Shaylor, Gail Smith e Dean Spade.

19. Beth E. Richie, *Compelled to Crime: The Gender Entrapment of Battered Black Women* (Nova York: Routledge, 1996); Karlene Faith, *Unruly Women: The Politics of Confinement & Resistance* (Nova York: Seven Stories Press, 2011 [1993]). Paula Johnson, *Inner Lives: Voices of African American Women in Prison.* (Nova York: NYU Press, 2004).

20. Beth Richie e Kayla Martensen, "Resisting Carcerality, Embracing Abolition: Implications for Social Work Practice", *Affilia* 35, n. 11, 2020.

21. Ver, por exemplo, debate do NPIC na antologia de autoria da INCITE! *The Revolution Will Not Be Funded: Beyond the Non-Profit Industrial Complex* (Durham: Duke University Press, 2017).

22. Mimi E. Kim, "The Carceral Creep: Gender-Based Violence, Race and the Expansion of the Punitive State, 1973-83", *Social Problems* 67, n. 2 (2020): pp. 251-69.

23. Alisa Bierria, "Pursuing A Radical Anti-Violence Agenda Inside/Outside a Non-Profit Structure" em INCITE! Women of Color Against Violence (Org.), *The Revolution Will Not Be Funded: Beyond the Non-Profit Industrial Complex* (Durham: Duke University Press, 2017), pp. 151-63.

24. "National Intimate Partner and Sexual Violence Survey Summary Re-

port", National Center for Injury Prevention and Control of the Center for Diseases Control, 2010.

25. Violent Crime Control and Law Enforcement Act of 1994, US Department of Justice, Fact Sheet. Disponível em: <www.ncjrs.gov/txtfiles/billfs.txt>.

26. Mari Matsuda, "Crime and Punishment", *Ms. Magazine*, nov./dez., 1994: pp. 86-8.

27. Mimi E. Kim, "vawa @ 20: The Mainstreaming of the Criminalization Critique: Reflections on vawa 20 Years Later", *City University of New York Law Review* 18, n. 1, 2014: pp. 52-7.

28. Mimi E. Kim, "The Carceral Creep, 251.

29. O termo "carceral feminism" foi originalmente criado por Elizabeth Bernstein em sua análise no contexto dos esforços antitráfico. "The Sexual Politics of the 'New Abolitionism'", *differences* 18, n. 3, 2007: pp. 128-51.

30. Anannya Bhattacharjee, "Whose Safety? Women of Color and the Violence of Law Enforcement", American Friends Service Committee, Committee on Women, Population, and the Environment, 2001. Disponível em: <www.afsc. org/sites/default/files/documents/whose%20safety.pdf>.

31. Ver, por exemplo, Anne Braden, "Free Thomas Wansley: A Letter to White Southern Women" (Louisville: scef Press, 1972) em <//newsreel.org/guides/Anne-Braden-A-Letter-to-White-Southern-Women.pdf>; e Ida B. Wells Barnett, *The Red Record: Tabulated Statistics and Alleged Causes of Lynching in the United States, 1892-4* (reeditado por CreateSpace Independent Publishing Platform, 2015).

32. Há um debate considerável sobre essa questão. Para um bom resumo do argumento, particularmente no que diz respeito a questões de racismo estrutural e policiamento, consulte o site do Survived & Punished #Set Them Free: <//survivedandpunished.org/>. Outra boa fonte de resumo é *Why Domestic Violence Survivors Fear Turning to the Police,* de Meg Aprill. Disponível em: <www.dayoneny/org/blog2020/8/5/why-domestic-violence-survivors-fearbspturningto-the-police>.

33. Angela Y. Davis, *A liberdade é uma luta constante* (São Paulo: Boitempo, 2018).

34. A versão de 2021, que tem sido considerada enquanto a edição original deste livro era impressa, incluiu uma cláusula para a justiça restaurativa, que muitas organizações convencionais apoiaram, fortalecendo assim a expansão carcerária e o compromisso com o sistema jurídico-criminal

35. Connor Friedersdorf, "Police Have a Much Bigger Domestic-Abuse Problem Than the nfl Does". *Atlantic*, 19 set. 2014. Disponível em: <www.the atlantic.com/national/archive/2014/09/police-officers-who-hit-theirwives-orgirlfriends/380329>. E Leigh Goodmark, "Hands up at Home: Militarized Mas-

culinity and Police Officers Who Commit Intimate Partner Abuse". *BYU Law Review*, n. 5, 2015.

36. Como citado em Melissa Jeltsen, "Don't Use Domestic Violence Victims to Derail Police Reform", 20 jun. 2020. Disponível em: <domesticshelters.org>

37. Congressional Research Service, "The Violence Against Women Act (VAWA): Historical Overview, Funding, and Reauthorization", 23 abr. 2019. Disponível em: <fas.org/sgp/crs/misc/R45410.pdf>.

38. Ver a campanha She Safe, We Safe: <shesafewesafe.org/>.

39. Dorothy Roberts, *Torn Apart: How the Children Welfare System Destrys Black Families — and How Abolition Can Build a Safer World*, a ser publicado (Nova York: Basic Books, 2022), p. 40.

40. Ver Flat Out <www.flatout.org.au/> e <www.flatout.org.au/wp-content/uploads/2012/04/Flat-Out-Submission-RCFV-FINAL.pdf>.

41. Calla Wahlquist, "Crowdfunding Campaign to Free Indigenous Women 'Shocked' by WA Response", *Guardian*, 22 jan. 2019. Disponível em: <www.theguardian.com/australia-news/2019/jan/23/crowdfunding-campaign-to-free-indigenous-women-shocked-by-wa-government-response>.

42. Sohela Surajpal, "Carceral Feminism is Not the Answer", *Africa Is a Country*. Disponível em: <africasacountry.com/2020/09/carceral-feminism-is-not-the-answer>.

43. "Sisters Uncut Stands in Solidarity with the Wet'suwet'en", 20 fev. 2020. Disponível em: <www.sistersuncut.org/2020/02/20/sisters-uncut-stands-in-solidarity-with-the-wetsuweten/>.

44. Maureen Mansfield, "What Is Abolition Feminism and Why Does It Matter", *IPPR Progressive Review*, 13 jun. 2018. Disponível em: <www.ippr.org/juncture-item/what-is-abolitionist-feminism-and-why-does-it-matter>.

3. JÁ. [pp. 156-96]

1. Embora o número de pessoas em algumas prisões tenha diminuído durante a pandemia de coronavírus, de acordo com o Prison Policy Institute (PPI), em meados de 2020, as prisões "não soltavam quase ninguém". O PPI rastreou libertações (e fatalidades) relacionadas à covid-19 nos Estados Unidos. Consulte "The Most SignificantCriminal Justice Policy Changes from the Covid-19 Pandemic", 18 maio 2021. Disponível em: <www.prisonpolicy.org/virus/virusresponse.html>. Ver também DLA Piper e Association for the Prevention of Torture, "A Global Analysis of Prisoner Releases in Response to Covid-19", dez. 2020. Disponível em: <www.dlapiper.com/~/media/files/insights/publications/2021/03/

dla-piper-prison-population-during-covid-19.pdf?la=en&hash=F5C1EBBA-0D3D86BDDA58FAC87DB9EF3CAE3815DF>.

2. Ruth Wilson Gilmore definiu o racismo como "a produção e exploração extrajudiciais e/ou sancionadas pelo Estado da vulnerabilidade de um grupo diferenciado à morte prematura". Ver *Golden Gulag: Prisons, Surplus, Crisis, and Opposition in Globalizing California* (Berkeley: University of California Press, 2007), p. 247. Além da questão da morte prematura, o envelhecimento é acelerado para pessoas aprisionadas, mesmo que a idade seja um conceito discutível. Nos Estados Unidos, as prisões não possuem um indicador de idade padrão para que a pessoa seja considerada "velha", "idosa" ou "envelhecida", o que afeta a coleta de dados e também restringe o processo de organização. Embora limitado, um conjunto de pesquisas em desenvolvimento ilustra que, por volta dos cinquenta anos, as pessoas encarceradas começam a apresentar problemas de saúde geralmente associados a indivíduos mais velhos. Veja, por exemplo, Maurice Chammah, "Do You Age Faster in Prison?", Marshall Project, 24 ago. 2015. Disponível em: <www.themarshallproject.org/2015/08/24/do-youage-faster-in-prison>.

3. "Inside Prison Amid Coronavirus Pandemic: Incarcerated Journalist Says Millions Behind Bars at Risk", entrevista com Juan Moreno Haines, *Democracy Now!*, 17 mar. 2020. Disponível em: <www.democracynow.org/2020/3/17/coronavirus_prisons_san_quentin>.

4. Gloria Anzaldúa, *Borderlands/La Frontera: The New Mestiza* (San Francisco: Aunt Lute, 1987), p. 109.

5. Ver, por exemplo, *Emergent Strategies: Shaping Change, Changing Worlds*, de adrienne maree brown (Chico, CA: AK Press, 2017), para uma discussão robusta sobre escalonamento e movimentos sociais.

6. Bryan Stevenson e Gina Dent, "Images, Memory, and Justice", Visualizing Abolition, Instituto de Artes e Ciências, Universidade da California, Santa Cruz, 27 out. 2020. Disponível em: <visualizingabolition.ucsc.edu.exhibitions/visualizing-abolition.html>.

7. Stephanie Woodard, "The Police Killings No One is Talking About", *In These Times*, 17 out. 2016. Disponível em: <inthesetimes.com/features/native_american_police_killings_native_lives_matter.html>.

8. National Center for Transgender Equality, "The Report of the US Transgender Survey Executive Summary" , dez. 2016. Disponível em: <transequality.org/sites/default/files/docs/usts/USTS-Executive-Summary-Dec17.pdf.>

9. Ver Flint Taylor, "How Activists Won Reparations for the Survivors of Chicago Police Department Torture", 26 jun. 2015. Disponível em: <inthesetimes.com/article/18118/jon-burge-torture-reparations>; Alice Kim, "Breaking

Walls: Lessons from Chicago", em *The Long Term: Resisting Life Sentences, Working Toward Freedom*, organizado por Alice Kim, Erica R. Meiners, Audrey Petty, Jilly Petty, Beth E. Richie e Sarah Ross (Chicago: Haymarket Books, 2018).

10. "We Charge Genocide, Police Violence against Chicago's Youth of Color: A Report Prepared for the United Nations Committee against Torture", set. 2014. Disponível em: <report.wechargegenocide.org>.

11. Sobre o orçamento do policiamento de Chicago, ver "What is the Chicago Police Department Budget?", 23 jun. 2020. Disponível em: <www.civicfed. org/civic-federation/blog/what-chicago-police-department-budget>. Isso não é algo exclusivo de Chicago. Ver, por exemplo, a análise da porcentagem dos orçamentos municipais canadenses gastos com policiamento e per capita em Tom Cordoso e Molly Hayes, "Canadian Cities' Police Spending Ranges from One--10th to Nearly a Third of Total Budgets, Globe Analysis Finds", *Globe and Mail*, 16 ago. 2020. Disponível em: <www.theglobeandmail.com/canada/article-canadian-cities-police-spending-ranges-from-one-10th-to-nearly-a/?fbclid=IwAR-01RaMqqKluvsXmD1XJjBHnAbOHTxKDa6AsUhVB4isjKiuP6NAXJzPD0hI>.

12. Hill também era conhecida como Breonna Be'Be Hill.

13. Andrea Ritchie, *Invisible No More: Police Violence Against Black Women and Women of Color* (Boston: Beacon Press, 2017).

14. Elizabeth Alexander, "The Trayvon Generation". *New Yorker*, 15 jun. 2020.

15. Na década de 1960, em um esforço para monitorar o policiamento, o Departamento de Polícia de Chicago implementou uma iniciativa experimental em que alguns policiais gravavam suas interações com as pessoas. As organizações de libertação gay, rechaçando o assédio policial e as armadilhas de rotina e o mandato de "Stop and Quiz" [Pare e Questione], descreveram com tristeza essa opção de reforma em um boletim informativo gay de Chicago da década de 1960, *Mattachine Midwest*: "Então, se você tiver sorte suficiente para ser interrompido durante a gravação, lembre-se de falar claramente". Ver Therese Quinn e Erica R. Meiners, "Good Cop? Bad Cop? No Cop! Queer Resistance to Policing", *Windy City Times*, 29 jul. 2015.

16. O YWEP foi criado por Claudine O'Leary. Os principais organizadores e membros comunitários do YWEP incluíam Shira Hassan, Tanuja Jagernauth, Laura Mintz, Dominique McKinney, C. Angel Torres, Naima Paz e Cindy Ibarra.

17. Esses grupos foram apoiados por aliados adultos como Kay Barrett, Lara Brooks, Rachel Caidor, Jen Curly, Stacy Erenberg, Mia Henry, Mariame Kaba, Manju Rajendra, Ann Russo, Mary Scott-Boria, Melissa Spatz, Salamishah Tillet e Scheherazade Tillet.

18. Ann Russo e Melissa Spatz, "Communities Engaged in Resisting Violence", Women & Girls Collective Action Network, 2008. Disponível em: <comm-org.wisc.edu/papers2008/russo.htm#What_You_Can_Do!>.

19. Jenny Simeone-Casas e Sarah Conway, "Grandmothers of Chicago's Restorative Justice Movement", City Bureau, 3 jan. 2018. Disponível em: <www.citybureau.org/stories/2018/3/1/grandmothers-of-chicagos-restorative -justice-movement>.

20. Savannah Shange apontou para dinâmicas similares para San Francisco — *Progressive Dystopia: Abolition, Antiblackness, and Schooling in San Francisco* (Durham: Duke University Press, 2019).

21. Karen Lynn Morton e Felipa Mena coordenaram e promoveram muito do trabalho de justiça restaurativa da Community Organizing and Family Issues com famílias e pais. Ver: "Parent-to-Parent Guide: Restorative Justice in Chicago Public Schools", Community Organizing and Family Issues, dez. 2015. Disponível em: <www.cofionline.org/cofi-reports/parent-to-parent-guide-restorative-justice/>.

22. Dorothy Roberts, "Abolishing Policing Also Means Abolishing Family Regulation", *Imprint*, 16 jun. 2020. Disponível em: <chronicleofsocialchange.org/child-welfare-2/abolishing-policing-also-means-abolishing-family-regulation/44480?fbclid=IwAR1vfOAeWs9vZ1ZhAfCCyC5WPoSjPMXbQ6g8v-JkV9x7rPklfBQ-AgD1WIX4>. Ver também: <www.risemagazine.org/2020/10/conversation-with-dorothy-roberts/>.

23. O IYJL foi criado em Chicago por jovens sem documentos, incluindo Rigo Padilla, Tania Unzueta e Rey Wences.

24. Inicialmente proposta em 2001, a Lei DREAM (sigla em inglês de Desenvolvimento, Assistência e Educação para Menores Estrangeiros) poderia fornecer a jovens sem documentos que chegaram aos Estados Unidos antes dos dezesseis anos, sem antecedentes criminais e de "bom caráter" assistência limitada e temporária relacionada à deportação e potencialmente, para alguns, o caminho para a cidadania estadunidense. Versões dessa lei têm sido repetidamente apresentadas nas últimas duas décadas, mas nunca foram aprovadas.

25. Em abril de 2021, em um encontro articulado pelo Institute for Research on Race and Public Policy, "Forced Out", organizações e redes de Chicago que trabalham contra a deportação e o encarceramento compartilharam análises e estratégias.

26. Os principais articuladores do Visible Voices incluíam Colette Payne e Joanne Archibald.

27. Andrea J. Ritchie e Joey L. Mogul, "In the Shadows of the War on Terror: Persistent Police Brutality and Abuse of People of Color in the United States: A Report Prepared for the United Nations Committee on the Elimination of Racial Discrimination", *DePaul Journal for Social Justice* 1, n. 2, 2008: pp. 175-250.

28. Para saber mais sobre a missão e as práticas da Love & Protect, ver <love protect.org/misson/>.

29. Survivors for Divestment. Disponível em: <www.defendsurvivorsnow. org/survivors-for-divestment>.

30. A "Fuck tha Police", música de 1988 do N.W.A., do álbum *Straight Outta Compton*, foi uma denúncia à violência do policiamento e ressurgiu em 2014 como hino para o assassinato de Michael Brown em Ferguson.

31. Laura Moser, "The Awkward Radicalization of the Chicago Teacher's Union", *Slate*, 7 abr. 2016. Disponível em: <slate.com/human-interest/2016/04/ chicago-teachers-union-is-going-through-an-awkward-radicalization.html>.

32. Kristian Williams, *Our Enemies in Blue: Police and Power in America* (Oakland: AK Press, 2015).

33. Wes Venteicher, "'No Evident Justification' for California Prison Guard Raises in Contract, Analyst Warns", *Sacramento Bee*, 17 jun. 2019. Disponível em: <www.sacbee.com/news/politics-government/the-state-worker/article2316 49048.htm>.

34. Kenneth Quinnell, "Get to Know AFL-CIO's Affiliates: International Union of Police Associations", AFL-CIO, 23 set. 2019. Disponível em: <aflcio. org/2019/9/23/get-know-afl-cios-affiliates-international-union-police-associa-tions>.

35. Quando a campanha para fechar as prisões de Rikers, na cidade de Nova York, parecia uma vitória certa, foi anunciado que quatro novas prisões seriam construídas em substituição a ela. Os bolsistas da Fundação Ford e outros que criticaram Darren Walker, presidente da fundação, por seu apoio e participação no processo de tomada dessa decisão, foram advertidos por estarem "irritados".

36. Audre Lorde, "The Uses of Anger: Women Responding to Racism", em *Sister Outsider: Essays and Speeches*, pp. 124-33 (Berkeley: Crossing Press, 1984).

37. Audre Lorde, "The Uses of Anger", p. 127.

38. Sarah Karp, "Black Teachers Hit Harder by CPS Layoffs", Better Govern-ment Association, 2 set. 2015. Disponível em: <https://www.bettergov.org/news/ black-teachers-hit-harder-by-cps-layoffs>.

39. Ver, por exemplo, Charles R. Hale (Org.), *Engaging Contradictions: Theory, Politics, and Methods of Activist Scholarship* (Berkeley: University of Cal-ifornia Press, 2008). Disponível em: <//shifter-magazine.com/wp-content/ uploads/2015/10/Gilmore-Forgotten-Places.pdf>; David Harvey, *Os limites do capital* (São Paulo: Boitempo, 2013)

40. Benji Hart, "Misogyny on the Mag Mile: A Turning Point", 2 dez. 2015. Disponível em: <radfag.com/2015/12/02/misogyny-on-the-mag-mile-a-turning-point/>.

41. Ver "The Chicago Gang Database", Erase the Database, Set. 2018. Dispo-nível em: <erasethedatabase.com/wp-content/uploads/2018/09/Chicago-Gang-Database-Proposed-Ordinance.pdf>.

42. Ver, por exemplo, Alex Vitale, *The End of Policing* (Brooklyn: Verso Books, 2017), e Beth Richie, Dylan Rodríguez, Mariame Kaba, Melissa Burch, Rachel Herzing, e Shana Agid, *Problems with Community Control of Police and Proposals for Alternatives*. Disponível em: <//static1.squarespace.com/static/5ee39ec764dbd7179cf1243c/t/6008c586b43eee58a4c4b73e/1611187590375/Problems+with+Community+Control.pdf>.

43. Ver Erica Meiners, "Never Innocent: Feminist Trouble with Sex Offender Registries and Protection in a Prison Nation", em *Meridians*, v. 9, n. 2, 2008.

44. Rose Braz, "Kinder, Gentler, Gender Responsive Cages: Prison Expansion Is Not Prison Reform", *Women, Girls and Criminal Justice* (Out./Nov., 2006): pp. 87-91.

45. Jordan T. Camp e Christina Heatherton, "How Liberals Legitimate Broken Windows: An Interview with Naomi Murakawa", em *Policing the Planet: Why the Policing Crisis Led to Black Lives Matter*, organizado por Jordan T. Camp e Christina Heatherton (Nova York: Verso Books, 2016), pp. 227-36.

46. Paul Biasco e Mitchell Armentrout, "Police Union Blasts 'Sham Trial and Shameful' Van Dyke Guilty Verdict", *Chicago Sun Times*, 5 out. 2018. Disponível em: <chicago.suntimes.com/2018/10/5/18460941/police-union-blasts-sham-trial-and-shameful-van-dyke-guilty-verdict>.

47. John Byrne, "Mayor Rahm Emanuel Announces Next Step in Police Academy Project, a Plan That Continues to Draw Criticism", *Chicago Tribune*, 16 nov. 2018. Disponível em: <www.chicagotribune.com/politics/ct-met-rahm-emanuel-police-academy-20181116-story.html>.

48. Benji Hart, "How #NoCopAcademy Shook the Machine", *Chicago Reader*, 26 abr. 2019. Disponível em: <www.chicagoreader.com/chicago/how-nocopacademy-shook-the-machine/Content?oid=69862164>.

49. Micol Seigel, *Violence Work: State Power and the Limits of Police* (Durham: Duke University Press, 2018), p. 7.

50. Bernice Johnson Reagon, "Coalition Politics: Turning the Century", em *Home Girls: A Black Feminist Anthology*, organizado por Barbara Smith (Nova York: Kitchen Table Press, 1983), pp. 343-56.

51. Saidiya Hartman, *Wayward Lives, Beautiful Experiments: Intimate Histories of Riotous Black Girls, Troublesome Women, and Queer Radicals* (Nova York: Norton, 2019), p. 33.

52. Ver o trabalho do Rasmea Defense Committee em <//justice4rasmea.org/>.

53. Para saber mais sobre ignorância aprendida, consulte Eve Kosofsky Sedgwick, *Epistemology of the Closet* (Cambridge: Harvard University Press, 1990) e Charles Mills, *The Racial Contract* (Ithaca: Cornell University Press, 1997).

54. Em 2020, o governador de Illinois, Pritzker, anunciou o fechamento pla-

nejado de cinco grandes prisões estaduais para jovens e a "transformação" do sistema de justiça juvenil em Illinois. Ver Heather Cherone, "Pritzker Unveils Plan to 'Transform' Juvenile Justice in Illinois by Closing Large Facilities", *WTTW News*, 31 jul. 2020. Disponível em: <news.wttw.com/2020/07/31/pritzker-unveils-plan-transform-juvenile-justice-illinois-closing-large-facilities>.

55. Mimi E. Kim, "Anti-Carceral Feminism: The Contradictions of Progress and the Possibilities of Counter-Hegemonic Struggle", *Affilia* 35, n. 3, 2020: pp. 309-26.

56. Ver o perfil do Twitter do Escritório de Estratégias de Justiça Restaurativa do Departamento de Polícia de Chicago em: <//twitter.com/cpd_rj?lang=en>.

57. Sobre a população prisional de Illinois, ver os relatórios do Vera Institute of Justice: <www.vera.org/downloads/pdfdownloads/state-incarceration-trends illinois.pdf ; and Prison Policy Institute https://www.prisonpolicy.org/profiles/ IL.html>.

58. Lorraine Swanson, "Tiffany Van Dyke: 'I Can't Bury My Husband'", *Patch. com*, 14 fev. 2019. Disponível em: <patch.com/illinois/chicago/wife-says-she-was-kept-dark-jason-van-dyke-s-beating>.

59. Dahleen Glanton, "We Can't Blame Tiffany Van Dyke for Trying, but Her Husband Is Just Another Convicted Felon", *Chicago Tribune*, 16 fev. 2019. Disponível em: <//www.chicagotribune.com/columns/dahleen-glanton/ct-met-dahleen-glanton-jason-van-dyke-beating-20190215-story.html>.

60. De 1969 a 1973, uma rede clandestina, a Jane Collective, forneceu às mulheres de Chicago acesso a abortos seguros. De 1995 a 2015, o Amigas Latinas apoiaram e defenderam mulheres latinas lésbicas, bissexuais, transgênero e questionadoras por toda Chicago.

61. Gwendolyn Brooks, "Paul Robeson, de *Blacks*. (Chicago: Third World Press, 1984).

EPÍLOGO [pp. 197-203]

1. Mohamed Shehk, Pilar Weiss, Rachel Foran, Sharlyn Grace e Woods Ervin, "On the Road to Freedom: An Abolitionist Assessment of Pretrial and Bail Reforms" (Critical Resistance, jun. 2021). Disponível em: <criticalresistance. org/wp-content/uploads/2021/07/OnTheRoadToFreedom_FINAL_June-2021-compressed.pdf>.

2. Audre Lorde, "Learning from the 60s", discurso em homenagem a Malcolm X na Universidade Harvard, fev. 1982.

3. Liza Featherstone, "Elite Feminists Ran Cover for Andrew Cuomo", *Jacobin*, 12 ago. 2021. Disponível em: <//jacobinmag.com/2021/08/elite-liberal-feminism-times-up-roberta-kaplan-andrew-cuomo-metoo>.

Créditos das imagens

p. 41: Ilustração do potencial imaginativo radical da ficção científica, publicada com a permissão de Ira M. Leigh, iramleigh.com.

p. 51: Imagem com reivindicações do #8toAbolition, publicada com a permissão dos cocriadores da campanha.

p. 55: Cartaz de Free CeCe McDonald e cartaz para Eisha Love, de Micah Bazant. Publicado com a permissão do artista.

p. 58: Capa de *Reimagining Justice in South Africa Beyond Policing*, de Mikayla Boorany. Publicada com a permissão da artista.

p. 61: Cartaz *Marielle Presente*, com a permissão de Anielle Franco.

p. 66: Imagem para *Black Mamas Bail Out Action*, de Micky Jordan. Publicada com a permissão do artista e da organização Southerners on New Ground.

p. 72: Cartaz da conferência da Critical Resistance, 1998, publicado com a permissão de Rupert Garcia e Rena Bransten Gallery.

p. 75: *Study*, cartaz para a conferência da Critical Resistance, 2008, de Pete Railand. Publicado com a permissão do artista.

p. 86: *Free Our Queens*, publicado com a permissão de Melanie Cervantes. Mais informações em <www.peoplespaperco-op.com> e <dignidadrebelde.com>.

p. 91: Cartaz *Building Freedom Behind Bars*, de Alexander Dwinell e Sanya Hyland, National Prisoners Reform Association, *Celebrate People's History Poster Series* n. 68, dez. 2010. Publicado com a permissão dos artistas. Disponível em: <justseeds.org/product/national-prisoners-reform-association>.

p. 98: Cartaz *Stop the Raids*, de Jesus Barraza. Publicado com a permissão do artista. Disponível em: <dignidadrebelde.com/stop-the-raids>.

p. 103: O cartaz *Reformist Reforms vs. Abolitionist Steps to End Imprisonment* faz parte da série de cartazes *Abolitionist Steps* disponíveis em: <criticalresistance.org/resources/abolitionist-tools>. Publicado com a permissão da Critical Resistance.

p. 116: INCITE! ilustração © Cristy C. Road. Publicada com a permissão da artista. Disponível em: <www.croadcore.org>.

p. 121: *Dandelions & Butterflies*, de art twink, publicado com a permissão da artista.

p. 126: Informativo da Third World Women's Alliance, *Triple Jeopardy* 1, n. 1, set.--out. 1971, publicado com a permissão do Smith College Special Collections, da Third World Women's Alliance, arquivos da seção de Bay Area, Caixa 7, Pasta 2.

p. 127: "Open Letter to the Anti-Rape Movement", escrita por Robin McDuff, Deanne Pernell e Karen Saunders, publicada em *Off Our Backs* 7, n. 5, jun. 1977.

p. 142: Button "Prison Is Not Feminist", publicado com a permissão do Project Nia.

p. 146: *Intimate Partner Violence and State Violence Power and Control Wheel*, publicado com a permissão de Monica Cosby e Sarah Ross.

p. 154: Cartaz do Grupo de Trabalho do Centre for the Human Rights of Imprisoned People (CHRIP), projeto da Flat Out, publicado com a permissão da Flat Out. Concepção do cartaz por Emma Russell, Phoebe Barton, Lorena Solin, Amanda George, Vicki Roach, Annie Nash e Helena (sobrenome omitido a pedido). Ilustrações de Rachel Barrett. No cartaz aparecem representadas as articuladoras de várias redes de trabalho na Austrália (da esquerda para a direita): Annie Nash, Helena, Vicki Roach, Amanda George e Lorena Solin.

p. 155: Cartaz *Free Marissa Alexander,* de Crabapple, publicado com a permissão do Love & Protect.

p. 158: *Sem título,* de Joseph Dole, reproduzido com a permissão de Shari Stone--Mediatore.

p. 162: *Sounds of Abolition,* logo da Love & Protect, e cartaz para os eventos abolicionistas de Chicago, de Monica Trinidad, disponível em: <//www.monicatrinidad.com>. Publicado com a permissão da artista.

p. 183: Capa do folheto *No Good Prosecutors — Now or Ever,* de Jett George. Publicada com a permissão da Survived & Punished.

p. 188: Capa de *Coins, Cops, and Communities Toolkit,* publicada com a permissão do AFSC de Chicago.

p. 201: *Networkers,* 2021, publicado com a permissão de Molly Costello.

Índice remissivo

#8toAbolition, 51
#Copsoutofcps, campanha, 189
#ErasetheDatabase, campanha, 184
#FreeHer, 153
#MeToo, 128, 199, 202
#nocopacademy, campanha, 187-9
#SayHerName, campanha, 166

I Conferência Nacional sobre Mulheres do Terceiro Mundo e Violência, 131
IV Mesa Redonda Nacional sobre Mulheres em Prisões, 83
13ª *Emenda, A* (documentário), 93-4

Aaron Patterson Defense Committe [Comitê de Defesa Aaron Patterson], 173
abolicionismo, 43-6, 73; advocacia abolicionista, 27; capitalismo e, 92, 95; capitalismo racial e, 89, 107; em Chicago, 159-60, 172-6, 180, 182, 189, 192, 194; definição de, 84; desencarceramento e, 69, 71, 84; da escravidão, 86-90, 130; estética do, 40, 42; de fiança, 68; história do, 30, 83, 88-90; iniciativa e, 89; inseparável do feminismo, 45, 59, 115, 159, 163, 185, 198; internacionalismo e, 54, 57, 83; justiça e, 81, 84, 115; Knopp e, 70; linhagens feministas do, 28, 43, 59, 68, 70, 115, 190, 192; Manifesto INCITE! e, 26; "Moment of Truth" e, 113; movimento de pessoas com deficiência e, 101-2; movimento trabalhista e, 179-81; prática do, 33, 97, 99, 115, 119, 160; prefiguração e, 48, 68; proliferação do, 27, 33, 43, 52, 99, 160, 167, 192; Rebelião de Attica e, 69; reformismo e, 76-7, 85, 96, 100, 182; sistema de policiamento familiar e, 152; tensão entre o feminismo e o, 114; teoria do, 34, 97, 99;

trabalho sexual e, 94; utopia e, 47; violência de gênero e, 114-5, 118, 135, 143-4, 174; violência doméstica e, 114-5; violência sexual e, 114; *ver também* Beyond the Bars; Black & Pink; Critical Resistance; Elizabeth Fry Societies; No New Jails NYC; Sisters Inside; Students Against Mass Incarceration; Survived & Punished

Abu-Jamal, Mumia, 179

"Action Conference of Women Against Repression and Prison" [Conferência de Ação de Mulheres contra a Repressão e a Prisão], 134

AFL-CIO, 179

África, 71

África do Sul, 56, 58, 97, 153, 179

African American Policy Forum, 166

African American Women in Defense of Ourselves (AAWIDO) [Mulheres Afro-Americanas em Defesa de Nós Mesmas], 128

Agid, Shana, 103

Aid to Incarcerated Mothers (grupo) [Ajuda a Mães Encarceradas], 134

ajuda mútua, 36, 123, 143, 149, 168, 172, 175, 193, 199

Alexander, Elizabeth, 166

Alexander, Marissa, 155

Alexander, Michelle, 93-4

Alternative Justice [Justiça Alternativa], 38

América do Sul, 71, 83

American Friends Service Committee (AFSC), 69, 141, 188

Amigas Latinas, 196

anticapitalismo, 27, 79, 120, 124, 186

antirracismo, 27, 44; Braden e, 142;

Critical Resistance e, 79; INCITE! e, 120, 124; Manifesto INCITE!-critical e, 27; movimento trabalhista e, 179; no Brasil, 54; Sisters Uncut e, 53; violência de gênero e, 118-20, 124, 129

Anzaldúa, Gloria, 132, 160

Aotearoa (Nova Zelândia), 39

apagamento, 28, 30, 34, 159, 180, 191; movimentos antiviolência e, 119, 125, 128-30; de mulheres mortas pela polícia, 51

API-Chi, 129

AquaMoon, 168

Arab Resource and Organizing Center [Centro Árabe de Recursos e Articulação], 56

Arbery, Ahmaud, 112

Assata's Daughters, 178

assistência social, 76, 78, 101, 104, 134, 160, 164

assistência temporária para famílias carentes, 104, 164

Atlanta, 50

Audre Lorde Project, 108, 118, 150

Austrália, 29, 71, 83, 145, 152

auxílio a famílias com filhos dependentes, 74

Bahia, 43

Baker, Ella, 130-1

Bambara, Toni Cade, 130

Banco Mundial, 83

Barber, reverendo William, 90

Barraza, Jesus, 98

Barron County, Wisconsin, 112

Batey Urbano, 169, 192

Bazant, Micah, 55, 150

Beal, Fran, 36, 129

Bedford Hills, Instituição Correcional, 133-4
Bellingham, 67
Ben-Moshe, Liat, 101
Bent Bars, 38
Berlim, 38
Beyond Survival (Dixon e Piepzna-Samarasinha) [Além da sobrevivência], 39
Beyond the Bars (conferência) [Além das grades], 73
"Beyond the State" [Além do Estado], 122
Bhattacharjee, Anannya, 141
Bird, Joan, 65
Black & Pink, 108, 134
Black Abolitionist Network [Rede Negra Abolicionista], 160
Black Lives Matter, movimento, 56, 113, 151, 173-4, 184; *ver também* mobilizações de 2020
Black Mamas Bail Out Action, 65, 67
Black on Both Sides (BOBS), 170
Black People Against Torture [Pessoas Negras Contra a Tortura], 173
Black Reconstruction in America [Reconstrução negra na América] (Du Bois), 88-90, 99
Black Woman, The (Cade), 130
Black Youth Project 100, 151, 182, 192
Blake, Jacob, 112
Bland, Sandra, 51, 166
Blocks Together, 169
Boorany, Mikayla, 58
Boudin, Chesa, 67
Boudin, Kathy, 73
Boyd, Rekia, 51, 164, 167
Braden, Anne, 129, 142
Brasil, 54, 61, 97

Braz, Rose, 49, 71, 185
Bridge Called My Back, This (Moraga e Anzaldúa), 132
Brisbane, Austrália, 29, 43
"Bronx Slave Market, The" (Baker e Cooke) [O mercado de escravizados do Bronx], 131
Brooks, Gwendolyn, 196
Browder, Kalief, 106, 109
Brown, Elsa Barkley, 30, 125, 128
Brown, H. Rap, 66
Brown, Mike, 51, 184
Burge, Jon, 173
Burke, Tarana, 128
Bush, George W., 171
Butler, Octavia, 40, 49

Califórnia, 26, 77, 120, 122, 179, 185
California Coalition for Women in Prison, 134
California Correctional Peace Officers Association, 179
California Partnership to End Domestic Violence [Parceria da Califórnia para Acabar com a Violência Doméstica], 151
Campaign to End Death Penalty [Campanha para Acabar com a Pena de Morte], 173
campanha para fechar a prisão de Rikers, 106
Canadá, 83-4, 153
capacitismo, 35, 78, 104, 169; *ver também* deficiência
capitalismo, 83; abolicionismo e, 92, 95; complexo industrial prisional e, 153; Critical Resistance sobre, 74; escravidão e, 89; prisões e, 97; racismo e, 97; violência de gênero e,

142, 169; violência sexual e, 169; *ver também* capitalismo racial

capitalismo racial, 34, 59, 78, 89, 97, 100, 107, 130, 134, 199

Casa de Detenção Feminina de Nova York, 63-70

Castile, Philando, 51

Caucus of Rank and File Educators (CORE), 180-1

Centre for the Human Rights of Imprisoned People, 154

Centro de Direito Abolicionista, 27

Cervantes, Melanie, 86

Chicago Alliance to Free Marissa Alexander, 155

Chicago Board of Education, 189

Chicago Community Bond Fund, 192

Chicago Dyke March Collective, 172

Chicago Freedom School, 192

Chicago Legal Advocacy for Incarcerated Mothers, 134, 172, 192

Chicago Teachers Union, 178-81

Chicago Torture Justice Memorials, 174

Chicago Tribune, 195

Chicago, 29, 43, 59, 71, 144, 163; academia de polícia em, 187-9; Critical Resistance em, 172; desindustrialização em, 74; educação em, 180-1, 187, 189; feminismo abolicionista em, 160-1, 165, 170, 172, 181, 189; INCITE! em, 122, 172, 191-2; justiça restaurativa em, 169; movimento abolicionista em, 159-60, 172-6, 180, 182, 189, 192, 194; movimento pelos direitos dos imigrantes em, 171; orçamento de, 165, 177, 189; organização feminista em, 167, 169,

172, 174, 192; reparações em, 173; sistema de policiamento familiar, 171; South Side, bairro de, 170; tortura policial em, 164-5; violência policial em, 163-4, 167, 173, 182, 187; We Charge Genocide e, 164-5; YWEP em, 168

Chicago, departamento de polícia, 159, 178, 187, 189, 193

Ching-In Chen, 39

Citizen's Alert [Alerta do cidadão], 173

Ciudad Juárez, México, 49

classe, 35, 82, 102, 117, 124

Coalition Against Rape and Abuse [Coalizão contra o Estupro e Abuso], 118

Coalition for Effective Public Safety (CEPS), 179

Coins, Cops, and Communities Toolkit (AFSC), 188

Colômbia, 97

colonialismo, 54, 142, 147, 154, 213

Color of Violence (INCITE!), 122

Color of Violence, The, (conferência) [A cor da violência], 118-20

Columbia Britânica, Canadá, 153

Combahee River Collective [Declaração coletiva do rio Combahee], 28, 161

comitê estudantil de coordenação não violenta, 132

Community Justice for Youth Institute, 169

Community Organizing and Family Issues, 170

complexo industrial prisional (PIC), 36, 77-8, 81-2, 176, 196; alternativas ao, 176; capacitismo e, 78; capitalismo e, 153; classe e, 82; dimen-

266

sões do, 96, 100, 147, 153, 171; Ellis sobre, 82; gênero e, 78, 82; imigração e alfândega dos Estados Unidos e, 171; internacionalismo e, 84; Nia Project sobre, 172; reformas e, 134; resistência queer e trans e, 73; sexualidade e, 82

complexo militar-industrial, 78

Congresso da Juventude Negra do Sul, 130

Connecticut, 195

Constituição dos Estados Unidos, 13ª Emenda da, 93

Cook County Juvenile Temporary Detention Center, 172

Cooke, Marvel, 130-1

CopsAreFlops [TirasSãoUmFracasso], 56

Cosby, Monica, 144-7, 175, 205

covid-19, 45, 59, 156-7, 159, 177, 196

Crabapple, Molly, 155

Creative Interventions [Intervenções Criativas], 39

Crenshaw, Kimberlé, 36, 166

Crime Bill, lei (1994), 138

crime de ódio, leis, 27

criminalização, 74, 76, 101-2, 151; da autodefesa, 38, 52, 150, 155; gênero e, 76, 79, 82; imigração e, 171; mulheres de cor e, 125; de mulheres negras, 52-3; de protestos, 36; trabalho sexual e, 199; violência de gênero e, 114-5, 117, 133-4, 139, 148, 155, 175

Crisis, The (revista), 131

Critical Resistance, 56, 68, 70, 77, 104, 106, 179, 185; análises da, 74-9; em Chicago, 172, 191-2; conferência de 1998, 70, 72, 79; feminismo e,

79-80; fundação da, 43, 71; internacionalismo e, 83; Manifesto INCITE! e, 25-6; pessoas anteriormente encarceradas e, 71, 79-80; pessoas encarceradas e, 79-80; sobre as reformas, 103, 219-27

Crunk Feminist Collective [Coletivo Feminista Crunk], 29

Cuomo, Andrew, 202

Davis, Angela, 65, 71

Davis, Mike, 77

Davis, Troy, 74

de Blasio, Bill, 107

Decarcerating Disability (Ben-Moshe) [Desencarcerar a deficiência], 101

deficiência, 36, 42, 101-2, 117; Sarah Reed e, 52; sistema jurídico-criminal e, 115; violência de gênero e, 137

democracia abolicionista, 90

Denver, 67

departamento de correção de Illinois, 195

Departamento de Polícia da cidade de Nova York, 122

departamento de prisões, 195

descolonização, 28, 57, 147

Detroit, 74

Dignidad Rebelde, 98

Dignity and Power Now, 104

Dixon, Ejeris, 39

Dole, Joseph, 158

"Double Jeopardy" (Beal) [Dupla penalização], 129-30

DREAM, Lei, 171

Du Bois, W.E.B., 68, 88-90, 92-3, 99

DuVernay, Ava, 93-4

Dwinell, Alexander, 91

educação, 38, 71, 99, 165; em Chicago, 179-81, 187, 189; criminalização e, 104; justiça restaurativa em, 169-70; nos movimentos, 38, 46, 59, 108, 120, 122, 149, 168, 175, 179, 186, 190, 193, 213; pessoas anteriormente encarceradas e, 108; reconstrução e, 92; sistema jurídico-criminal e, 170; VAWA e, 149; violência de gênero e, 168

Eisenhower, Dwight, 78

Elizabeth Fry Societies, 84

Ellis, Eddie, 82

Embrace, 112-3

Emmanuel, Rahm, 182

"End to the Neglect of the Problems of the Negro Woman!, An" (Jones) [Um fim para a negligência dos problemas da mulher negra], 130

escravidão, 86-90, 92-5, 99, 130-1, 142

Estados Unidos, 44, 48, 54, 56, 67, 74, 89, 105, 107, 142; covid-19 nos, 157; encarceramento em massa nos, 71, 76-7, 95, 97; First Step Act e, 96; INCITE! nos, 120, 122; linchamentos nos, 50; movimento pelos direitos dos imigrantes nos, 171; movimento trabalhista nos, 179; reforma prisional nos, 67; Sul dos, 87, 94, 128; Turquia e, 84

estratégias antiescravistas, 87-90, 129

Europa, 52, 71, 83

Female Storytellers Igniting Revolution to End Violence, 168

Females United for Action, 168

feminicídio, 50

feminismo: anticapitalismo e, 27-8; apagamento e, 28, 191; conscientização e, 125; Critical Resistance e, 79-80; decolonial, 28, 147; esferas pública e privada e, 102; história do, 30, 83, 87; imaginação abolicionista e, 28; na Índia, 38; indígena, 142; inseparável do abolicionismo, 45, 59, 115, 159, 163, 185, 198; Manifesto INCITE! e, 26; monitoramento eletrônico e, 106; movimento antiescravista e, 87, 129; movimentos antiviolência, 59, 77, 147, 151 (branquitude e, 124-31; no Brasil, 54; em Chicago, 168-9, 174, 192; dados e, 137-8; feminismo abolicionista e, 43, 109-11, 115, 132, 154, 166, 200; hierarquias e, 80; INCITE! e, 116-24, 132-3, 161; linhagens do, 28, 43, 59, 68, 70, 115, 190, 192; "Moment of Truth" e, 110-4; mulheres na prisão e, 133; precursoras dos, 128-31; profissionalização dos, 135, 139; Roda do Poder e Controle, 145-6; sistema jurídico-criminal e, 135-46, 169; Sisters Uncut e, 53, 161); na Palestina, 57; na Turquia, 84; prática do, 28, 34, 115 (em Chicago, 168, 172, 174-5, 192); prefiguração e, 48; reformas e, 143; socialista, 84; tensão com o abolicionismo, 114-5; teoria do, 34, 118; voto e, 129; *ver também* feminismo carcerário; feminismo de mulheres de cor; feminismo negro; feminismo queer

feminismo abolicionista, 33-4, 106, 115, 129, 202; Attica e, 70; Black Lives Matter e, 151; coletividade e, 46-7, 49, 160; críticas ao, 85; ecossistema do, 38, 153, 161, 173, 175, 192-5,

200-1; estética do, 40, 42; feminismo carcerário e, 140-1, 147-9; fronteiras e, 154; fundos para fiança e, 65-7; imigração e, 171; internacionalismo e, 38, 147, 200; Manifesto INCITE! e, 26; "Moment of Truth" e, 110-4, 116, 129; movimentos antiviolência e, 43, 109-12, 115, 132, 134, 154, 166, 200; e perspectiva tanto/quanto, 35-7, 186, 202; prática do, 35-9, 46-9, 86, 161, 175-6, 186, 196 (em Chicago, 160- 1, 165, 170, 172, 181, 189; descolonização e, 147; inseparável da política, 28-31; movimentos antiviolência e, 134; em Nova York, 109; ousada e cuidadosa, 100; paciência e grandes expectativas da, 144); Radical Reconstruction e, 92-3; reformismo e, 67, 97, 144, 171, 185-6; sexualidade e, 38; trabalho não remunerado e, 38, 42, 159; urgência do, 44, 49, 59-60, 105, 192, 196, 198; utopia e, 47, 161; violência de gênero e, 97, 132-4, 141, 143-4, 148-51, 153; violência do estatal e, 102, 146-7, 160, 185; violência sexual e, 146; *ver também* African American Women in Defense of Ourselves; Audre Lorde Project; Bent Bars; Coalition Against Rape and Abuse; INCITE!; Sista 2 Sista; Sisters Testify; Transgender, Gender Variant, and Intersex Justice Project

feminismo carcerário, 105, 124, 128, 135-44, 147-9

feminismo de mulheres de cor, 29, 110, 116-9, 122, 124-33, 139-42, 186, 190

feminismo negro, 29, 74, 110, 119, 124, 128-9, 142-3, 150

feminismo queer, 28, 54, 119, 139, 150, 186

Ferguson, Missouri, 56, 165, 184

fiança, 65-7, 70, 105-6, 108, 150, 153, 176

Filadélfia, 74, 120

First Step Act (Lei do Primeiro Passo), 95-6

Flat Out, 152, 154

Fleetwood, Nicole, 40

Floyd, George, 49-52, 60, 112, 156

FOSTA, lei, 94

Foucault, Michel, 107

Fourier, Charles, 88

Franco, Marielle, 54, 60-1

"Free Joan Little", movimento, 134

"Freedom Plans" (conferência) [Planos de liberdade], 73

Freedomways (jornal), 130

fronteiras, 36, 49, 57, 154, 191

Fumbling Toward Repair (Kaba e Hassan), 39

Fund Black Futures, 182, 192

Fundo Monetário Internacional, 83

furacão Katrina, 120

GABRIELA Network Chicago, 168

Gang Database, 182

Garcia, Rupert, 72

Garner, Eric, 51

Gay Liberation Front [Frente de Libertação Gay], 64

GenderJUST, 172

gênero, 52, 54, 102, 145, 153; complexo industrial prisional e, 78; crimi-

269

nalização e, 76, 79, 82; essencialismo, 124, 136; racismo e, 142, 145, 166; violência estatal e, 79, 165-6

GEO Group, 105

George, Jett, 183

Gilmore, Ruth Wilson, 85, 181

Girl Talk Collective, 168, 172

Goodmark, Leigh, 149

Gorz, André, 85

Graves, Cheryl, 169

Gray, Freddie, 51

Greenhaven, presídio, 70

Guarda Nacional, 156

Guardian, 27

Guerra Civil, 89

Hall, Stuart, 81

Hamer, Fannie Lou, 49

Hankison, Brett, 184

Hart, Benji, 189

Harvey, David, 181

Hassan, Shira, 39

heteropatriarcado, 34-5, 93, 95, 99, 125, 137, 167, 169, 191

Hill, Anita, 128

Hill, Briana (BB), 165

Holloway, presídio, 52-3

Holtzclaw, Daniel, 165

Home Girls (Smith), 132

homofobia, 35, 119, 124, 168

Hooks, Mary, 65

Hyland, Sanya, 91

ICE *ver* imigração e alfândega dos Estados Unidos

Idaho, 111

Illinois, 156-7, 172, 187

imigração, 109, 117, 149, 171, 178; detenção e, 49, 77, 96, 185; feminismo abolicionista e, 119, 171; Gang Database e, 182; violência de gênero e, 119, 137; violência policial e, 164; *ver também* imigração e alfândega dos Estados Unidos

imigração e alfândega dos Estados Unidos, 96, 171, 180

Immigrant Youth Justice League, 171

imperialismo, 54, 118, 125, 143

INCITE!, 28, 43, 116, 120, 132; em Chicago, 172, 191-2; desafios internos, 124; fundação do, 43, 116-20, 161; imigração e, 119; publicações do, 122; transfobia e, 123

INCITE! — Manifesto da Critical Resistance, 25-9, 135, 147, 207-13

Índia, 38, 157

Indonésia, 157

Instead of Prisons (Knopp et al.) [Em vez de prisões], 69

International Longshore and Warehouse Union, 179

International Union of Police Associations, 179

interseccionalidade, 35, 115-6, 129, 142, 153, 171; definição, 36; imigração e, 171

Intimate Partner Violence and State Violence Power and Control Wheel (Cosby) [Roda do Poder e Controle: Violência entre parceiros íntimos e violência estatal], 145, 205-6

Irã, 157

Israel, 56

Jackson, Esther Cooper, 128-30

Jane Collective, 196

Jemison, N. K., 40

Jim Crow, legislação segregacionista, 90

Joanesburgo, 29-30, 153, 161

Jones, Claudia, 130

Jordan, Micky, 66

Just Practice, 129

Justiça reprodutiva, 36, 54, 60, 119, 122, 125, 141

Justiça restaurativa, 37, 169, 179-80, 193

Justiça transformativa, 37-8, 42, 111, 176

Justice Now!, 134, 179

Kaba, Mariame, 39, 142

Kansas, Missouri, 165

Kaye, Kerwin, 100

Kentucky, 50

Kilgore, James, 105

Killing the Black Body (Roberts) [Matando o corpo negro], 75

Kilroy, Debbie, 83

Kim, Mimi, 136, 138-9

King, Deborah, 36, 125, 128

King, Dr. Martin Luther, Jr., 112

Kitchen Table Press, 132

Knopp, Fay Honey, 49, 70

Law Enforcement Violence Against Women of Color & Trans People of Color (INCITE!), 116

Law for Black Lives [Direitos para Vidas Negras], 27

Law, Victoria, 105

Leigh, Ira M., 41

"Letter to the Anti-Rape Movement" [Carta aberta ao movimento antiestupro], 125, 127

Lewis, Karen, 180

Lightfoot, Lori, 174

Little, Joan, 134

Londres, 43, 52, 57

Long Walk Home, A, 168

Lorde, Audre, 64, 180, 201

Los Angeles, 67, 71, 74, 104

Louisville, Kentucky, 50

Love & Protect, 38, 129, 155, 174-5

Love, Eisha, 150

macartismo, 129

Malunguinho da Silva, Erica, 54

Manchester, 29

Mango Tribe, 168

Martensen, Kayla, 136

marxismo, 85, 130

Mathiesen, Thomas, 85

Matsuda, Mari, 34-5, 138-9, 186

May, Page, 178, 180

McDade, Tony, 156, 166

McDonald, CeCe, 52-5

McDonald, Laquan, 163-7, 177

McDowell, Tanya, 104

Melbourne, 152

Men's Central Jail, 104

México, 49

Mijente, 184

Milano, Alyssa, 128

Minneapolis, 27, 49, 165

Minnesota, 49

Missouri, 165, 184

mobilizações de 2020, 44, 54, 95, 112, 147, 167, 191

"Moment of Truth", carta aberta, 110-4, 116, 118, 129, 147, 151

Moms United Against Violence and Incarceration, 134

Monáe, Janelle, 166

Montreal, 57, 161

moradia, 37, 99, 101, 108, 120, 122, 136-7, 149, 180

Moraga, Cherríe, 132

Morgan State, 74

Morgan, Robin, 130

Movimento Black Lives Matter *ver* Black Lives Matter, movimento

movimentos antipolícia, 178; Critical Resistance e, 73-4; Israel e, 56; Manifesto INCITE! e, 27; sul-africanos, 56; tortura em Chicago e, 174; trabalho sexual e, 94; Urban Shield e, 56-7; We Charge Genocide, 164; *ver também* Black Lives Matter; mobilizações de 2020

movimentos antiprisionais, 64, 172; AFSC e, 69; hierarquias nos, 80; internacionalismo e, 84; Manifesto INCITE! e, 27; em Nova York, 106-9; trabalho sexual e, 94; Wright e, 70; *ver também* abolicionismo; Critical Resistance

Ms. Magazine, 138

Murakawa, Naomi, 186

NAACP (organização antirracista norte-americana), 130

Nações Unidas, 164; Comitê para a Eliminação da Discriminação Racial, 173

National Black Feminist Organization [Organização Nacional Feminista Negra], 131

National Black Women's Health Project [Projeto Nacional de Saúde da Mulher Negra], 161

National Center for Transgender Equality [Centro Nacional pela Igualdade Transgênero], 164

National Coalition Against Domestic Violence [Coalizão Nacional contra a Violência Doméstica], 131-2

National Coalition of Anti-Violence Programs [Coalizão Nacional de Programas Antiviolência], 151

National Lawyers Guild [Associação Nacional dos Advogados], 27

National Network for Women in Prison, 134

Negro Domestic Worker in Relation to Trade Unionism, The (Jackson) [A trabalhadora doméstica negra em relação ao sindicalismo], 130

neoliberalismo, 74, 83, 117, 136

Nestle, Joan, 67

New Jim Crow, The (Alexander), 93-4

New Orleans, 71, 120

New York Asian Women's Center [Centro de Mulheres Asiáticas de Nova York], 131

New York Times, 128

Nia Project, 142, 172-3

No New Jails NYC (NNJNYC) [Sem Novas Cadeias em NYC], 107-8

No One Is Illegal, movimento [Ninguém é ilegal], 48

Nova York, 43, 63-70, 71, 73, 94, 106-9, 133, 165

Nova Zelândia, 39

Oakland, 26-7, 39, 43, 71, 75

Obama, Barack, 85, 171

Odeh, Rasmea, 191

Off Our Backs (revista), 127

Oklahoma, 165

Okorafor, Nnedi, 40

On the Road to Freedom: An Abolitionist Assessment of Pretrial and Bail

Reforms (kit de campanha) [Na estrada para a liberdade: Uma avaliação abolicionista das reformas pré-julgamento e de fiança], 200

ONU *ver* Nações Unidas

"Open Letter to Our Friends on the Question of Language" (Ellis) [Carta aberta aos nossos amigos sobre a questão da linguagem], 82

Organização Nacional para Mulheres (NOW), 124

Organized Communities Against Deportations, 171, 184

Oriente Médio, 83

Our Enemies in Blue (Williams), 178

Out in the Night (filme) [Na rua à noite], 176

Palestina, 43, 83, 179, 191, 196

Palestinian Feminist Collective-Action Network [Rede de Ação Coletiva Feminista Palestina], 57

Panteras Negras, Partido dos, 65

Papel Machete, 42

Parks, Rosa, 128-9

Parole Illinois, 158

Parsons, Lucy, 196

Partido Democrata, 109

Partido Republicano, 177

Pate, Kim, 84

patriarcado, 35, 129-30, 138, 151, 154

pena de morte, 74, 138

Pensilvânia, 94

People Against Prisons Aotearoa [Pessoas Contra Prisões Aotearoa], 39

People's Law Office [Escritório de Advocacia Popular], 173

People's Paper Co-op, 86, 162

Perkinson, Robert, 93

pesquisa transgênero nos Estados Unidos, 164

pessoas anteriormente encarceradas, 27, 92, 133-4, 145, 151, 157, 176

pessoas encarceradas, 35, 42, 80, 82, 96, 134, 136, 158, 162; homens, 78, 93, 95, 156; mulheres, 63-7, 79, 82-4, 133-4, 144-7, 152, 157, 172

Philadelphia Community Bail Fund, 86

PIC *ver* complexo industrial prisional

Piepzna-Samarasinha, Leah Lakshmi, 39

Pittsburgh, 27

Polaris, 94

Police Benevolent Association of New York, 179

Police Violence Against Chicago's Youth of Color (We Charge Genocide) [Violência Policial Contra a Juventude de Cor de Chicago], 164

polícia, 40, 57, 152, 165, 189-90, 199; academia em Chicago, 187-9; na África do Sul, 56; alternativas à, 38-9, 46, 86, 150, 176, 185; assassinatos cometidos pela, 37, 50, 56, 163-7; assistência social e, 76; no Brasil, 54; definição de PIC e, 78; detenções ilegais pela, 108; escolas e, 27, 36, 44, 165, 181; escravidão e, 99; em Idaho, 111; imperialismo e, 54; indígenas e, 164; Israel e, 56; Manifesto INCITE! e, 25, 207-3; "Moment of Truth" e, 112; organizações de, 178-9, 187; patriarcado e, 138; racismo e, 172-3, 178; reformas na, 84-5, 96; responsabilização, 147, 164, 166, 182, 184, 187; retirada de verbas da, 27, 44, 85,

95, 114-5, 147-51, 159, 165, 175, 184, 199, 202; sobreviventes da, 109; tortura pela, 164, 173; transfobia e, 164-7, 184; verbas para, 102, 115, 138, 181; violência de gênero e, 34, 50, 85, 110-1, 114, 133, 136, 140-1, 147-9; violência sexual e, 34, 37, 85, 122, 146-9, 165, 167, 173

Politics of Abolition (Mathiesen), 85

Portland, 71

prefiguração, 48, 65, 68

Primeira Guerra Mundial, 89

prisões, 37, 42, 65, 87, 93, 144, 195, 199; na África do Sul, 97; alternativas às, 38-9, 70, 84, 100, 105, 185; arte e, 39, 42; atendimento à saúde e, 99; na Austrália, 83, 152; no Brasil, 97; capitalismo e, 74, 95, 97, 102; classes nas, 37, 99; na Colômbia, 97; confinamento em solitária, 145, 195; construção de, 69, 71, 77-9, 99, 105, 123, 138, 185; covid-19 nas, 156; crianças e, 152, 192; definição de PIC e, 77-8; desinvestimento das, 74, 107, 179; escravidão e, 92-4, 99; fechamento de, 63-70, 106, 172; federais, 96, 159, 195; homens nas, 78, 93, 95, 156; em Manchester, 29; Manifesto INCITE! e, 25; morte de pessoas nas, 52-3, 106, 109, 152, 157, 159, 177, 195; movimentos internos, 69, 91, 134; mulheres nas, 63-7, 79, 82-4, 133-4, 144-7, 152, 157, 172; pessoas transgênero em, 82, 185; privadas, 74, 77, 105, 107; reformas de, 64-5, 67, 69-70, 73, 76, 80, 84-5, 95-6; sindicatos de agentes prisionais, 179; em Terras Indígenas, 96; trabalho de pessoas encarceradas, 68, 76; na Turquia, 84; violência de gênero e, 113, 196 (feminismo abolicionista e, 44-5, 174; movimentos antiviolência e, 110-1, 118, 133, 137, 139; problema individual × estrutural, 96; reproduzida internamente, 79, 144-5); violência sexual e, 146-7, 175

Prison + Neighborhood Arts / Education Project, 158, 192

Prison by Any Other Name (Law and Schenwar) [Prisões com qualquer outro nome], 105

"Prison Is Abuse" [Prisão é abuso], 144

Prison Legal News, 93

Prison MATCH (Prison Mothers and Their Children), 134

Queensland, Austrália, 83, 145

Queer to the Left, 172

raça, 52, 54, 102, 117; PIC e, 82; criminalização e, 76

racismo, 141, 191; Anita Hill e, 128; assassinato de Floyd e, 49; capitalismo e, 97; CeCe McDonald e, 52; em Chicago, 169; Critical Resistance sobre, 74; educação e, 168; Embrace sobre, 113; era McCarthy e, 129; escravidão e, 87; gênero e, 138, 142, 145, 166; Lorde sobre, 181; Matsuda sobre, 35; "Moment of Truth" e, 112; nos movimentos, 42, 119; neoliberalismo e, 74; PIC e, 78; polícia e, 57, 172-3, 178; Radical Reconstruction e, 93; reformismo e, 96; sistema ju-

274

rídico-criminal e, 87, 114-5, 125, 169; violência de gênero e, 117-20, 129-33, 136, 142-3, 169; violência estatal e, 51, 117, 166; violência sexual e, 129, 169

Railand, Pete, 75

Ransby, Barbara, 125, 128

Reagon, Bernice Johnson, 132, 190

Rebelião de Attica, 70

Reconstrução, 88-90, 92

Reed, Sarah, 52-3

Reimagining Justice in South Africa Beyond Policing [Reimaginando a justiça na África do Sul para além do policiamento], 56, 58

Reino Unido, 29, 38, 83

Relatório de Violência Doméstica, 114

Resilience, 192

responsabilidade comunitária *ver* justiça transformativa; responsabilização

responsabilização, 35, 170, 176; Manifesto INCITE! e, 26; "Moment of Truth" e, 111; perante os movimentos, 46, 123; da polícia, 147, 164, 166, 182, 184, 187; prática da, 37-9, 46-7; sistema jurídico penal e, 184

Revolution Starts at Home, The (Chen et al.) [A revolução começa em casa], 39

Revolution Will Not Be Funded, The (INCITE!) [A revolução não será financiada], 122

Richie, Beth, 43, 136

Rikers Island, prisão, 67, 106, 109, 185

Road, Cristy C., 116

Roberts, Dorothy, 75, 151, 171

Roda do Poder e Controle (Cosby), 205-6

Rogers Park Young Women's Action Team, 168

Ross, Loretta, 131

Safe Outside the System [Segura Fora do Sistema], 150

San Francisco, 67

San Francisco Women Against Rape [Mulheres de San Francisco contra o Estupro], 131

San Francisco, baía de, 56, 83

Santa Barbara, 122

Santa Cruz Women Against Rape, 125, 127

Santa Cruz Women's Prison Project [Projeto da Prisão Feminina de Santa Cruz], 70

São Paulo, 29, 54

saúde mental, 53, 99-100, 104, 108, 149, 165, 219, 221

"Say Her Name: Resisting Police Brutality against Black Women" [Diga o nome dela: Resistindo à brutalidade policial contra mulheres negras], 166

Schenwar, Maya, 105

Schub, Ora, 169

Scott, Walter, 51

Scottsboro Nine, 129

Seattle, 161

Seigel, Micol, 189-90

sentença capital *ver* pena de morte

Service Employees International Union (SEIU), 179

serviço de proteção a crianças, 54, 102, 152

SESTA, lei, 94

sexualidade, 82, 102, 117, 137, 145, 149

275

Shakur, Afeni, 65
Shaylor, Cassandra, 71
She Safe, We Safe [Ela Está Segura, Nós Estamos Seguros], 150-1
Sionismo, 57
Sista 2 Sista, 118, 122
sistema de policiamento familiar, 76, 78, 152, 171
sistema de saúde, 38, 53, 99-100, 104, 109, 149, 165, 177, 190, 219
sistema jurídico-criminal, 82, 140, 144, 167, 169, 184; alternativas ao, 37; na Austrália, 152; CeCe McDonald e, 52; deficiência e, 115; educação e, 170; escravidão e, 93; feminismo e, 139; fianças, taxas e, 108; justiça e, 81, 114; Manifesto INCITE! e, 26; "Moment of Truth" e, 110-4; mulheres no, 63; racismo e, 87, 114-5, 125, 169; reformas do, 69, 76, 84, 96, 99; sexismo e, 125; transfobia e, 115, 172; violência de gênero e, 116-6, 133, 138-9, 148, 169, 185; violência sexual e, 125, 139, 169, 185
Sisterhood Is Powerful (Morgan), 130
Sisters Inside, 29, 83, 145, 147, 152
Sisters Testify, 125
Sisters Uncut, 29, 38, 53, 153, 161
"Slaves of the State" (Wright) [Escravizados do Estado], 93
Smith, Barbara, 132
Solis, Hilda, 105
Southerners on New Ground [Sulistas em Terreno Novo], 65
Southside Together Organizing for Power, 169
Southwest of Salem (filme) [Sudoeste de Salem], 176
Southwest Youth Collaborative, 169

Statement of Solidarity with Palestine [Declaração em Solidariedade à Palestina], 29
Stateville, 53, 156, 160, 196
Stevenson, Bryan, 93, 163
"Stop State Sexual Assault!", campanha, 146
StoryTelling & Organizing [Contação de Histórias & Articulação], 39
Struggle for Justice (AFSC) [Luta por Justiça], 69
Students Against Mass Incarceration [Estudantes Contra o Encarceramento em Massa], 73-4
Sul global, 77
Suprema Corte do Estado de Nova York, 70
Suprema Corte dos Estados Unidos, 128
supremacia branca, 44, 102, 143, 153, 167, 184
Survived & Punished, 38, 108, 134, 151, 174, 183
Sweet Honey in the Rock, 132
Sylvia Rivera Law Project, 73, 106, 134

Tamms, Prisão de, 172
Task Force to Confront Police Violence [Força-Tarefa para Enfrentar a Violência Policial], 173
Taylor, Breonna, 50, 53, 60, 112, 156, 166, 184
Taylor, Recy, 129
Teen Vogue, 27
teoria crítica da raça, 34
Terra Indígena, 96
Texas, 94
Texas Tough (Perkinson) [A firmeza do Texas], 93

Third World Women's Alliance [Aliança de Mulheres do Terceiro Mundo], 36, 126

Thomas, Clarence, 128

Till, Emmett, 112, 129

Time's Up, 128, 199, 202

Tolliver, Charity, 170

Toure, Nkenge, 131

trabalho sexual, 50, 94, 102, 136-9, 164, 168, 174, 199

transfobia, 34-5, 42, 99, 123-4, 168, 199; CeCe McDonald e, 52; nos movimentos, 42, 123; sistema jurídico-criminal e, 115, 172; violência estatal, 49, 149, 165-6, 184

Transformative Justice Kollektiv Berlin [Justiça Transformativa Kollektiv de Berlim], 38

Transformative Justice Law Project, 172

"Transforming Justice" (conferência) [Transformando a Justiça], 73

Transgender, Gender Variant and Intersex Justice Project [Projeto de Justiça para Transgêneros, Gênero-Variantes e Intersexuais], 38, 73, 134

tratados indígenas, 119, 153

Trinidad, Monica, 162, 175, 194

Trinidad, Nicole, 188

Triple Jeopardy (informativo), 126

Turquia, 84

Universidade da Califórnia em Berkeley, 71

Universidade da Califórnia em Santa Cruz, 71

Universidade Howard, 74

Urban Shield, 56-7

Van Dyke, Jason, 163-5, 167, 182, 187, 195

Van Dyke, Tiffany, 195

Vietnã, 78

vigilância, 60, 84, 99, 105, 108, 181; assistência social e, 76, 152; câmeras corporais e, 167; definição de PIC e, 77-8; sistema de policiamento familiar e, 171

Violence Against Women Act (VAWA), 138-9, 149

violência antiasiática, 27, 49-50

violência de gênero, 99, 108-9, 117, 136, 140, 195; abolicionismo, 114-5, 118, 135, 143-4, 174; capacitismo e, 169; capitalismo e, 169; em Chicago, 168; classe e, 124; colonialismo e, 153; complexo industrial prisional e, 36; criminalização e, 77, 114-5, 117, 133-4, 139, 148, 155, 175; dados sobre, 137; deficiência e, 137; educação e, 168; feminismo abolicionista e, 97, 132-4, 141, 143-4, 148-51, 153; heterossexismo e, 124; hierarquias e, 80; imigração e, 137; imperialismo e, 118, 143; iniciativa e, 80; justiça transformativa e, 38; luta curda e, 84; Manifesto INCITE! e, 25-6, 207-13; "Moment of Truth" e, 112; movimento das mulheres no fim dos anos 1960 e, 124; Organização Nacional para Mulheres (NOW) e, 125; polícia e, 34, 50, 85, 110-1, 114, 133, 136, 140-1, 147-9; prevenção de, 86; prisões e, 113, 196 (feminismo abolicionista e, 44-5, 174; movimentos antiviolência e, 110-1, 118, 133, 137, 139; problema individual × estrutural, 96; reproduzida internamente, 79, 144-5); racismo e, 117-20, 124, 129-33, 136, 142-3, 169; Radical Reconstruction e, 93; sistema jurídico-criminal, 116-6, 133, 138-9, 148, 169, 185; sobreviventes da, 80, 133, 149, 155, 174; supremacia branca e, 143, 153; teorização da, 146; transfobia e, 124; violência estatal e, 34, 79, 112, 115, 117, 133, 136, 139, 143, 152, 174 violência doméstica, 53, 125, 147; na Austrália, 152; Manifesto INCITE! e, 26; "Moment of Truth" e, 111-2; prisões e, 114-5; tribunais para, 139; violência estatal e, 114; *ver também* violência de gênero

violência estatal, 38, 80, 191; deficiência e, 149; documentação sobre, 166-7; feminismo abolicionista e, 146-7, 160, 185; gênero e, 51, 79, 151, 165-6; Holloway e, 53; imigração e, 149; internationalismo e, 57; racismo e, 51, 117, 166; reformas e, 77; sexualidade e, 102, 149, 166; transfobia e, 49, 149, 165-6, 184; violência de gênero e, 34, 79, 112, 115, 117, 133, 136, 139, 143, 152, 174; violência doméstica e, 114; violência interpessoal e, 35, 52, 54, 134, 143, 145-7, 174; violência sexual e, 145

violência sexual, 42, 99, 108-9, 118, 136, 140, 192, 199; #MeToo e, 128; capacitismo e, 169; capitalismo e, 169; em Chicago, 168; colonialismo e, 142; dados sobre, 137; escravidão e, 130, 142; feminismo abolicionista e, 146; Índia e, 38; justiça transformativa e, 38; legítima defe-

sa e, 52; Manifesto INCITE! e, 26; "Moment of Truth" e, 111-2; movimento das mulheres no fim dos anos 1960 e, 124; nos movimentos, 42, 177; e perspectiva tanto/quanto, 35; polícia e, 34, 37, 85, 122, 146-9, 165, 167, 173; prevenção de, 86; prisões e, 114, 146-7, 175; racismo e, 129-33, 169; Radical Reconstruction e, 93; sistema jurídico-criminal e, 125, 139, 169, 185; trabalhadoras domésticas e, 130-1; violência estatal e, 146

Violent Crime Control and Law Enforcement Act (VCCLEA), 138-9

Visible Voices, 172

Visions of Abolition (filme) [Visões da abolição], 176

Visualizing Abolition, 163

Walia, Harsha, 48

Walpole, presídio, 91

Wang, Jackie, 107

Warner, Anne, 83

Washington D.C., 131

Washington Post, 68

We Charge Genocide [Nós Cobramos pelo Genocídio], 164, 173

Wells, Ida B., 142, 196

"Whose Safety? Women of Color and the Violence of Law Enforcement" (Bhattacharjee) [Segurança de quem? Mulheres de cor e a violência das forças de manutenção da lei], 141

Wilkins, Cheryl, 73

Williams, Kristian, 178

Williams-Bolar, Kelley, 104

Wilson, Darren, 184

Wisconsin, 112

Women and Girls Collective Action Network, 168

Women In Reentry Fellows, 86

Women of All Red Nations [Mulheres de Todas as Nações Vermelhas], 132, 192

Women of Color Caucus of the National Coalition Against Domestic Violence [Convenção Política de Mulheres de Cor da Coalizão Nacional contra a Violência Doméstica], 131-2

Women on the Rise Telling Her Story, 134

Women's Prison Association, 134

Wright, Bruce M., 70

Wright, Paul, 93

Xicana Moratorium Coalition [Coalização Xicana Moratorium], 56

Young Women's Empowerment Project (YWEP) [Projeto de Empoderamento de Mulheres Jovens], 168, 192

ESTA OBRA FOI COMPOSTA EM MINION PELO ACQUA ESTÚDIO E IMPRESSA
EM OFSETE PELA GRÁFICA SANTA MARTA SOBRE PAPEL PÓLEN SOFT DA SUZANO S.A.
PARA A EDITORA SCHWARCZ EM JUNHO DE 2023

A marca FSC® é a garantia de que a madeira utilizada na fabricação do papel deste livro provém de florestas que foram gerenciadas de maneira ambientalmente correta, socialmente justa e economicamente viável, além de outras fontes de origem controlada.